# 互联网黑洞

## 跨越边界的中国式企业扩张

磐石之心◎著

新世界出版社
NEW WORLD PRESS

目　录 | CONTENTS

# 互联网这个黑洞

中国正在发生翻天覆地般的变化，其中很大一部分都是由移动互联网、智能手机的普及带来的：人们坐在家里就可以通过手机 App 呼叫出租车，几分钟后下楼，司机已经等在路边了；坐上出租车，突然想买一件衣服，掏出手机在电商网站上挑选后，第二天衣服就能送到家；到陌生城市出差，住进酒店后肚子饿了，只要拿出手机在订餐网站上找到一家符合自己口味的餐厅，下单后没一会儿热腾腾的饭菜就会送到面前……

吃、穿、行这几个与人们密切相关的产业都在被互联网深度改变。专业的出租车司机、出租车公司被业余的私家车队伍替代；遍布全国的商场被电商网站替代；饭店即使不再大规模地开店，也可以将食品卖到店铺周边三千米外的食客手中。

除了吃、穿、行外，还有许许多多的行业都正在被互联网吸引、改变。互联网就如同“黑洞”一般“吞噬”了几乎所有产业，由此诞生出崭新的互联网经济，同时也让许多传统产业从业者倍感煎熬。曾经，许多人认为互联网只是一种工具，如同蒸汽机、发电机一样，驱动着火车、轮船、汽车、电力设备的诞生与发展，提高了人们了解世界、改变世界的效率，而如今却猛然发现互联网不仅仅是工具，反而成为了新经济的主宰者。任何不与互联网发生深度关联的企业都变得举步维艰。

与此同时，大批传统企业被从互联网上“长”出来的企业颠覆了。假如政府的力量不对网络约车进行规范与限制，那么出租车公司或许将面临大规模死亡，甚至出租车司机这个“工种”都将很快消失；在互联网公司基础上诞生的手机企业，仅用 3 年时间就可以超越传统手机制造商，完成许多其他制造行业 10 年也难以完成的成绩，并将这种模式迅速复制到其他智能硬件领域……

互联网变得既让人觉得不可思议又让人感到恐惧，这与宇宙中的“黑洞”似乎有着相同的特征。我翻阅了关于“黑洞”的解释：

黑洞是现代广义相对论中，宇宙空间内存在的一种密度无限大、体积无限小的天体。黑洞的引力很大，使得视界内的逃逸速度大于光速。

1916年，德国天文学家卡尔·史瓦西（Karl Schwarzschild）通过计算得到了爱因斯坦引力场方程的一个真空解，这个解表明，如果将大量物质集中于空间一点，其周围会产生奇异的现象，即在质点周围存在一个界面——“视界”。一旦进入这个界面，即使光也无法逃脱。这种“不可思议的天体”被美国物理学家约翰·阿奇巴德·惠勒（John Archibald Wheeler）命名为“黑洞”。科学家猜测，穿过黑洞可能会到达另一个空间，甚至是另一个时空。

互联网这个“黑洞”也同样密度极大，其质量就是互联网所能覆盖与连接的用户数，而体积则是互联网企业。“轻公司”与“轻模式”的特性让很多互联网企业可以拥有极快的市场反应速度，以迅雷不及掩耳之势将所有靠近它们的商业模式都吸进来与“黑洞”本身融为一体。

穿越“黑洞”可能达到另一个空间，甚至是另一个时空；而互联网这个“黑洞”则在改变人们的生活方式，使人们可以随时随地进行交易，获取信息和服务，从而真实地打造了一个崭新的“时空”。

面对“黑洞”，除了“黑洞”本身外，其他任何人都难免会感觉到恐惧。因为一旦进入“黑洞”，就将无法继续掌控自己的命运，只能听从“黑洞”的安排。所以，大量的传统企业面对互联网这个“黑洞”变得无所适从，它们迷失了方向。更让它们担忧的是，中国互联网的“黑洞”不仅仅只有一个，似乎各行各业都正在诞生这样的“黑洞”，即便想要逃离也难以找到方法。

法国思想家霍尔巴赫曾有句名言：“人之所以迷信，只是由于恐惧；人之所以恐惧，只是由于无知。”互联网“黑洞”对于传统企业来说是可怕的，因为传统企业业者不清楚“黑洞”的运行原理，所以他们会因无知而感到恐惧。

那么，我们能否帮助传统企业探究互联网“黑洞”的运行原理，帮助他们解除迷惑并克服心理上的恐惧？我们能否帮助互联网“黑洞”找到自身的边界，让其更好地管理自己的能量？科学家认为，“黑洞”也是会死亡的，并在死亡之后变成“白洞”，然后喷射之前捕获的所有物质。互联网“黑洞”或许也将拥有同样的特性。

我想，在这个时代的转折点上，这种研究和讨论的意义十分重要，因为这关系到整个互联网新经济的未来，关系到所有人的生产、生活。

## 互联网“黑洞”的本质是建立连接

“连接”这个词语目前被广泛提及，甚至像腾讯这样的互联网巨头公司也提出了“连接一切”的战略，百度提出了从“连接人与信息”变成“人与服务的连接”，阿里巴巴则提出了“数据科技”（Data Technology）战略。而纵观当前的互联网，确实是在“连接一切”。

“连接”应该就是互联网“黑洞”的本质，而这里的“连接”还应该包括两个层面。

第一个“连接”是技术上的连接。手机、汽车、房子、手表、衣服、设备等所有物品，通过互联网技术、芯片技术实现联网，同时又与人进行连接和交互。

这在PC（个人电脑）互联网的时代是不会发生的，因为PC互联网只是实现了计算机之间的联网，而并未实现其他随身设备的连接，更没能实现任何场景的连接。所以PC互联网时代的连接是比较局限的，这意味着那时候的互联网所能影响到的范围仍然较小。

然而自2009年开始，智能设备、移动互联网不断普及，手机作为第一个普及的智能终端，又被随身携带，于是让人与网络之间进行了连接。同时，各类智能设备也通过移动网络实现了连接。这意味着任何人类活动的场景都出现了“连接”，设备与设备之间、设备与人之间变得密不可分。这是前所未有的变化，同时也意味着一系列商业模式的改变和用户新习惯的诞生。

第二个“连接”应该是商业的连接。虚拟的互联网与现实世界发生了关联，让商业的边界变得模糊。

商业的连接则带来了“中介”的消失，让企业与用户之间可以直接进行沟通、交易。这让许多构建在“渠道”层上的企业变得无关紧要，因为它们原本存在的理由是帮助企业连接用户。而现在，因为互联网已经赋予了企业自身连接用户的能力，这就意味着“中介”将失去意义。而中介的消失则意味着消耗在中介环节的管理成本、消息传递成本、沟通成本都将被免除。所谓电商，其实就是利用互联网建立了企业与用户之间的连接，让线下的大量渠道商都失去了机会。

企业可以直接向用户销售商品、提供服务，而不需要再依赖第三方来帮助自己采用在地面开店、拓展渠道等传统方式去缓慢地拓展市场；乘客不需要通过出租车公司就可以与私家车主建立连接，然后享受出行代步服务；医生不需要再通过医院的平台，而是通过与患者建立网上的连接，从而提供问诊服务；旅客不需要通过酒店预订房间，而是通过与普通愿意提供住宿的人建立连接，找到可供住宿的房子。

“中介”消亡是必然趋势，然而取代“中介”的不是另一个“中介”而是互联网平台。由于互联网的低成本优势，因此企业可以大幅降低渠道成本，专注于产品的研发、服务的提升，从而让产品与服务更加回归本质。

商业的连接还会导致“去中心化”的发生，导致价格、成本、利润的扭曲。此前的商业由于没有建立连接，因此可以通过地域的限制、信息的不对称来实现区域性的垄断经营，从而获取垄断的利润。而互联网生来就是扁平化的，让商业不再受限于区域限制，同时连接的产生还导致了信息不对称的消失。

例如，电商就让商品的价格变得十分透明，同质化的商品之间无法通过区域来限制价格，无法通过信息不对称来影响消费者的决策。这让用户可以轻松地进行“比价”，并通过其他用户的评价好坏来作出购买决策，这对于企业来说是十分痛苦的。以前都讲“买的没有卖的精”，而商业的连接导致了价格垄断体系的崩塌，信息的透明导致消费者都成了“专家”。

在 C 端（Customer 端）的变化直接导致了 B 端（Business 端）的变化，企业必须要生产更加出色的产品，还要保证更优秀的品质、更好的服务，这对于没有能力完成 B 端产业链变化的企业将是灭顶之灾，同时也将让优秀的产品获得更多用户，而差的产品、服务则被淘汰。这似乎是一种非常理想化，又十分完美的商业。

然而，任何事情都并不存在完美之说。哲学讲，有利必有弊，物极必反。将一切商业都放在理想的模型中去分析，是不符合实际的。因为在现实的商业中，有太多的变量。

如果整个世界都是靠机器操控和运作的，而每个人都是编好了程序的机器人，世界的管理将变得十分简单，商业也确实可以趋于完美。但世界因为百变而更加美好，所以这种商业连接之后的完美只是现阶段人们对未来的一种美好期待。

商业是极其复杂的，涉及人、政治、法律、金融、技术、文化、环境、道德等诸多变量，而当前所有关于互联网与传统商业融合的讨论则都没有考虑这些变量的存在，因此是不现实的。

更为重要的是，目前掌控舆论的企业正是这些具有连接能力的互联网“黑洞”企业。它们充当了传统企业“掘墓人”的角色，是既得利益者，又掌控话语权，它们所表述的观点难免会带有一定的自私与偏见。商业的战争是残酷的，商人的言论必然会偏向于对自己有利的方向，这对其他企业和个人来说是不公平的。所以，我们更需要研究这背后的一些重要“变量”。

## 互联网“黑洞”的引力场

天体中的“黑洞”质量极其巨大，而体积却十分微小，它产生的引力场极为强劲。那么互联网“黑洞”的引力场又有哪些呢？我认为，互联网“黑洞”的引力场包括流量、资金、舆论控制力、扁平的组织架构和先进的管理模式。

第一，流量。既然互联网“黑洞”的本质是“连接”，那么连接的目的就是获得流量，这就如同一家商场获得进店客流一样，丰富的客流可以带来更多的生意。在 PC 时代，流量的入口被搜索、社交等几个大型平台瓜分，诞生了百度、腾讯这样的互联网巨头。

而在移动互联网时代，我们发现流量入口虽然出现了场景化、碎片化的趋势，但是百度、腾讯却通过其在互联网领域所固有的技术优势，迅速在许多能够连接用户的场景中建立了手机 App，再次成为了流量入口的提供者。QQ、微信、手机百度、手机淘宝、腾讯新闻、QQ 浏览器、UC 浏览器、百度地图、腾讯视频、优酷土豆、爱奇艺等，排在用户上网最常用应用排行榜前 10 位的手机 App 均诞生于百度、阿里巴巴和腾讯。

特别是腾讯，更是通过微信、QQ 这两大用户作为网络身份证且使用最频繁的社交软件将更多的用户留在了自己的平台上，其总用户数超过 10 亿，活跃用户也在 5 亿，实现了对上网流量入口的绝对垄断。

这是任何一家传统企业都难以企及的流量平台，这就如同“黑洞”一般让自己变得越来越庞大，而其他平台则越来越被弱化。因为用户的时间每天只有 86400 秒，只要消耗在某个平台上的时间多，就意味着在其他平台消耗的时长会减少。通过庞大的流量可以吸引到更多企业与其合作，将更多的企业吸引到自己的身边，这其实就是“引力场”。

第二，资金。若有足够多的钱，就可以买下整个世界，金钱也决定着“黑洞”的引力场强弱。过去的 20 年是“硅技术革命”所带来的信息化时代和“光革命”的互联网时代，而中国的百度、腾讯、阿里巴巴均是 2000 年前成立的公司，它们是这个科技信息时代的弄潮儿。

这些企业都获得了巨大的发展，并拥有庞大的财富。在 2015 胡润中国富豪排行榜中，马云位居排行榜第二的位置，家族资产 1450 亿元；马化腾位居第四，他的财富为 1200 亿元；雷军的财富为 920 亿元，位居第五，作为一位从互联网渗透到传统制造业的领军者，他的财富在一年内增长了 104%；李彦宏家族的财富为 850 亿元，位居第七位。

2015 年中国个人财富排行榜的前十名有四位来自科技和互联网界，过去来自能源、地产、制造等行业的富豪独占排行榜前十位的常态被彻底改变了。这也标志着科技和互联网行业已经成为财富的重要聚集地。

再来看百度、阿里巴巴、腾讯这三家公司的营收增长情况。百度 2015 第三季度总营收为人民币 183.83 亿元（约合 28.92 亿美元），比 2014 年同期增长 36%；阿里巴巴 2015 年第三季度营收为人民币 221.71 亿元（约合 34.90 亿美元），同比增长 32%；腾讯 2015 年第三季度总收入为 265.94 亿元，同比增长 34%。

在中国制造业、房地产业、金融业、能源产业纷纷出现大规模营收、利润双降的情况下，三大互联网巨头的营收都保持了 30% 以上的增长，利润也十分惊人。显然，这三家公司已经成为中国最富有的公司，它们手中都握有充沛的现金，可以用来购买各类资产。而这三家公司自 2010 年至今也都投入了上百亿元人民币进行投资和并购，使互联网行业中上演了一场又一场并购大戏。

通过巨额财富这个最有话语权的“引力场”，BAT（百度、阿里巴巴、腾讯）正在将更多的消费市场、文化传媒、医疗、智慧产业等传统产业纳入自己的版图，或收购、或投资、或控股。更可怕的是，这些互联网巨头们谙熟资本市场，因为它们自身就是资本市场培育起来的大树。它们在自己疯狂投资的同时，又拉来全球范围内的资本一起在中国市场上疯狂地买买买！

而这些被互联网“黑洞”吸入的企业，正在它们所在的行业利用流量入口优势、资金优势将对手们一拳打倒，让对方失去生存的机会。

第三，舆论控制力。商业的成功不能忽视营销推广的力量，品牌的塑造不能忽视舆论的制造能力。互联网公司是天然的信息传播平台，同时它们拥有海量的用户，在建立了连接之后，就可以向这些用户进行“广播”。

在推出两款相同的产品或两项类似的服务时，互联网企业可以迅速让数以万计的人知道，而传统企业却只能利用缓慢的地面推广和看不到精准投放效果的广告进行传播，显然互联网企业的产品或服务会在竞争中领先。

而当前在技术、生产同质化的年代，许多产业的技术壁垒变得十分脆弱，这就意味着营销能力会成为重要的引力场。即使这款产品并不十分出色，但是互联网企业依然可以因自身掌握了舆论而制造信息不对称，让用户觉得这款产品非常出色。

特别是在许多品牌不强势的细分市场上，这种营销的势能、舆论的控制力会成为决定胜负的关键要素。无论是互联网手机企业的快速胜出，还是在一些智能硬件市场上新企业的崛起，又或是一些互联网公司进入服务业等，都是以舆论控制力作为“引力场”击碎了对手，让对手没有任何还击的能力。

这也让许多埋头做研发、做技术、做服务的公司吃了大亏，因为当它们抬起头来看一眼市场的时候就会发现，在互联网中成长起来的对手们已经攻上了全国各大媒体的头条。而且由于“连接”的存在，用户迁移的成本增加，从而建立了竞争的壁垒。显然，互联网在消除信息不对称的同时，还制造了由互联网企业控制的另一种巨大的信息不对称，导致市场中“劣币驱逐良币”，这不得不让人警惕。

第四，组织扁平化与先进的管理方式。当代最伟大的管理学家彼得·德鲁克曾经说过，21 世纪企业最大的困难在于对知识人的管理。福特时代的流水线，主要研究的是对机器的管理，而当代企业则是对拥有知识的工作者的管理。也有许多企业家认为，企业最终的失败都是因为人的因素。

传统企业有着明显的层级关系，呈现一种树形的结构。这种组织架构通过上层管理层向下延伸，直至底部的工作者。德鲁克的一个重要观点认为，企业必须要减少组织结构中的层级，以实现信息沟通的顺畅，从而提升企业运行的效率。

企业这种组织形态的诞生，本身就是为了将有专业技能的人组织在一起，然后通过利益关系指挥他们的行动。但随着企业不断壮大，这种组织架构中的层级会变得越来越多，这就是“机构困境”（the institutional dilemma）。企业想要对知识人进行管理，就必须承受这种管理成本的增加，最终让许多企业都变成一头头行动缓慢、反应迟钝的大象。

而互联网本身就是一个出色的扁平化组织，因为互联网轻松实现了企业所有员工、用户之间的连接，他们之间的沟通成本、管理成本因互联网技术而变得非常低。例如，通过一款移动办公软件，可以轻松实现员工的出勤、计酬、线上会议和通知通告。

更为重要的是，由于消耗在这些基础管理中的资源变少，因此互联网企业一切都以产品为中心，所有人都为产品来服务，这是德鲁克曾经梦寐以求的管理方式。加之互联网公司采取全员持股的方式，让员工享受企业发展的红利，从而更有企业的责任感，每个人都成为具有主观能动性的SBU（战略事业单元，Strategic Business Unit），每个人都有自己的工作目标，都可以使用互联网平台上的资源，打破企业部门之间的壁垒。

扁平化的组织架构和先进的管理方式成为巨大的“引力场”，可以吸引更多优秀的人才进入这样的优秀组织，而人才则决定着企业竞争的成败。同时，社交网络的诞生，人与人之间的连接成本、组织成本几乎为零之后，会诞生一个又一个“自组织”群体。这也将替代许多专业劳动者和企业，并产生出各种先进的不以报酬为目的仅以满足个人爱好而诞生的产品、项目，比如维基百科全书、百度知道、开源软件、公益社群等。

互联网“黑洞”的这些“引力场”是互联网公司以及被它们收购、投资的企业的独占资源，传统企业难以获得这种能力，因为“壮士断腕”的精神不是所有企业都具备的，从零开始也不是传统企业能够做到的。这意味着在一场新战役面前，传统企业将缺乏新的武器，进入一个落后与先进对抗的时代。

## 这是一场革命，还是后互联网时代？

在2015年的十二届全国人大常委会第三次会议上，李克强总理在《政府工作报告》中首次提出了“互联网+”行动计划，并带动了一场围绕互联网而展开的“大众创业、万众创新”热潮，引发了全世界的关注。以举国之力对“互联网＋传统经济”支持，从而催生了许多新型创业公司，这让许多人觉得一个崭新的时代到来了，认为这是一场前所未有的经济革命。

曾在2013年就提出了“互联网＋”这一名词的腾讯创始人马化腾，在李克强总理提出“互联网＋”行动计划后曾撰文写道：“‘互联网＋’生态，以互联网平台为基础，将利用信息通信技术与各行业跨界融合，推动各行业优化、增长、创新、新生。在此过程中，新产品、新业务、新模式会层出不穷，彼此交融，最终呈现出一个‘连接一切’（万物互联）的新生态。”

同时，他还特别强调，“互联网＋”与各行各业的关系，不是“减去”（替代），而是“＋”上。各行各业都有很深的产业基础和专业性，互联网在很多方面不能替代。

科技制造业的领军者任正非对互联网有这样的评价：“互联网造就的不是Google，不是阿里巴巴，不是腾讯，而是造就了千百万实业家，他们挖掘信息，提高制造技术，改进产品与服务，造就整个社会的进步。”“华为是不是互联网公司并不重要，华为的精神是不是互联网精神也不重要，这种精神能否使我们活下去，才是最重要的。乌龟就是要坚定不移往前走，不要纠结、不要攀附，坚信自己的价值观，坚持合理的发展，别隔山羡慕那山的花。”

一位是互联网的领军者，一位是科技制造业的领军者，他们对2015年的互联网与传统产业融合、竞争发表了自己的观点。马化腾认为“互联网＋”是一场崭新的革命，而任正非则认为互联网只是工具，并提醒华为人不能盲目地羡慕互联网企业，而是要继续提高制造技术，改进产品服务。任正非甚至还提出要向已故院士李小文学习，向日本的工匠精神学习。这显然与互联网公司所推崇的生态论、连接论是不同的。

马化腾提出“互联网不能替代许多行业”，这种观点在他的多次讲话中也都提到过。但是在互联网与传统产业融合的过程中，却出现了许多互联网直接进入传统产业并替代的案例，比如出租车营运、手机制造、电视制造、家政、二手车市场等，甚至还有企业要制造汽车。

“替代”正在发生。互联网企业一旦不满足只作为工具存在，直接进入传统行业，由于互联网黑洞“连接”的本质，因此它们在拓展许多传统业务的时候，很容易实现全国范围内的垄断。而这种垄断区别于仅存在于线上的虚拟网络空间垄断，涉及许多商品、服务的价格，涉及千千万万其他企业的经营。

而我们发现，当前互联网正在替代的行业，多发生在渠道、流通、服务业等缺少技术含量的领域，这是最容易被互联网去中介属性所替代的领域，它们利用连接的技术优势，烧钱进行补贴大战，轻松地实现了全国范围内的垄断经营，这意味着从其他传统企业的手中抢夺市场份额。由于《反垄断法》一直对互联网公司进行保护，因此相关法律决策部门还没有意识到它们入侵传统产业后可能带来的影响。

从本质上看，具有品牌、技术壁垒的行业暂时还难以被互联网公司替代，而所有没有强势品牌、技术壁垒的行业似乎都将遭遇麻烦。互联网公司将传统企业的市场抢到自己手中，在这个过程中它们并没有创造新的市场，只是完成了市场和财富的一次大转移。

前三次工业革命都是因新技术的诞生而导致新产品的诞生，从而出现新的市场，让世界经济迈上一个又一个大的台阶：蒸汽机的发明诞生了火车、轮船，推动了冶金、采矿、物流、航运，提升了各国之间的贸易；电气化时代诞生了各种电器、内燃机、新交通工具、通信工具，并被运用到工业、生活的方方面面，诞生出无数个崭新的市场；原子能技术、PC和互联网的诞生让世界科技发展大步向前，也造就了今天的互联网繁荣。

在工业革命中，都是新技术带动新产品诞生，创造出新需求。由此看来，中国互联网目前所进行的一系列融合似乎并不符合工业革命的条件，没有创造出任何新的市场和需求，没有带来经济的增量，只是一种在消费层面的模式改变。所以，这能否称得上是一场革命，或者仅仅是进入了后互联网时代？本书将详细进行解读。

第一章

# BAT：三头焦躁、兴奋的“雄狮”

2010年3月，一场在深圳举办的IT领袖峰会迎来了国内市场三家最大互联网公司的“掌门人”，进行同台对话。那是腾讯董事会主席兼CEO（首席执行官）马化腾、百度CEO李彦宏，以及阿里巴巴董事局主席马云的首次同台。这次堪称互联网顶级对话的会议掀起了论坛高潮，三位大佬妙语连珠，围绕互联网竞争、技术、电商等问题展开讨论，现场掌声不断，会议持续了一个小时。

那时的BAT尚处于PC互联网时代，百度在搜索领域占据绝对的优势，阿里巴巴刚刚结束战况最为激烈的三年，而腾讯在这个时候正与360处于惊涛骇浪的大战前夕。

对于中国互联网而言，2010年是值得纪念的一年，作为新经济的代表，一大批包含老、中、青在内的三代互联网企业实现集中上市。这是中国互联网史上的第四次上市潮。据媒体报道，当年，共有34家中国企业赴美IPO（首次公开募股），成为历史上数量最多的一年。这34家企业共计融资37.3亿美元，市值总和约246.5亿美元。其中41%的企业来自TMT（科技、媒体和通信）领域，包括两家尚未赢利的企业，搜房网、麦考林、当当网、乐视、优酷、乐淘、好乐买等纷纷获得风险投资。

那一年，许多初创公司从过去的惧怕被BAT收购，开始转变为期望能加入三巨头麾下。在当年爆发的互联网史上最具标志性事件的“3Q大战”中，百度、腾讯、金山、可牛、遨游等作为一方，而360阵营中则包括酷狗、世界之窗、鲁大师、迅雷、快播、暴风影音、多玩、UCWEB、人人网等，对立格局已经初步显现。

如果说在PC互联网时代，BAT还是三头安静的“雄狮”，那么，这三头“雄狮”暗地里无疑也正在蠢蠢欲动。

## 安静的较量

毋庸置疑，BAT占据了中国互联网的主要入口，并拥有雄厚的现金储备，它们希望通过并购、投资等方式在移动互联网的转折点上提前布局。它们就像森林里的雄狮一样，不断地拓展自己的领地，并通过威慑力让对手无法靠近，从而建立一个以自己为中心的王国，繁衍后代。

在PC互联网时代，这三只“雄狮”基本完成了各自领域的划分，但同时也在小心地相互试探。

当时，百度在搜索领域占据绝对的优势，而腾讯就曾试图利用搜搜入侵百度搜索的领地，为此，在互联网用户数方面拥有绝对优势的腾讯投资了数十亿元，但是最终以失败告终。有人说，因为百度具有强大的先入为主优势、技术优势及用户优势，百度的基因里就有搜索。而腾讯的基因主要在于社交，因此，腾讯的这种跨界抢地盘做法是难以成功的。

腾讯也做了拍拍这种类似于淘宝的电商平台，希望从阿里巴巴手中抢夺份额，为此还收购了易迅网这样一个类似于天猫、京东的B2C（企业到用户）电商平台，但是“烧钱”几年后，都以失败告终。

而百度也曾试图推出电商平台，切入阿里巴巴的领地，不过最终也以失败告终。百度还曾推出名为“百度Hi”的即时聊天工具，同样失败。阿里巴巴则推出阿里旺旺来切入即时通信市场，但这一工具最终仍然停留在店主与用户之间交流的电商沟通平台，无法切入腾讯所掌控的社交领地。

我们可以看到，三头“雄狮”在PC互联网时代想切入对方的领地都十分困难。它们的做法往往是通过自己研发产品，借助自有的用户优势、入口优势，侵入对方的市场。

对于BAT在PC时代进入对方市场的失败尝试，很多人将原因总结为“没有基因”。他们认为每一家企业，本来是做什么的，就必须是做什么的，在基因上不具备做其他业务的能力。这种“基因论”至今还有许多人在反复提及，但却并不意味着这种观点就正确。

三头“雄狮”不仅进入到对方的领域，而且它们的赢利模式似乎也都是相同的。百度的主要赢利模式是通过搭建搜索平台，向商家提供流量，它以流量入口的形式，将自己的流量分发到许许多多的网站上，为商家带去用户和交易；阿里巴巴构建了一个电商平台，设计了许多电商交易的规则，同时也通过其入口的价值，将用户的流量分发到商家的店铺中完成交易，所以阿里巴巴也是一个卖流量的公司；腾讯同样是以入口价值为生，同样是一家卖流量的公司，它通过免费的即时通信软件，构建了一个庞大的用户群和充沛的流量，然后向这些用户来销售自己的游戏，并展示广告。

因此，在PC互联网时代，百度、阿里巴巴和腾讯都占据了上网入口。它们的赢利模式都是将入口的流量进行贩卖，这是它们主要的商业模式。而这三家公司一家做搜索，一家做电商，一家做社交，虽然偶有相互的交叉，更多时候则相安无事。

至于BAT的三位创始人李彦宏、马云和马化腾，他们也是非常要好的朋友。在许多论坛和会议场合中，三位大佬也都把酒言欢。然而，商场如战场，只有永远的利益，没有永远的朋友。当百度开始切入O2O（线上对线下），便与腾讯和阿里巴巴开始了一场旷日持久的战斗。

## 进军移动互联网

2008年4月，中国发放了第一张3G牌照，为移动互联网的发展提供了条件。与此同时，智能手机开始大规模上市和普及，手机App开始成为用户手机上网的主要入口。

而仅在此一年前，手机上的App还非常少，只有手机QQ、UC浏览器、手机淘宝、手机百度等少数几款应用。那个时候，还有塞班、WP（Windows Phone）、安卓、iOS、Java等许多平台，在这些平台之上，企业需要做不同平台的应用适配，因此，开发的压力和复杂度非常高。

但是，人们已经开始意识到，手机上网时代不再像PC上网那样以浏览器为单一入口，不再以网址链接作为主要上网方式。这是一个崭新的时代，充满了机会。

在2010年下半年，小米推出了一款叫“小米通”的产品，即为米聊的前身。在小米手机发布之前，米聊依靠手机通信录关系链的推广和免费发短信的优势迅速崛起。

这种直接诞生于移动互联网时代的即时通信产品立即被用户接受，曾一度超过100万用户，让在PC时代一直垄断着即时通信市场的腾讯感到了恐慌。雷军也曾希望利用“米聊”占据移动社交的先机，颠覆腾讯在社交上的垄断地位。

然而，2011年1月，腾讯推出了一款尚不完善的手机社交软件——微信，其功能与米聊几乎完全一样，但腾讯通过8亿QQ用户的巨大优势，迅速地将QQ用户在一夜之间导入到微信中。腾讯仅用一年多的时间，就使微信获得了1亿的用户量，也直接导致了米聊的失败。

腾讯通过微信战胜了米聊，守住了自己在移动社交领域的地位。马化腾曾经回忆说，假如没有微信，真不知道今天的腾讯会是什么样子。

除了微信之外，腾讯当时还推出了一款叫QQ通信录的产品，与微信的功能十分类似，主要的区别在于QQ通信录只是和米聊一样，构建在手机联系人的社交关系之上，而没有调用QQ的关系链。战胜米聊之后，腾讯内部也进行了微信与QQ通信录的二选一，并最终力推微信而放弃了QQ通信录。

在微信刚刚诞生的时候，腾讯并没有想好如何来运作微信，而只是为了抢夺移动互联网入口。社交是腾讯的本质，是腾讯的核心，一旦在移动互联网的转折点上失去了社交的霸主地位，腾讯将如无根的浮萍一样，很容易就会被摧毁。

险些被移动互联网时代抛下的还有百度。李彦宏曾在2009年百度世界大会上表示不看好移动互联网的发展。但到了2010年和2011年，李彦宏意识到移动互联网浪潮的到来，他发现百度的许多流量都来自移动搜索，而PC搜索的流量日渐减少，这让他感觉到移动互联网的风口真正到来了，而此时，百度已经比竞争对手晚了两年。

李彦宏曾说："我一直抵制在移动互联网做太多的事情，这一态度直到2009年前后——也就是iPhone进入中国市场、Android设备变得流行后——才发生了变化。但是因为我们的起步太晚，所以在弄明白什么是对百度最重要、最相关的这个过程中，花费了一些时间。"

时间推移到2013年，在iOS和Android这两大平台上，手机App开始呈现爆炸式的高速增长。就像是移动互联网时代的淘金热，几乎每一个创业者都以开发App作为他们的主业，全球突然生出了数十万、上百万的手机App。

在中国，Android的官方电子市场被"阉割"，这给第三方电子市场提供了机会。其中，网龙集团开发的91无线与奇虎360开发的360手机助手，并列成为在中国被使用最多的两大电子市场，每天向用户的手机上分发着海量的应用。2012年年底，91无线平台应用的总下载量为129亿次，而且其在Android和iOS市场上的用户渗透率也非常高。

当时，李彦宏对于百度与奇虎360之间的搜索大战已经心有余悸：通过360安全卫士、360安全浏览器这两大占据PC桌面的应用，奇虎360将360搜索植入其中，并且抢夺了百度搜索20%的市场份额。

因此，李彦宏认为百度不能在移动互联网市场上缺失应用，必须要不惜一切代价抢夺手机应用市场。于是在2013年7月，百度宣布用19亿美元的天价全资收购91无线，然后并入百度手机助手，来共同抢占应用分发这个市场。同时，百度开始打造多款手机应用，很快就先后推出百度输入法、百度浏览器、百度卫士、百度影音、百度地图、百度魔图等10多款手机App。

在2013年，应用市场是主要的移动互联网商业模式。在那个时代，许多创业者推广自己的应用，需要通过缴纳费用，使自己的应用排在上百万的其他应用前面，从而获得更好的曝光。所以，百度转型移动互联网，抢夺移动互联网入口，除了依靠手机百度之外，收购91无线和打造10多款手机App是其抢夺移动互联网入口的标志。

百度收购91无线和腾讯匆忙推出微信都是各自抢夺移动互联网入口的标志性事件，那么阿里巴巴抢入口的标志性事件又是什么？

2013年5月，阿里巴巴宣布以5.86亿美元购入新浪微博公司发行的优先股和普通股，占据微博公司摊薄后的总股本的18%，此轮投资给予新浪微博较高的溢价，估值达32.56亿美元。 2015年11月，又有传闻称阿里巴巴准备全资收购新浪微博，新浪微博因此已经停止了一切招聘任务，静待阿里巴巴的收购。

在2009年至2012年，面对移动互联网的爆发式增长，阿里巴巴通过手机淘宝、手机天猫应用继续抢夺移动互联网入口，但是马云意识到仅仅掌握电商的入口是不够的，因为在移动互联网时代，入口开始变得分散化和场景化，社交电商、搜索加电商等各类购物场景都可能对阿里巴巴的电商帝国带来威胁。

马云感到，阿里巴巴在移动互联网时代必须要掌握用户上网的搜索和社交两大重要入口，在推出一淘搜索后，阿里巴巴还需要一个强大的社交平台。在腾讯已经拥有微信之后，阿里巴巴必须要拥有微博，于是就溢价入股新浪微博。

而对于阿里巴巴入股新浪微博，有很多人认为阿里巴巴是希望拓展社交化电商，也有人认为阿里巴巴在发展电商的时候，已经出现了流量吃紧，需要通过各种渠道获得流量。其实这些说法都有一定道理，但在2013年的时候，马云确实还没有看懂到底如何玩转社交电商，入股新浪微博更多的还是一种抢位策略，抢占移动互联网的入口。

百度收购91无线、阿里巴巴入股新浪微博、腾讯推出微信可以并称为BAT转型移动互联网的三大标志性事件，体现了三头“雄狮”在移动互联网刚爆发初期的焦虑与兴奋。

## 百度的汹涌后起

“过去的2012年，对于百度来说，可能是近些年来最困难、最不容易的一年。外界对我们的发展有一些质疑——百度是不是错失了布局未来的先机？是不是只能躺在领先优势上吃老本？是不是缺乏创新的动力和能力？……甚至有人觉得，2012年，百度不仅遭遇了竞争和挑战，未来的前景也不是那么乐观。很多同学在问：接下来的路，百度该怎么走？我们的未来在哪里？”

——摘录自2013年1月李彦宏在百度年会上的演讲

2012年的百度世界大会上，李彦宏的演讲中还多次否定移动互联网的发展：手机的屏幕小，广告的价值比PC上广告的价值差；移动支付相比PC支付仍然不方便，这会影响移动电商的发展；大型游戏在PC上可以通过免费模式获得海量用户来赚钱，而手机游戏在碎片化的时间里，如何赢利？

李彦宏甚至以酒驾比喻2012年的中国移动互联网乱象。他说：“移动互联网面临各种各样的挑战，但是我们看到无数的人在往上冲，各种各样的开发者、互联网公司，大家都觉得移动互联网是未来，一定要占到一块地。这很像一个酒驾的状况，豪车、美女，雨大、路滑，车速开到180迈，一不小心就会出人命，很刺激，但是很危险。”

但是，李彦宏对移动互联网的观点在2013年的百度世界大会上就有了本质的改变，从不看好移动互联网的发展，再到为开发者们提供百度移动云解决方案。李彦宏说：“海量移动应用很难获得用户，其原因是我们目前整个移动互联网生态当中最最关键的这一环，就是所谓的应用商店一环是有问题的，用我的话讲是‘应用商店有根本性缺陷’（App store model is fundamentally flawed）。”

就在2013年7月，百度才刚耗资19亿美元收购了中国第一大应用市场91无线，而在1个月之后的百度世界大会上，李彦宏竟然就提出“应用商店有根本性缺陷”，这着实让人摸不到头脑。紧接着，正是在2013年的百度世界大会上，百度推出了“轻应用”，并提供了开发工具。

如果将手机App称作是原生应用，那“轻应用”就是手机App的替代品H5应用。百度之所以推出“轻应用”是为了让用户通过百度搜索直接找到一款自己需要的应用，无需下载即可在网页上完成一些服务、交易的功能。例如，一款家政服务的手机App，难以在海量的手机App里获得用户，而当用户通过百度搜索去寻找家政服务的时候，就可以直接将家政服务的“轻应用”推荐给用户，让用户完成下单、交易及与商家的沟通交流。

这是2013年百度推出的最为重磅的移动互联网战略，通过百度搜索平台、百度移动云服务和“轻应用”，实现人与服务的连接，而且还实现了用户与商家之家精准的需求对接、服务闭环。

2014年百度世界大会上，百度又将“轻应用”升级为 “直达号”，李彦宏在主题演讲中再次谈到原生应用、微信公众号用来提供服务的局限性，然后提出百度的“直达号”可以帮助用户更精准地找到商家，协力商家更好地服务用户。

2015年百度世界大会主题是“索引真实世界”，这是百度正式拥抱移动互联网的标志。会上，李彦宏表示，有越来越多和大家生活服务密切相关的活动已经可以实现从线上到线下的连接。百度的搜索框过去可以说是大家寻找信息的最佳入口，今天则越来越希望它成为一个“连接人和服务”的入口。在这个搜索框里既要有进行文字输入的能力，也可以接收语音、图片，尽量去满足用户各种各样的需求。

百度更提到了其在图片识别、语音识别、智能算法方面的技术布局，李彦宏说：“手机百度就已经集成了这样的智能机器人的能力，它可以像小度机器人一样，满足你各种各样的需求。”

同时，百度还提出“索引真实世界”的三个部分：其一，开放接口，让各种各样的O2O服务可以很方便地连接到百度；其二，全网数据挖掘，为所有的服务打标签，建立丰富的索引维度；其三，智能分析并满足需求，智能地跟人、跟消费者进行沟通，理解需求，把服务真正地送到用户手上。

为了抢夺“人与服务”的连接，百度开始大规模有针对性地投资：入股去哪儿网布局旅游O2O；打造百度外卖，涉足餐饮O2O；收购糯米网，并宣称投入200亿元，不惜一切代价抢入O2O市场；成为携程网股东，让去哪儿、携程网都纳入自己的生态圈，再次抢夺旅游O2O市场；入股Uber，帮助Uber在中国市场上对抗滴滴快的……

沉睡的狮子终于醒来！当“雄狮”觉醒后，其所作的决策都变得目的明确，也具有极强的杀伤力。2014—2015年的百度对于移动互联网已经不再犹豫，而是快马加鞭地抢夺市场。

李彦宏从2012年还在怀疑移动互联网的未来，到2015年开始全面拥抱移动互联网，并且理清了百度进军移动互联网的思路。百度之所以一直对移动互联网犹豫不决，错失移动互联网先机，主要是因为百度一直垄断着搜索市场，没有任何可以顾虑的对手，这让百度躺在了过去的成绩单上，不愿意大动干戈地转型。

对于移动互联网这一崭新的市场，传统互联网公司都是新手，都需要调整企业的组织架构、产品策略，而这种转型的痛苦是享受了垄断红利的企业们自己难以主动去承受的。

幸好，李彦宏这位沉着、稳重，敢于承认错误的领袖及时修正了百度的错误，加快向移动互联网转型。而百度的转型战略也很清晰，那就是以百度为平台、入口，建立商家与用户之间的连接，精准地将商家的各种服务提供给用户，并完成整个服务的闭环。

## 阿里巴巴：杀入南极洲

“本次组织变革也是为了面对未来无线互联网的机会和挑战，同时能够让阿里巴巴的组织更加灵活地进行协同。这是阿里巴巴13年来最艰难的一次组织、文化变革。阿里巴巴无法从任何前人的经验里获得信息，但必须尝试，而这个尝试的代价是需要付出十年、二十年甚至更长的时间去试错，去完善，去改变。”

——2013年1月，马云接受媒体采访时表示

2014年1月春节前夕，马云在写给内部员工的信中表示：“以前，我们对别人、别的行业呼吁，天变了。今天，我们发现自己头顶上的天也变了，我们脚下的稳健土地也在变化。这不是因为对手，而是因为我们的客户和市场，因为新技术的革命。”

在信中，他表示，2013年阿里巴巴做了三件令自己骄傲的事：

第一，以余额宝为代表的阿里小微金服，积极参与金融创新，形成了互联网金融的新型服务和产品。

第二，面对移动互联网迅速到来的变局，为了改变和防止由于微信应用而形成未来中国移动互联网的垄断格局，全体阿里人个个参与，全员接受挑战，员工积极推广“来往”产品和服务“来往”的客户。

第三，2013年，阿里巴巴集团的日均纳税超过2000万元人民币。

2013年的马云与李彦宏一样对移动互联网都感到迷茫。或许，只有战斗才能消除迷茫。2013年9月，阿里巴巴高调发布移动好友互动平台“来往”，这也是阿里巴巴新成立网络通信事业部后，首个对外正式亮相的集团核心级项目。

马云成为“来往”的第一鼓吹手，不仅频频在上面发布消息，还不断地邀请潘石屹等大V入驻，而且阿里巴巴还给每个员工下达了拉用户的指标，对于没有完成100个阿里巴巴公司外用户入驻“来往”的员工将不予发放年

终红包。

在2013年10月底，马云还宣称：“与其等待被害，不如杀去南极洲。去人家家里打架，该砸的就砸，该摔的狠狠地摔。”显然，马云已经将腾讯视为阿里巴巴在移动互联网上的最重要敌人。而接下来，腾讯就对马云的“喊打喊杀”做出了回应，微信封杀了支付宝红包、来往推广链接，再到后来的淘宝链接也被封杀。

马云之所以如此恐惧，是因为腾讯的微信不仅快速普及，更推出微信支付，还入股京东联手对抗阿里巴巴，这都触动了阿里巴巴在支付、电商领域的利益，马云必须做出反击。而反击的手段就是进入腾讯赖以生存的社交网络“腹地”，攻击马化腾最心爱的宝贝——微信。这是一种商业战，似乎也是一种心理战。

除了反击腾讯为阿里巴巴的移动互联网战略壮胆外，马云还在加紧为阿里巴巴寻找移动互联网时代的重要流量入口。2013年5月，阿里巴巴入股新浪微博；2013年5月，阿里巴巴2.94亿入股高德成为第一大股东，并于2014年2月全资收购高德；2013年3月、12月两次入股UC浏览器，最终在2014年6月全资收购了UC浏览器。为了获得流量入口，阿里巴巴还投资或并购了陌陌、墨迹天气及优酷土豆。

在移动互联网大潮兴起之际，由于阿里巴巴没有百度的流量入口优势，因此疯狂地通过自建、收购、投资的方式抢夺社交、地图、浏览器、视频等移动互联网入口，生怕错失了移动互联网发展的先机。

除了布局流量入口外，马云还大肆在最火的O2O市场进行布局：投资美团、饿了么，打造口碑网；投资快的打车，抢夺网络打车市场；入股苏宁，布局线下卖场，获得苏宁的物流配送资源支持。

在文化传媒领域，马云也狂热地进行布局：入股文化中国、华谊兄弟、恒大足球等，同时利用天猫魔盒、YunOS系统、阿里影业等将这些内容进行分发，从而实现在移动数字内容市场的布局。

在金融领域，阿里巴巴还入股了天弘基金、拍拍贷、恒生电子、众安保险，为蚂蚁金服公司做全了各种金融牌照……

马云在移动互联网的战略似乎让人难以捉摸。我想，猜不透马云布局逻辑的主要原因在于，外界还是将阿里巴巴看做一家电商公司，而马云则希望通过资本、互联网资源等现有能力，加快阿里巴巴在众多未来即将有良好发展的领域进行投资和布局。这些领域之间总是存在着千丝万缕的联系，或者现阶段看似没有联系，但是马云可以通过提前布局而在这些领域培育出一个又一个出色公司，在它们之中可能诞生出第二个阿里巴巴这样的巨无霸。

有着如此长远的眼光，有着称王称霸的雄心和魄力，马云似乎不是在转型移动互联网，而是在打造一个百花齐放的商业帝国，其手法就如同他爱好的“太极”一样出神入化，令人难以捉摸！

## 腾讯：唯快不败

“我们恐惧的是没有发现太好的商业模式，在手机上的商业模式还不清晰，而令我们更恐惧的是这个问题全球都遇到，包括谷歌。目前，手机上的变现率和PC上比差3~7倍，也就是说只有1/3到1/7。”

——摘自2013年4月马化腾的讲话

对于移动互联网这一崭新的市场，马化腾也同样对其商业模式迷惘过，但是他比李彦宏更加相信移动互联网的未来。他认为，移动互联网暂时找不到商业模式不重要，因为在PC互联网的早期，QQ创立的初期，也难以找到赢利模式，为此还差点将QQ低价卖掉。最后，QQ成就了腾讯在PC互联网时代的霸主地位。

作为行业的领先者、既得利益者，只有面临竞争和挑战的时候才会应战，这是商业竞争的通用规则。当年腾讯与奇虎360之间爆发的“3Q大战”，让腾讯感到自己利用用户关系链优势不停入侵一些创业公司领地后所遭遇的道德审判、垄断质疑、舆论攻击，这些都不利于腾讯的未来发展。“3Q大战”也成为腾讯从封闭走向开放的标志。

特别是在2010年，在雷军的“米聊”挑战下，腾讯迅速推出了微信，并通过QQ关系链优势，迅速将微信用户数做到1亿，彻底让米聊失去希望。

因此，马化腾比李彦宏更早接受移动互联网，这或许还要感谢“3Q大战”，感谢雷军的“米聊”。如果没有这种外部力量的刺激，或许马化腾和李彦宏一样，会躺在过去的业绩上意识不到危险，也因此失去机会。

2013年10月，马化腾在腾讯内部进行了一次例行演讲，他谈到2013年腾讯进行了组织架构的调整，制定了“打造精品、拥抱移动互联网”战略，并说：“好像又回到了15 年前激情燃烧的岁月，我发现我们做了15 年，从零开始打造的工具、平台，从一个没有商业模式的产品，逐渐成长为丰富的商业模式。从头推翻，重新来一次，这个过程也是很让人激动的。”

2013年，腾讯把一些亏损的业务“嫁”出去：易迅网、拍拍全都转给京东商城，并入股京东；搜搜则转给了搜狗，并入股搜狗。通过这种组织架构调整，腾讯将主要精力聚焦在“打造精品、拥抱移动互联网”战略上。同时，调整了许多业务线，将移动与PC整合到一起，比如将手机安全与PC安全划到一起，将手机QQ与PC端的QQ整合到一起。

马化腾还在内部讲话中说：“以前，不少同事会抱怨，公司很多东西该变，但变得太慢，瞻前顾后，考虑的东西太多。不变的话，像行业里的诺基亚、BlackBerry 等公司到最后怎么样？拖着、拖着，一个又一个季度，最终还是不行，这是非常悲惨的过程。我们希望在这个动荡的行业里，我们一定要主动求变、主动应招，有问题尽快解决，拖三个月、半年、一年，慢慢就会积重难返，谁也救不了。”

“米聊”就如同一声响雷，惊醒了打盹的狮子。而从此时起，狮子起身抖掉尘土，精神抖擞地踏入了移动互联网这个新的“猎场”。马化腾的敏锐，战略转型的果断，都让腾讯成为第一个把握移动互联网机遇的巨头。

腾讯在对内进行组织架构调整应对移动互联网的同时，也开始进行对外的投资：2014年2月入股大众点评，占20%的股权；2014年2月入股同程网；2014年3月入股京东，占比15%，接下来又连续多次增持京东；在B轮、C轮、D轮均入股了滴滴打车；2014年6月，入股58同城，占19.9%的股权。

腾讯大力布局“人与服务”连接的入口，与阿里巴巴、百度站在了移动互联网争夺战的前线。与此同时，在“连接一切”战略的指引下，微信成为了连接的平台与中心，与全国许多地市的政府建立合作关系，将许多公共事业服务、收费放到了微信上。

在BAT三巨头中，马化腾是最先觉醒并推动公司迅速转型的领袖人物，腾讯也是目前BAT中转型移动互联网最早、最稳健的公司，而这些也反映在腾讯的市值上，自微信发布至今，腾讯的市值就从不足5000亿港元上升至10000亿港元以上，实现了翻倍。

腾讯在移动互联网的战略也非常清晰，那就是打造以微信为中心的平台和流量入口，为商家提供流量，再利用微信支付将各种“人与服务”的场景串在一起，从广告、金融上构建新的赢利模式。而一系列针对性的投资，也都为微信支付打造了更多场景，让这些连接用户的服务平台能够使用微信支付，从而抢夺支付宝的份额。

## BAT的未来战略

进入移动互联网时代，BAT似乎都选择了开放平台战略，而且还在不停地抢夺一些优质的标的进行收购和投资。因此，外界一直质疑三巨头在搞“圈地运动”，试图垄断全中国，使小创公司、传统企业在BAT的阴影之下难以存活。

对此，李彦宏以 “三不政策”进行了反驳，而马化腾则称腾讯的“半条命”在合作伙伴手中。

2015年5月18日，百度联盟峰会在云南举行，李彦宏在会上不仅阐述了自己对未来互联网发展的看法，更重要的是提出了百度的“三不政策”。

李彦宏认为，未来移动互联网的发展有两种结局：一种是互联网公司在某一个行业打造垂直平台，通过平台线下吸引主要的厂商或者服务商，形成几个大的互联网平台和一些小的垂直平台；另一种是教育、医疗、房产、金融等传统主流产业真正使用互联网提升它们的效率，以它们的行业特点和积累为基础，再加上互联网的理念和技术，成为未来的主流。

而“三不政策”是指：第一，不谋求控股，更重视投资生态。“过去大家都记得百度全资收购的例子，比如爱奇艺、91，但百度也投了很多公司，只占有小股份，更重视投资生态。”

第二，以开放的心态跟所有的伙伴合作。“百度不希望划分腾讯系、小米系等阵营，百度认为小公司都有自己独立的发展道路，只要有合作点，就想办法让合作发生。”

第三，百度过去讲连接人和服务，现在是连接各个行业。“连接人和服务的这个领域是很广阔的，不可能都由百度一家来做，只能跟别人合作，因为每个行业都会出现佼佼者，所以百度是希望连接各个行业，并且不害怕被抢夺用户。”

对于移动互联网的未来，马化腾在《互联网＋》这本书的前言中这样写道：“互联网不是万能的，但互联网将‘连接一切’；不必神化‘互联网＋’，但‘互联网＋’会成长为未来的新生态。随着移动互联网的兴起，越来越多的实体、个人、设备都连接在一起。互联网不再是虚拟经济，而是主体经济社会不可分割的一部分。”

在2015年3月23日的中国IT领袖峰会上，马化腾发言的时候首次谈到了“半条命”。他说：“过去确实有很多不放心，出于本能，很多事情都想自己去做。现在，我们真是半条命，我们把另外半条命交给合作伙伴了。在新时代所带来的风口中，腾讯要做的是搭梯子，回归到最核心的平台。我们能做的是给所有产业提供零配件工具，让它们在和移动互联网结合的浪潮中可以飞得更高，飞得更安全。”

马化腾认为，在每个企业中，管理层的精力和能力都是有限的，因此“我想应该还是要聚焦在你最擅长的领域里面。我们的商业模式就赚一层很薄的，但是很宽广的利润，而不会说很深地进入到每一个行业”。

在李彦宏、马化腾都示弱合作伙伴，坚称不搞垄断的时候，马云却另有话说。

2015年6月4日，在阿里巴巴与上海文广集团合作的发布会上，马云谈了自己对“互联网＋”的看法。他说：“如果互联网企业只把上网看作是看看新闻，上网就是玩玩游戏，上网就是购购物，上网就是聊聊天，这些互联网公司很快就会变成传统互联网公司。在中国也诞生了很多传统互联网公司，它们也担忧着明天怎么办。现在，很多传统企业在担心明天的时候，很多互联网企业也在担心未来，所以如果想不担心未来，就必须担当起未来的责任，必须参与未来的建设。未来五年和十年，‘互联网＋’的核心思想就是如何把互联网加上传统经济，不管是传统的制造业还是传统的各行各业加起来，只有参与传统行业的改造，整个互联网才能活得久、活得好，所以我们一直在思考如何利用互联网帮助健康产业、帮助文化产业、帮助娱乐产业发展。所以，阿里巴巴本身是一个数据公司。”

但是对于阿里巴巴的数据，马云称：“阿里今天拥有了大量的消费者数据、小企业数据、金融数据、物流数据等各方面的数据，这些数据如果放在我们身上，这不是我们的资产，这是社会的资产。因为我们认为在当前（外部大环境）无法完全保障数据安全、数据隐私的情况下，必须保障数据的安全和隐私，所以我们决定只审慎地开放给战略合作伙伴，在安全的基础上共同打造未来。”

而在2015年10月，马云亲自写了一封致全体股东的公开信，在信中说道："我们坚信，商业帝国式发展的时代已经过去了，我们应该坚持平台生态化发展。只有生态系统里的企业共同参与发展，大家是利益共同体，才能持久发展。"

马云还表示，未来10年中国的电商占比会超过50%，未来阿里巴巴提供的服务会是企业继水、电、土地以外的第四种不可缺失的商务基础设施资源。

虽然马云这封致全体股东的公开信被认为是为了提振阿里巴巴低迷的股价，但是从中我们也能够读到阿里巴巴的开放与不开放。马云认为阿里巴巴最终是一家数据公司，同时封闭的"商业帝国"不再流行，需要的是构建生态。而谈到生态就必须谈到开放，但阿里巴巴的开放只是针对阿里巴巴生态内的合作伙伴。

我们看到，无论是李彦宏、马化腾还是马云，他们对于移动互联网未来的判断都几乎是一致的，都认为移动互联网与传统经济结合是大势所趋，互联网不再孤立地存在于线上。同时，他们也都认为自己的企业是未来整个经济的基础设施之一，如同水和电一样。

## 开放与封闭

既然BAT三巨头都认同未来移动互联网的发展趋势，都表示要采取开放的策略与合作伙伴共赢，都准备成为中国经济的基础设施，那么问题就来了：

BAT不是政府。政府提供道路、公园、绿地等基础设施依靠的是企业、人民的纳税收入，政府虽然垄断着这些基础设施，但并非为了赢利，而是服务人民。

BAT都有高尚而伟大的愿景，如同水、电一样服务企业、用户，但是它们本身就是必须要赢利的企业，因此它们无法像政府那样不追求利润，也无法像政府那样没有竞争。所以，BAT都在谈构建“开放生态”，但显然难以真正如同政府那样的开放，这也让它们必然陷入开放与封闭的质疑与矛盾中。

BAT目前基本在进行着同质化的竞争，它们抢夺打车软件、房产交易、餐饮服务、金融、旅游、医疗、智能硬件等所有行业里的垂直互联网平台资源，希望将这些资源全都纳入自己的生态系统，因此也发生了多起战争，比如为了抢夺餐饮O2O入口，马云与马化腾就在美团上打得不可开交。

而为了争夺打车市场，腾讯投资的滴滴打车与阿里巴巴投资的快的打车也曾疯狂地战斗了1年多时间，最后迫于资金的压力而采取了合并。类似的战争仍然在继续着，许多创业公司、垂直互联网平台都纷纷选择“站队”。甚至在“双11”的战场上，一些商家资源也成为天猫、京东的抢夺对象，要求商家只能在一个平台上做生意，这也是一种“站队”。

“站队”事件发生得越来越频繁，正是因为BAT各自构建了互联网生态，而这些生态之间又是同质化的竞争关系。为了让自己的生态更加壮大，于是通过收购、投资的方式抢夺资源是BAT一直在做的事情。这也让很多人担忧BAT要买下整个中国。

由于只有入股或收购，才能将合作伙伴控制，防止跑到对手的生态中去，所以我们看到在BAT的口袋里，在很多业务上都有势均力敌的“小弟”：阿里巴巴的快的打车，腾讯的滴滴打车，百度的Uber；百度的糯米网，腾讯的大众点评和美团，阿里巴巴的饿了么和口碑网；百度的去哪儿和携程，腾讯的同程网和艺龙；百度的爱奇艺和PPS，腾讯的腾讯视频，阿里巴巴的优酷土豆；阿里巴巴的天猫和淘宝，腾讯的京东……

通过收购和入股这些合作伙伴，BAT对这些企业可以实现掌控，更为重要的是这些都是用户购买商品与服务的高频次互联网平台，是接触用户消费市场的最重要入口。通过对这些入口的掌控可以将BAT互联网生态中最关键的“支付”环节做成独家占有。

滴滴打车通过腾讯的疯狂推广迅速抢占了市场份额，同时腾讯依靠用户使用滴滴打车的支付环节，带动了微信支付的使用量；在对京东进行投资之后，微信为京东打开了一个新的流量入口，而京东则在网站上提供了微信支付的接口，并封掉了支付宝；在大众点评与美团合并之后，美团的交易中也封掉了支付宝，换成了微信支付。

通过这种“烧钱”竞争，2014年年底，绑定银行账户的微信支付和QQ钱包用户超过了1亿。这种快速增长让支付宝感到严峻的挑战，让百度钱包也感叹自己发展的缓慢，更让传统银行都觉得恐惧。

马化腾说，其商业模式就赚一层很薄的，但是很宽广的利润。其实，这个薄且宽广的利润中最重要的一部分就是金融和支付。这几乎是BAT之争的最后一环。用户和商家通过支付完成了服务和交易的闭环，而BAT提供了支付工具，享受支付这一环节的利润分成。这就如同银行的信用卡向商户收取佣金一样，腾讯、阿里巴巴和百度都希望享受互联网生态中的金融收益。

因此BAT所谓的开放，似乎只是对各自所构建的互联网生态中的企业开放，而疯狂投资、抢夺资源的目的是实现对生态中企业的绝对控制权，并让它们都独家使用自己的支付工具，掌握住生态中“金融”这一关键环节。

但是在我看来，这种打造生态的竞争方式只是“初级阶段”。因为BAT所构建的连接、用户、数据、技术等资源是整个互联网经济发展的基础，这些企业是社会的企业，所以它们所拥有的这些资源是它们自己的，更是整个社会的。

通过“初级阶段”的生态竞争，BAT可以不断壮大自己的实力。而到了第二阶段，则必然是将自己所拥有的能力全面地向整个社会开放，这也是企业发展到一定阶段必须要承担的社会责任。

## 互联网的无边界

BAT三家公司不仅希望在自己构建的庞大互联网生态中利用支付和金融环节打造闭环、应对竞争、创造利润，它们还都申请了直销银行：百度与中信银行成立百信银行；阿里巴巴成立了浙江网商银行及蚂蚁金服公司；腾讯成立了微众银行。

直销银行并不采用传统银行吸引存款然后放贷的模式，主要是针对小微企业、用户需求，利用大数据做风险控制，与传统银行合作，为小微、个人提供贷款业务以及其他消费类金融业务。但是我们发现，基于互联网海量用户和强大的营销能力，一款2亿元的理财产品只需1分钟就可以被用户抢光，这对于传统银行来说是难以完成的任务。

互联网无边界、连接海量用户、天然的营销平台都降低了渠道、营销成本，让资金流动得更迅速，提高了银行业的效率。而通过互联网大数据，则可以迅速完成对用户、企业的信用评价，这也是传统银行所不具备的。

BAT正在进行着类似银行的赢利模式探索，支付宝、蚂蚁金服已经获得非常好的收益，微信支付正在努力着，百度钱包也匆匆赶来。然而，BAT与银行却有着本质的不同，那就是BAT不只是金融服务商的角色，它们还在利用互联网的垄断模式打造一个只属于自己的生态。

例如，一个用户可以有工商银行、建设银行、招商银行等所有银行的卡片，在一家商户中，用户可以使用自己的任何一张银行卡进行支付和消费。银行获取用户的方式是通过在线下开网点，很多人办理银行卡是因为距离上的“便利”。

而互联网支付工具和网络直销银行则没有空间的任何限制，用户开通是因为要使用一些业务，比如在淘宝、天猫上购买商品就需要开通支付宝，使用滴滴打车就必须开通微信支付并捆绑银行卡。另外，再通过一些补贴的刺激，让用户在不知不觉中就成为了BAT的支付用户。这种获取用户的成本是非常低廉的，而传统银行获取用户的成本是非常高昂的。

此外，银行不会去限制一家商户必须使用它们的银行卡支付，通过银联这家公共平台可以实现任何银行之间的资金划转，因此银行对商户没有控制权。而在BAT所打造的互联网生态中，其支付工具采取了排他性的设置，在这些生态中用户只能选择使用BAT的其中一种支付工具。

当BAT不断吃进各种与线下商业相结合的电商、O2O、餐饮、医疗、房产等业务之后，它们就可以独占这些商业的支付工具，继而也许可以籍此获取垄断利润。这对于参与竞争的商家、消费者、金融企业来说，是否会带来一些负面的影响？

过去，当互联网公司只存在线上业务的时候，它们的规律就是通过垄断市场而获得海量用户，然后再通过海量用户的少量付费而获得收益。单纯的互联网公司由于提供的是无差异的免费商品，因此它们即使垄断也不会影响到商品价格，对消费者利益的损害也是有限的，因此全世界对单纯互联网公司的垄断都并未进行处罚。

而如今，互联网与传统产业融合是一个全新的课题，也引发了行业中对企业边界的讨论。对此，马云在接受采访时曾表示：“什么是边界？什么是无边界？只要对社会有利，对自己有利，对员工、股东、未来有利的事情，你又有足够的能力，就可以去做。今后，跨界才能赢。”

移动互联网所带来的融合经济是未来趋势，这开启了一个崭新的时代。

## 案例点评

### 警惕“黑洞”的另一面

很多人都认为当前中国正处于资本寒冬，而投资就需要资金。BAT三大巨头可谓是目前中国最有闲钱的巨头了，它们的巨额财富就如同黑洞一般，可以将许多许多的企业买来、吞下。

截至2015年第二季度，百度的第二季度净现金流为57.27亿元；阿里巴巴净现金流为95.48亿元，用于投资的现金为155.92亿元；腾讯的自由现金流为54.17亿元，净现金总额为216.63亿元。同时，这三家公司的营收都在以20%以上的速度增长，仍在不断产生现金。

当许多传统企业都面临资金困境的时候，BAT却手握巨额现金。寒冬里以现金为王，而这些巨额现金必须要花出去才可以，只有流动起来，钱才会增值。于是，它们展开了狂热的投资，整个中国似乎都震惊于这三家公司的购买力。

百度大手笔的投资包括以19亿美元收购91无线、200亿元人民币打造糯米O2O、1.7亿美元投资优信二手车、6亿美元投资Uber、2亿美元投资我买网……

阿里巴巴投资魅族5.9亿美元、优酷土豆45亿美元、苏宁283亿元、光线传媒近24亿元、海尔电器旗下的日日顺物流18.57亿港元、高德地图约11亿美元……

腾讯投资滴滴打车数亿美元、饿了么3.5亿美元、大众点评5亿美元、京东商城2.15亿美元、同程旅游数亿元……

除了资本之争外，目前移动互联网时代的争夺战还有流量之争。BAT仍然占据着主要流量入口。目前，在3G、4G、Wi-Fi各种网络下，稳居流量前十名的应用中，绝大多数是BAT的应用，这包括微信、QQ、百度、淘宝、QQ浏览器、UC浏览器、支付宝、优酷、百度地图、百度手机助手、应用宝等。

在携程与去哪儿的合作中，有数据指出携程50%的流量来自百度；去哪儿更是一直依靠百度在手机搜索、手机地图、糯米网的入口优势降低流量获取成本，并不断壮大；滴滴打车的崛起几乎全靠微信一手操办，迅速拉开与快的打车的距离；京东接入微信、QQ后，其移动端用户增长50%来自腾讯……

而且我们还可以在这些庞大的流量入口之下看到，巨头总是在推荐自家的应用或者投资的应用，比如腾讯总是在QQ上推荐搜狗输入法、搜狗搜索，而2015年第三季度搜狗营收大增，超过10亿元，而腾讯新闻则不停地推荐腾讯新闻应用、腾讯天天快报应用。百度的各项应用之间也相互推荐：百度搜索推荐手机助手，推荐糯米、去哪儿……

在巨大的流量注入下，就如同给这些业务注入了成长激素，让其快速膨胀并领先对手。对于被巨头推荐的产品和企业来说，可以少奋斗数年，而其对手则如同陷入噩梦一般。

## 黑洞并非万能

BAT黑洞认为通过并购、投资别人即可构建以自身为核心的庞大生态，认为自己可以包罗万象、无所不能。其实，事情并非它们想的这么简单。

首先，被“包养”的企业可能失去忧患意识。这就如同将老虎从森林里抓到动物园，虽然在森林里缺少食物，但是它们具有竞争意识，为了吃饱肚子要四处捕猎。而一旦被收购甚至“包养”，很多企业就不再有忧患意识。更多的是创始人离职，企业失去核心人物，军心涣散，最终在与收购者融合的过程中出现严重问题。

即使不是收购，而是占股，并给予丰厚的流量资源，也会培养这些公司的惰性，让它们不再为赢利而努力，不再为打造出色的用户体验而努力，BAT给的流量和资金拦住了自我创新的步伐。我们也能看到被收购的手机浏览器公司从第一沦为第二，地图公司销声匿迹，巨头们自家的许多应用体验不好，却在流量攻势下装机量高速增长，但用户在线时长、黏性、活跃度均弱于独立应用……

其次，用户习惯难以改变。有些企业希望将网购与社交结合，以激活支付和金融，并将其流量变现；有些企业希望借助浏览器进军O2O，并将此作为战略；有些企业希望打造轻应用以连接人与服务……但是，这些正在进行或者已经失败的战略都因难以改变用户习惯而举步维艰。

再次，难以逃脱的大企业病。人有生老病死，企业也是一样的。华为的任正非一直在思考解决大企业病的办法，但是找不到答案。这似乎是企业最终必然的归宿，机构臃肿、效率低下、人浮于事……组织最终都会面临前进的“瓶颈”，何况BAT正在吞下更多的企业，开展更多的业务，这必然大幅提高管理的成本，同时让大企业病来得更快，更加严重。

最后，政府的反垄断政策。似乎互联网的本质就是垄断，但是互联网与实体经济结合后，还希望进行垄断，就必然会遭遇政府的反垄断政策的管制。我们在交通部的出租车规定中看到了政府的这种担忧，这是第一个“互联网＋经济”普及案例，也是政府第一次对新经济做出表态。而未来，在其他行业，一旦出现类似垄断的苗头，涉及传统产业“互联网＋”，都会遭到政策的管制，这也是BAT必须面对、难以逃避的最大利空。

## 不被黑洞吞掉的或成黑马

许多创业公司都希望被BAT的黑洞吸过去，连SOHO的潘石屹都开始向BAT靠拢了，普通创业者更是梦寐以求！但是一旦被黑洞吞掉后，就难以再有成为巨头的可能性，企业创始人也就失去了最初的梦想。除了被BAT吸走的公司外，我认为以下几家公司可能成为黑马：

小米：这家公司在梦想家雷军的带领下，利用互联网对制造业进行了改造，并创造了崭新的模式，利用手机、智能硬件并通过投资构建以小米为核心的生态系统，独辟蹊径地进入了BAT腹地，很可能成长为新的巨头和黑马。

奇虎360：这家公司在周鸿祎的带领下正在实施转型，其方向是IoT（物联网，Internet of Things），这与小米的战略十分类似。而且依靠本身在PC、移动端现有的用户优势，其在手机、智能硬件上存在较大机会。

万达集团：这家公司在王健林的带领下，也在向互联网转型，准备依靠全国的万达商场建立一个线上线下结合的商业帝国，其所具备的线下资源是互联网公司难以企及的，其巨大的体量也不是谁可以吞下的。

另外，还有许多在自身传统产业具有核心竞争力，并迅速向互联网转型的公司，也都拥有巨大潜力，比如华为、海尔、乐视、苏宁等。

## 产业观察

### 是“烧钱”，还是抢占创新?

在消费互联网市场领域，中国走在了全世界的前列，超越了美国。这是技术进步的结果，同样也是中国特殊的市场状况导致的。那么，消费互联网超越美国是否意味着中国将引领第四次工业革命?

当前，BAT所进行投资、并购的企业都集中在消费互联网领域，方式也是惊人的相似，那就是对消费者进行补贴。腾讯投资的滴滴打车，仅2年时间就“烧钱”15亿元。而滴滴打车的创始人程维在2014年接受采访时称：“我们是最‘烧钱’的初创公司，但是3～5年内并没有赢利和上市计划。”

除了打车行业外，在餐饮O2O行业也是疯狂的“烧钱”战。美团被媒体曝光月“烧钱”2亿元，亏损6亿元，而这些钱都补贴给了利用美团外卖进行消费的用户。饿了么，这家餐饮O2O公司与美团外卖一样采取补贴消费者策略，持续“烧钱”抢夺用户，已经进行到E轮融资却还没有赢利模式。同样在

O2O市场征战的百度糯米网，李彦宏准备“烧钱”200亿元砸出未来。

BAT在消费互联网上的疯狂投资让这些人与服务连接的市场被搞得极速膨胀，在“烧钱”的过程中培养用户新的消费习惯，同时推广自家的手机支付应用，提升百度、微信、阿里巴巴的生态平台的服务能力，提高竞争的壁垒。

BAT都是从2000年互联网泡沫时期一路走来，它们都相信互联网公司只要获得足够多的用户，赢利只是时间问题，因此它们所投资的消费互联网公司之间的竞争基本上都为同质化的“烧钱”大战，其业务模式并无任何实质性差异。

而对于消费者来讲，在任何平台消费都是相同的体验，唯有补贴的高低不同。例如，对于选择使用滴滴打车还是Uber，主要看谁的补贴高，驾驶员们也同样总是选择补贴收益更高的打车软件做生意。于是，“烧钱”大战难以停止，一浪更比一浪高。

那么，同样是“烧钱”，当前的消费互联网市场与2000年以前的互联网市场是否完全相同呢？我认为，还是存在根本性差别的。首先，当时的互联网与传统产业并未结合，只存在于线上；其次，当时的互联网用户数量、使用终端的情况、使用习惯与现在完全不同。这就意味着2015年的“烧钱”大战与2000年以前的“烧钱”大战会有不同的结果。

2000年以前的互联网企业并不知道赢利模式在哪里，它们需要去尝试和探索。而15年后的消费互联网是将传统的商业搬到了互联网上，业务本身就有赢利模式。例如，“专车”市场是出租车市场的网络化版本。而出租车市场的赢利模式十分简单，那就是乘客付费乘车，出租车加司机提供服务，出租车公司向司机收取一些服务和管理费。

但是滴滴、Uber这些“专车”公司希望构建一个遍布全国的出租车公司，不收取服务和管理费，而是收取司机营业额的提成。但是，这必须要先通过“补贴”的方式将传统出租车的用户抢到自己碗里来。本质上来讲，其并未改变出租车行业的赢利方式，也并未塑造一个崭新的产业。

而2000年以前的互联网公司抢夺市场的方式通过的是“创新”。例如，谷歌研发出搜索技术，但是却并不知道如何赢利，后来通过广告的方式获得了盈利；腾讯模仿OICQ推出QQ聊天工具，也不知道如何赢利，但随着用户量的增加，找到了增值服务收费、游戏等赢利模式。

简单来讲，2000年前的互联网企业是创造需求，满足需求，获得利润；而15年后的移动互联网公司则是从传统产业手中抢夺市场，方法是通过其互联网渠道、平台、用户、资金优势，而不是自己创造需求，满足需求。

再从“烧钱”的时间上来看，从1998年11月11日腾讯诞生到2004年6月腾讯公司在中国香港上市，当年营收4.44亿元；而成立1年多之后，也就是2000年，腾讯已经获得了5000万元的盈利。而同期成立的新浪、搜狐、网易、百度也都找到了广告的赢利模式，获取了比腾讯更高的收入。

截至2015年，已经创办了4年的滴滴打车仍处于严重“烧钱”阶段；2010年成立的美团网截至2015年已经6年时间，每个月“烧钱”数亿元。显然，消费互联网的企业与2000年时线上互联网企业在“烧钱”时间、“烧钱”数量上是完全不同的。

2000年以前创办的互联网企业，通过它们的技术优势发展差异化业务，从而形成了竞争壁垒；而15年后的消费互联网企业之间完全是进行同质化竞争，没有任何技术壁垒，最大的壁垒在于“烧钱”的实力。

中国的手机网民数已经超过了6亿，这与2000年时的网民数相比简直是天上地下。而对每个网民进行补贴，这种投入是恐怖的，6亿网民一天补贴1元钱，就是6亿元。以赢利能力最牛的腾讯公司为例，2015年第三季度腾讯的经营利润为103亿元，每天的利润不足3772万元，不够消费互联网公司烧半天。

2015年，BAT全都参与到消费互联网的“烧钱”大战中，希望烧出用户习惯，然后再收割利润，重复与2000年时的互联网一样的发展模式。但是三巨头必须清楚，消费互联网市场并非新市场，而是抢夺线下市场，它们不仅面临与其他两家巨头的战斗，还面临与线下企业的战斗。用户在停止补贴后，是否还会在网上大规模的订餐，是否还会叫按摩师上门服务，是否还会选择专车服务？这都是未知数，因为疯狂的“烧钱”掩盖了用户真实的需求和习惯的转变。

BAT是否会陷入消费互联网“烧钱”大战的泥潭中而难以脱身？或许滴滴与快的的合并，是消费互联网“烧钱”战争最后的归宿。因为大众点评与美团、58同城与赶集，一个又一个消费互联网市场“烧钱”战的结局都是如此。

但是它们的合并又面临另一个难题，那就是与传统商业竞争的时候，可能触犯《反垄断法》，从而遭遇法律因素、政策的不可控原因而遇到巨大难题。大浪淘沙之后，当政府发现这些消费互联网并没有带来真正的就业增加、经济增长、内需提高、社会问题，只是打造了一个又一个手握海量用户、庞大社会资源和话语权、拥有巨大资金实力的“商业帝国”，政府必然要出手管理并显示自己的权威地位。

在BAT三巨头疯狂投资消费互联网市场、抢夺连接服务的入口与金融支付霸权地位的时候，远在大洋彼岸的美国互联网公司却在加紧进行新技术的研发。

谷歌2014年投入的研发资金为80亿美元，占其总营收的13.2%。谷歌的研发已经完全不限于互联网领域，而是在虚拟现实、无人驾驶技术、清洁能源、机器人和人工智能、智能医疗、太空技术等方面均进行大规模的布局和研发。

而从全球研发投入榜上来看，进入全球研发投入前十名的企业没有一家中国企业，但是却有英特尔、微软、谷歌的名字。它们与大众汽车、罗氏、默克、强生等公司都榜上有名。谷歌、微软等正在参与到未来科技的研发中。

我们都知道，第一次产业革命是由蒸汽机的发明所带来的，第二次是电气化时代所带来的变革，第三次是互联网和PC的诞生所带来的信息化革命。那么，第四次是什么？

或许人与服务的连接仅仅属于“后互联网”时代，我们不知道第四次产业革命是什么，但可以肯定是技术带来的一系列变革。而BAT三家最富有的中国企业目前却在错失对未来科学技术的研发，将其所有的财富都投入这些并无创新的消费互联网“烧钱”大战中。因为没有研发投入的支持，中国在第四次产业革命的全球风潮中，或许仍会败下阵来。到底未来会怎样，我们也只能静静地等待。

第二章

# 小米：风口上起舞

中国互联网迎来了迄今为止最好的时代。2015年在十二届全国人大常委会第三次会议上李克强总理的《政府工作报告》中首次谈到了“互联网+”概念，承认了互联网在中国经济转型、传统产业转型中所起到的“催化剂”作用。而且百度、阿里巴巴、腾讯三巨头的创始人也都成为本届两会关注的焦点。此前，它们在互联网时代似乎并未短兵相接，但是在移动互联网时代它们却竞争激烈。其争夺的焦点主要是“流量入口”，目前搜索、电商、社交成为用户手机上网的三大重要入口。

如果说BAT之间的“线上入口”大战在短时间内无法再生变数，那么手机也许会成为唯一存在变数的移动互联网入口。

独辟蹊径者希望通过手机这个当前绝大多数App应用、智能设备的控制中心切入BAT的腹地。目前，除了谷歌、苹果依靠手机操作系统在这一入口中赢得控制力外，中国的小米公司、阿里巴巴的YunOS都怀着同样的梦想。

阿里巴巴YunOS是BAT中最早推出智能设备操作系统的，并且在天语、魅族、大可乐、朵唯、青橙、飞利浦等品牌手机中有着非常不错的装机量。2015年上半年，又有消息称，YunOS联手纽曼推出带有指纹识别的新机，与此前在MWC（世界移动通信大会，Mobile World Congress）上曝光的YunOS概念机出自“同门”。

小米，这家公司利用4年时间迅速成为国产手机的引领者之一，创始人雷军说主要经验就是“小米按成本价零售，迅速把产品铺开，通过互联网的衍生收益的模式来获取利润。这就是小米模式的核心的内容”。

与雷军有着同样“梦想”的还有奇虎360创始人周鸿祎，周鸿祎称自己是最早看懂小米模式的人，在互联网、移动互联网上奋力打拼难以突围后，周鸿祎毅然决定重新进入手机行业，目的也与雷军类似：希望抢夺互联网入口，再次踏上与BAT比肩的道路。

显然，YunOS与小米、奇虎360走的是两条完全不同的道路。前者希望与更多还未掌握系统开发能力的手机厂商合作，后者则希望自起炉灶，从硬到软完全自己来做，打造一个全产业链封闭系统。而它们的共同之处在于，都寄希望于手机抢占移动互联网入口，并有能力利用“互联网衍生服务”赢利。

## 风口上的“猪”

2014年11月19日，浙江省乌镇，首届世界互联网大会在此拉开帷幕。

翌日清晨，当浓雾逐渐散去，中国这个颇富有魅力的小镇迎来了大会的第二个高潮——中外互联网领袖高峰对话，国内外互联网巨头即将展开激烈交锋。

上午8点，离论坛对话开始还有一个半小时，热情的观众就将会场围得水泄不通，谁都不愿错过本次大会的精彩环节，谁也不想漏掉国内互联网巨头如马云、李彦宏、刘强东、雷军、张朝阳等人与国外科技大腕里德·霍夫曼（Reid Hoffman）、保罗·雅各布（Paul E.Jacobs）等人的论战。果然，高潮迭起，言辞交锋。

主持人向苹果公司高级副总裁兼总法律顾问布鲁斯·塞维尔（Bruce Sewell）问道："在19日的会议上，小米科技创始人、董事长兼首席执行官雷军说'5至10年后，小米会成世界第一智能手机公司'，您是否感到危机？"

"说总是容易的。"布鲁斯淡淡地答道。

现场的雷军听罢，同样以一种平静的语气回应道："马云也讲过一句话——万一实现了呢？"

接着雷军阐述道："小米是一个很小的公司，我们4年多前创办，我相信没有人相信三年前刚刚做手机的小米成了世界第三，所以在中国这个神奇的土壤上除了产生了阿里巴巴这么牛的公司，也产生了小米这样的小小的奇迹。"

紧接着，很多媒体不约而同地用了一种极具煽动性的标题来报道大会中的这个细节，他们写道，《雷军回呛苹果高管：万一小米做到全球第一呢》，报道详细记录了雷军的这场论战，记录了他阐述的小米做智能电视、路由器的理由，以及他坚称的"智能手机将是人们衔接世界的工具"。

实际上，当时的小米正迎来它成立以来最辉煌的时期，它以值得骄傲的数亿的米粉和非常光鲜漂亮的数据向世人展示，小米是近年来发展最快、速度最迅猛的互联网企业之一。

2014年8月，据市场研究公司Canalys的数据，小米2014年第二季度智能手机出货量达1500万部，占中国大陆市场14%的份额，市场份额较第一季度的10.7%显著提升。小米一跃成为中国大陆出货量最大的手机制造商，首次超过了三星、华为等老牌手机制造商。Canalys分析师表示，小米实惠的红米系列（包括红米、红米1S和红米Note）很受欢迎，这帮助提升了小米二季度的市场份额。

2014年7月，小米推出小米4。在发布会现场，雷军介绍：2014年上半年，小米公司共售出手机2611万台，增长271%。小米手机销量及销售额每年都在攀升。

到了2015年，第一季度小米销量1500万台，第二季度销量2100万台，上半年总销量超过3500万台，稳居中国市场第一位，紧随其后的是华为手机，销量超过3100万台。小米达成了传统企业十几年甚至是几十年才有的成就，就连互联网巨头阿里巴巴在实现跨越性的成绩之前，也曾一路跌跌撞撞走了将近十年。

纵观而言，小米的快速发展主要得力于四个方面的红利：市场的快速增长、技术的发展有空间、营销方式的创新、竞争对手还没觉醒。在这四个红利的促使下，小米开始快速崛起。

2010年，整个手机市场的发展速率非常快。因为2008年时3G才刚刚发布牌照，智能手机高速发展，小米把握住了这个机会，顺势而为。

在技术方面，当年，苹果也只是发布了第三款手机。同时，处理器、屏幕、电池、摄像头等各种技术还没发展到如今的程度，具有很大的发展空间。那时，屏幕还处在3.5寸左右，摄像头像素还在500万左右，小米第一款手机就没有前置摄像头，所以在技术拓展上，仍有很大的发展空间。这其实与PC市场的发展趋势很像，PC市场曾经也是通过技术创新、进步，使落后的设备不断淘汰，推动了市场的不断发展。2010年时，手机的各种技术并未成熟，市场巨大的发展空间给了各个厂商发展的机会。

在营销的创新方面，小米是国内首个着重对手机品牌进行定位的厂商。当时的三星、摩托罗拉、LG、HTC等手机厂商并未有明确的定位。小米将手机定位为“发烧”，并采用高配低价，迅速引爆市场。再加上采用粉丝营销这种新的营销方式，提升了企业的运作效率，降低了营销、供应链、渠道的成本。而且小米每次都能登上各大媒体的头条，成为媒体争相报道的对象，这都为小米的快速发展提供了动力。

最后，其他传统厂商还未觉醒。其中最先觉醒的是华为，紧跟小米进行营销战，余承东扮演了重要的角色，与雷军经常在微博上进行PK。其他企业也开始觉醒，希望通过互联网来进行营销，如联想、中兴、金立等，也有初创企业如锤子、大可乐等，但它们都没能成功模仿小米模式，无法像小米一样快速地打开市场。

在这四个红利的推动下，小米在手机行业市场跨步发展了好几年。不得不说，小米是一家极具代表性的互联网企业，从2010年小米推出MIUI，到2011年年底，推出第一款双核1.5G手机，搭乘Android OS v2.3＋MIUI的操作系统，曾经10万台手机3个小时一售而空。2012年，小米手机开放第二轮购买，3个半小时，10万台手机再次售罄。

除了苹果手机之外，国内创造如此火爆情形的手机厂商只有小米一家。2012年11月29日，小米手机2开放第三轮购买，放出了15万台手机，1分43秒售罄。每秒约卖出1612部。尽管被置疑、被指责，但小米就是如同火箭一般，留下了一连串让人惊叹的数据。

## 小米“七剑客”

中国互联网格局的形成，或许可以从它被人们称为“江湖”开始，虽然没有金庸笔下的刀光剑影，但互联网的江湖是一个 “尚武”的世界，以“武”为尊。

与小米手机同时被人称道的还有小米超豪华的创始人阵容。

从2006年开始，雷军先后投资了几家移动互联网公司，包括乐讯、UC等。当苹果iPhone于2007年开始上市时，雷军显示出了极大的兴趣，用他自己的话来说：“我很受刺激，手机居然还可以这样做！”

除了iPhone，让雷军感兴趣的还有移动互联网，他那个时候就看到了移动互联网一定引领未来的方向，而且手机如同PC霸占你的桌面一样，会将世界从桌面搬到手上。

而且，同为第一代科技人物，雷军曾经与马化滕、李彦宏等人活跃在科技领域，而当时腾讯和百度无疑已经成为互联网领域的超级巨头，而雷军创办的金山则一路艰难，所以他迫切期待在新的领域再有作为。

手机，是让雷军兴奋并坚定的方向。雷军投资的多玩网总裁李学凌这样说：“雷军做手机之前，我们聊了很久。我告诉他，如果你这辈子还要创业就应该做手机，做手机至少要卖我一股。我相信，未来手机时代一定会来临。”

2009年开始，理想落地，这年，雷军40岁，手机之梦启航。

2009年年初的一天，晚上8点钟，北京五道口。

在谷歌办公室，金山董事长、天使投资人雷军找到谷歌中国工程研究院的林斌，当时林斌号称是研究院的四大金刚之一，负责谷歌移动的研发和Android系统的本地化。此时，雷军已经有意要做手机。

雷军与林斌，一位是手机发烧友，一位是业内专家。二人一见如故，这一聊就聊了六七个小时，谈话结束时，二人发现已经是凌晨。至此，小米除了雷军，迎来第一位剑客——林斌。

当年年底，时任金山词霸事业部总经理的黎万强离开了金山，他向雷军透露，要去玩商业摄影，雷军问他，要不要一起干？黎万强毫不犹豫地答应了。雷军都愣住了："你知道我要干什么？"

"你要做手机。"黎万强答道。

在黎万强的《参与感：小米口碑营销内部手册》一书和很多报道中，都有记载过这段雷军与他一拍即合的故事。

此后，林斌带来微软旧部黄江吉，这位"高手"人称KK，不到30岁就成为微软工程院的首席工程师，毕业于全美大学排名第62位的美国普渡大学（Prudue University）。

在北京知春路翠宫饭店的豹王咖啡中，雷军和林斌两人一起拉着KK聊天，他们聊到各种电子产品，从手机到电脑，从iPod到电子书，聊了几个小时后，KK感叹道："我以为我是Kindle的粉丝，但是没想到雷军比我更了解Kindle。当时为了用Kindle，我还自己写了一些小工具去改进它，结果没想到雷军也是这样的疯狂，他甚至把一个Kindle拆开，看里面的构造是怎样的。"

本次谈话最后，KK直言："我先走了，反正你们要做的事情，算上我一份！"

2010年年中，曾为林斌下属的洪峰也加盟小米。这同样是一位技术狂人，曾经在谷歌用20%的业余时间和几个人一起设计了Google 3D街景的原型。当时他在谷歌主持开发谷歌音乐，赞誉颇多。

2010年10月8日，周光平正式入职小米。同时，雷军吸引了时任北京科技大学工业设计系主任刘德的加入。

周光平此前是摩托罗拉北京研发中心的总工程师及高级总裁，作为业内非常知名的手机行业专家之一，曾经研发生产过摩托罗拉最畅销的机型。

与此前的桥段非常相似，按说周光平是不太容易出来创业的，但与雷军的第一次见面，就从中午12点聊到了晚上12点，与其说是一见如故，不如说是被同样的梦想所吸引。

刘德毕业于美国艺术设计中心学院（Art Center College of Design，ACCD），创办了北京科技大学工业设计系，并担任该系主任。ACCD建校80多年来，只有20多位中国毕业生，刘德是其中之一。现今小米公司的工业设计部门有三位设计师来自ACCD。

至此，小米7剑客聚齐，按照雷军的说法就是5个海归、3个"土鳖"，土洋结合。而这7个人来自微软、谷歌、摩托罗拉等5个不同的地方，集聚了手机行业各个领域的高手，不仅都属于技术流，而且是战绩颇丰。

2010年4月6日，公司完成注册，名为北京小米科技有限责任公司。创业团队搬入位于北京中关村银谷大厦的办公室。此时包含一个前台在内，公司总共14人。

## 成在社群

乔布斯说，苹果的成功是因为找到了一群聪明的人共事。社会化软件让奇迹可以发生在传统的组织之外，每个个体建立连接后将拥有更为强大的力量，他们在社群中几乎无成本地实现了思维的碰撞、资源的共享、知识的交流，从而诞生出一股伟大的力量，更何况他们是一群聪明的人。

同样，小米成功的一个主要因素在于抓住了一点——社群经济。

其实，社群这个词并不新鲜，只不过是在移动互联网普及以后，移动社群的黄金时代到来时，去中心化、社群、分享经济更为人所知。“过去讲的是社群文化，现在变成了社群经济。”清华大学新闻与传播学院教授沈阳，2015年8月在做一个社群影响力的分析调查中指出，网络社区曾是用户社交互动的主战场，而随着移动互联网的崛起，破碎化状态中的实时在线与沟通成为常态，社群经济等概念正在成为行业新一波热点。

在PC鼎盛时期，论坛、贴吧、社区等形式已经有了社群的概念。那时，小米声称的粉丝营销，就是做社群经济的体现。

小米的成功就在于将社群效应发挥到最大化。

MIUI早期的时候，小米开始寻找第一批种子用户，而后实践证明，这批用户在小米尔后的发展中充当了重要的角色，他们成为各个社群的中心人物，将各自圈子的人牢牢聚集在一起。

那时，小米非常重视这批用户，由黎万强亲自带队去各大手机论坛、POM论坛、微博、社区等任何玩家聚集的地方去寻找资深用户，这是最没有捷径的办法。为了吸引他们加入，小米团队的成员每天当成任务似地在各大论坛里发帖、交流。

经过不懈努力终于拉来了1000人，从中选出100个作为超级用户，参与MIUI的设计、研发、反馈等。这100人也是MIUI操作系统的点火者，是小米粉丝文化的源头，也是其用户体验的特别方法论。纯靠口碑宣传，第二个星期200人，第三个星期400人，第五个星期800人，就这样小米最初的受众群一点点成长起来。

黎万强带队做MIUI粉丝营销的经验被用在后续小米系列产品的粉丝经营上，也奠定了小米在小米论坛、微博、微信、百度贴吧做粉丝活动的基础。这批最初的米粉对小米产品形成了极大的忠实度，是小米盒子、小米路由器、充电宝等围绕手机开发的周边产品的忠实用户。

而小米一开始就抓住了社群经济的本质——参与感和体验。黎万强在2014年年底出版的《参与感：小米口碑营销内部手册》一书中介绍："用户群体的无意识认知，最终选择决定了最适合该群体的行为方式，而这其实是最优化的结果呈现。粉丝效应都是从一个小族群开始，大家因为某个共同兴趣而聚在一起，去中心化的互联网，未来将分化出无数的兴趣族群。"

小米科技在无数的社群中让口碑在社会化媒体上快速引爆，小米科技联合创始人黎万强认为，小米成功的原因就是创造了"参与式消费方式"。

在小米以粉丝经济打开市场的过程中，尽管艰难缓慢，但却真实有效，而且迎合了移动互联的大趋势，也体现了连接一切的特性。这种办法在互联网企业中最早、也最有效地被应用。

此外，雷军借助微博的兴起，发展粉丝经济。截至2014年8月8日，雷军微博上的粉丝数已经超过1100万。拥有如此巨量粉丝的微博大V，一般是明星、名人，他们只是将微博作为一个大喇叭，点对面的喊话。而雷军则会回复一些用户的提问，转发一些小米用户的产品体验。

与其他公司做粉丝不同，小米将社群经济作为公司最重要的发展战略来看待，其重视程度可见一斑。公开资料显示， 2013年，小米的社区化营销团队总人数高达上百人，现今小米粉丝营销的队伍估计更加庞大。

小米公司是全员参与做影响力。上到雷军、黎万强，下到普通员工，他们一直活跃在小米的相关论坛中，与用户互动。在小米转型前，他们真正将发烧友的精神传递到用户。

总体来看，小米的粉丝营销之所以成功，核心在于抓住了社群经济的关键。好的社群是运营出来的，社群需要领袖和管理者，他们不是用一种权力关系将成员聚集在一起，也不靠制定法则，而是靠共同的精神交流和需求来维系关系。

## 胜于营销

“大家认为小米的成功，就是因为小米的市场营销、推广做得好，我觉得这其实是对小米最大的一个误解。其实从创办第一天起，小米要做的就是一家科技公司。

“小米的产品研发周期特别长，一部手机的研发是12~18个月。这个时间在很多手机公司来看可能觉得都太长了，但事实上，在过去几年，包括小米与处理器、屏幕、相机等厂商合作，涉及的很多算法优化，甚至在具体功能上，从系统成件，到相机功能调节，都是小米工程师深度参与其中，和厂商共同去做。”

2015年11月，小米联合创始人、小米总裁林斌在接受媒体采访时反复强调。不管愿意承认与否，但符合互联网思维的营销对小米的成功功不可没。

2011年8月16日，小米推出小米1代，雷军就将此手机定位为“发烧友手机”，而“发烧”一词也成为小米公司的标签之一。在随后的小米盒子、小米路由器、小米电视这些硬件产品中也陆续出现“发烧”一词。例如，小米盒子被小米定位为“迄今为止最发烧的硬件”，小米路由器则是“发烧友的新玩具”。

只为发烧而生，小米独特的定位吸引了大批的粉丝，并形成强大的品牌黏性。

而后，雷军把互联网思维定义为“专注、极致、口碑、快”，这也引发了很多企业跟风学习，还成为一些管理培训课必讲案例。

除了提出互联网思维，雷军最近还提出“诚意”的概念。如果说互联网思维是小米获得成功的方法论，诚意则是小米做产品的态度和良心。但是这两点绝对不是嘴上功夫，更是一种真实的能力。

实际上，小米手机第一代、第二代、第三代，并不精致的外观设计、产品无法严丝合缝的品质硬伤、较高的返修率以及让人生厌的饥渴营销模式等，这些都无法与雷军说讲的“专注、极致、诚意”画上等号，但这并没有影响小米的“口碑与快”。

前几代产品的瑕疵是众多初创企业难以避免的。作为新进入手机行业的轻公司，小米也不例外，没有技术积累、工厂、在供应链上的资源优势，导致外观设计、开发模具这些需要技术、人才的部分缺乏一定的积累，又要大力专注研发，而供应链上的弱势让他们拿不到足够多的零部件用于生产，加之没有自己的工厂，所以很难控制产能。

但小米一代并没有被用户大规模“吐槽”品质问题。原因很简单，因为雷军在发布会上已经表达了小米在设计上并非一部出色的手机，他说“没有设计就是最好的设计”。而且小米被贴上了“发烧友”手机的标签，在发布会上小米利用许多修饰词语，比如全球最快之类的，标榜小米手机硬件性能的出色，这也完全掩盖了小米手机在外在品质上的弱点。

“发烧友”定位，让小米可以持续为硬件做加法而不用去啃手机工业设计和品质这两块硬骨头。4年之后才敢于尝试推出金属边框的小米4手机。

雷军所提倡的互联网思维已经广为流传，而小米已经成为互联网思维的创造者、使用者、成功者，甚至很多企业慕名去小米参观学习互联网思维。我们不能否认雷军和小米创造的奇迹，也不能否认小米给整个中国制造业带来的一些正面的东西，比如通过互联网去倾听用户心声、关注产品体验、众包模式做产品，等等。

## 小米生态

2014年，雷军在接受《每日经济新闻》记者采访时说：“今天我主要关注小米生态链的建设，投资对我们来说只是工具和手段，更重要的是用资本的力量来帮助小米建立完善的软件、硬件、服务和内容的生态链。总结而言，就是围绕小米生态链投资，只要小米做起来了，生态链就能成，生态链的核心是帮助小米业务成长。”

这不是雷军第一次对媒体介绍小米的下一步战略，他丝毫不掩饰小米的未来，当时雷军已经投了66家公司，主要集中在智能硬件、软件、互联网服务、内容这四个方面。

2012年11月，“小米盒子”发布，这是小米手机之外的第一个主打产品，类似可接入互联网的电视机顶盒产品，其功能近似于Apple TV，预装了一些视频源（如搜狐视频、腾讯视频、PPTV等），支持DLNA和Airplay视频流输出。

雷军将小米盒子的定位依然是发烧的配件，并用同仁堂的理念去形容这款产品：“炮制虽繁必不敢省人工，品味虽贵必不敢减物力。”

2013年9月，“小米电视”发布，这是一款带有存储和计算功能，安装了安卓操作系统，可以通过无线网络上网的互联网电视。当时，创维、海信、TCL、长虹等电视巨头早已在这个市场上打得火热，而且电视是比手机更为精密的器件，投资更大，更加考验工艺水准、供应链能力等，但小米电视将用户划定为“年轻人”，差异化定位和营销让小米电视再次获得成功。

2014年4月，“小米路由器”发布，这是一个类似以前家庭工作站的网络路由器，带有大容量存储空间，同时可以通过手机客户端进行管理。路由器市场更是价格战非常惨烈的红海，除了知名的Netgear、华硕、苹果外，许多低端、低价的网络路由器也已经充斥市场。但小米路由器是专为技术宅人、潮人准备的，买小米路由器的人似乎被贴上了“技术流”的标签，这也是对消费者炫耀心理的一种满足。

2014年7月22日的小米4和小米首款可穿戴设备小米手环的发布会上，雷军再次向外界传达了小米新的愿景，这次不再是“发烧”而是“让每个人都能享受科技的乐趣”。

与做发烧硬件的定位不同，“让每个人都能享受科技的乐趣”变得更加宽泛和厚重，因为如今的小米已经不再是一家手机公司，还涉及电视、路由器、电视盒子、移动电源、随身Wi-Fi以及在2014年度发布会上推出的79元超低价小米手环。

而“让每个人都能享受科技的乐趣”这或许预示着小米这家公司的未来蓝图，所有设备之间由MIUI连接，依靠小米ID构建属于自己的互联网生态系统，这是区别于百度、腾讯、阿里巴巴的另一个由海量用户构建的生态系统。预示着小米将脱离于手机建立的生态，而向另一种方向转变。

2016年1月，雷军宣布小米手机出货量到当时超过7000万部，虽然未能达成2015年年初雷军对外承诺的8000万到1亿部，但是小米仍然位居中国手机销售市场份额榜首。更值得一提的是，小米的互联网服务营收再创新高。

具有互联网基因的小米公司，通过硬件涉足软件服务取得初步成功，获得37.1亿元的收益，这也意味着小米不再单纯地依靠销售硬件赚钱。

## 双刃剑另一面

小米的快速发展得益于社交网络和社群营销。现在构建社群的成本非常低，所以营销成本也相应降低。小米的营销成本确实通过互联网手段，大幅地降低。但是社交网络的快速发展，社群的快速建立，都是在无组织中建立的，由于无组织，加上每一个人都是自由的人，这就可能会出现难以控制的局面。

在一个社群中，特别是在这种网络的虚拟社会，大家没有建立一种紧密的连接。当有一个人说社群中的某一个人的坏话的时候，所有人都会做同样的考虑，认为他说的可能是对的，因为大家之间相互并不了解，这就很可能引导舆论不确定性的发展方向。

目前，许多用户在微博、微信中议论小米产品缺少创新，产品的质量问题，随之就会产生非常强烈的负面影响。小米对传统媒体的忽视，对传统媒体人的忽视，对传统品牌塑造方式的忽视，让这些传统的大喇叭，这些传统的广播渠道不再做小米的正面报道，这更加影响了舆论的导向。

小米至今没有在网络媒体、主流杂志、主流媒体上进行广告投放，这会直接影响到这些媒体对小米的态度。小米现在只是在楼宇、机场，许多能够接触到高端人群的地方来投放广告，而放弃了一些具有媒体影响力的平台的广告投放，这其实也在一定程度上制约了小米的发展。

因为用户受到这些权威媒体影响，会主观认定小米的产品存在问题，小米品牌低廉。在社交网络便捷的分享机制下，对小米的这种不好的印象、坏的口碑就会被快速传递。

更为重要的是，从心理学上讲，每个人都会有一种心理暗示，会嫉妒别人。在社群中，小米公司与用户其实所处的等级是相同的，但是当小米从一个出身普通的创业品牌迅速变得十分庞大的时候，社群中的一部分人会产生一种嫉妒心理。这种嫉妒的心理，会导致负面的口碑和评价。

对于企业来讲，品牌塑造就是“气场”，没有“高大上”的品牌塑造，一股股“草根”气质，最终也会被淹没在草根的口水中。

小米是第一个与用户之间建立直接沟通渠道的企业，利用这种低成本的连接用户方式快速成长，这也意味着小米被放置在了聚光灯下，任何小的瑕疵、问题都会被指出，因为雷军向社群中的用户承诺了“极致”“口碑”，而稍有做不到就会被质疑。所以，小米成也社群营销，败也社群营销。

在社交化的时代，伴随社群而进行的逐渐低成本的营销，同时也意味着将每一个企业都放在了放大镜下，建立的社群越庞大，组织的用户越多，这就意味着你必须要真正能做到你承诺的事情。

现在来看，小米手机是其公司的“火车头”，如果手机出了问题，那么就直接影响用户的黏性，影响忠诚度，如果不扭转，便会很危险。笔者认为雷军现在应该放慢拓展其他业务的速度，集中精力、资金打造小米手机的品牌形象，只有把手机做好，才能做其他事情。因为在用户的心中，小米最主要还是一家手机企业，皮之不存，毛将焉附？手机业务滑坡，其他周边产品也都会受到影响。

小米之所以疯狂地发展周边产品，一个很重要的原因是在手机上获取的利润较低，而周边产品的销售却可以获得不错的利润，在利润的驱使下让小米加快对周边产品的布局。例如，一件129元的小米卫衣，净利润可能会高达80元以上，而卖一部999元的手机，可能还赚不到80元。

现在是小米做减法的时候了，重塑小米的创新、时尚、科技的品牌形象，加快产品的研发，提高产品的品质，已成为小米公司的当务之急。

## “友商”阻击

互联网时代，唯快不败，尽管小米一路引吭高歌，但曾经支撑它飞速发展的互联网营销和粉丝经济也很快被同行友商追随且模仿。我们看到，有数据显示小米的市场份额被华为超越，而且OPPO、vivo、魅族等都在快速崛起，也有乐视、奇酷、努比亚等品牌的发力。小米现在在最高性价比手机里不再独领风骚。对手们都学会了营销，甚至比小米营销做得更好，同时用户对这种营销模式产生了疲劳感，因此，小米再难以登上各大媒体的头条。

当前的手机行业，其实在硬件上已经完全同质化了，用户分不出小米手机、华为手机、魅族手机甚至是大可乐这些手机在做工、体验上有多大的差异。在产品同质化的时代，价格战必然爆发，成本最优者将成为价格战的赢家。

而互联网手机厂商之所以敢通过更高性价比销售手机，是因为在研发、生产、维修、市场、渠道上的所有成本只占企业营业额的5%~6%，互联网研发、营销、销售等手段大幅降低了成本占用，成为互联网手机高速发展初期的“秘密武器”，而传统手机厂商在这一块的成本却占40%～50%。

除了成本的竞争力外，互联网公司本身也具备广告、游戏、媒体等各种互联网衍生服务，它们对利用手机作为载体凭借服务赚钱很有信心。而这两点对于传统手机厂商来说是致命的。虽然华为、中兴、联想等手机品牌紧跟小米的步伐，但是华为、中兴、联想在后续的“互联网衍生服务”上并无任何优势，它们难以通过互联网衍生服务的收入来弥补降价损失，在与小米们的战斗中会处于弱势。

它们可能打击小米的方式是利用“专利战”发起进攻，加之4G开始普及，高通在4G专利上并不占据优势。加之高通缴纳61亿罚款后，给了华为、中兴等利用专利反击小米的机会。至于任正非要求华为终端掌门人余承东“桃树上结出西瓜”[1]仍然十分困难。当然我也并不看好奇虎360在手机行业增长

[1] 摘自2014年12月，华为第四季度区域总裁会议上任正非的讲话：“你们这颗桃子树上一定要结西瓜，不能就只结桃子这一种商业模式。”——编者注

放缓、恶性竞争加剧的时代，再次以“小米模式”进入手机市场，因为颠覆小米模式者绝对不会是另一个小米。

2015年，华为、中兴等手机企业在国内必然会拿起专利武器打击小米，虽然政府对小米有意保护，但是华为、中兴等手机企业绝对不会放弃这个机会，起诉将消耗被告大量的人力、物力、财力并带来品牌的负面影响，而雷军最近的发言就表示2015年重点就是完善企业法方面的组织，这也是为了应对即将到来的各类官司。同时，在国际市场上爱立信、诺基亚、三星等手机企业的专利大棒也不会手软，爱立信已经于2014年在印度起诉小米专利侵权。

硬件的门槛已经低得无法再低，互联网公司可以轻易进入手机领域，但硬件厂商进入互联网领域成功的可能性却极低。当然，目前小米还没有能力给传统手机厂商进行致命一击，因为毕竟小米还无法获得可观的“互联网衍生服务”收益，该收益占比大概只有1%。

目前，小米的创新力、销量增长速度已经大幅放缓，加之产品品质方面也受到越来越多用户的诟病，华为、联想、中兴等手机企业“贴身肉搏”，这也让小米难以像其他互联网公司那样迅速称王称霸。同时，《反垄断法》目前对互联网公司不适用，而一旦放到实体经济则立即发生作用。

但是留给传统手机厂商狙击小米的时间已经不多了，一旦小米手机用户数突破2亿（雷军预测2015年小米手机销量为8000万～1亿部），雷军必然会将手中的游戏、广告、阅读等各种服务一夜之间推至所有小米用户并获得可观收益，接着就会发起更为疯狂的价格战。

从国际数据公司IDC公布的2014年中国智能手机市场份额数据看，除了小米、三星、联想、华为、酷派等品牌份额占据60%外，有40%的手机市场份额为其他品牌。那么这40%的智能手机市场份额为较小的传统手机厂商、新品牌手机厂商，它们更难以应对互联网手机厂商的低价拼杀，它们又如何继续生存？

我想这些手机企业必须要采取与YunOS等互联网公司操作系统合作的方式，让自己具备“互联网衍生服务”能力，这将成为狙击小米的重要力量。从公开资料看，阿里巴巴已经投资了虾米、UC、高德、美团、快的、中信21世纪、文化中国、光线传媒、穷游网等生活服务、信息消费的相关领域，再依托电商、支付、阿里云，构建了一个庞大的生态系统，这比小米要丰富许多。

对于阿里的这些“杂乱无章”投资，很多人都表示看不懂，其实在我看来阿里巴巴就是希望借助一个平台将这所有投资的业务都打包，让用户在阿里的移动互联网生态中可以享受一切服务，无疑YunOS是目前可以看到的承载这些业务的载体。一旦数亿部手机搭载了这一系统，这意味着这些手机企业都可以享受YunOS“互联网衍生服务”所带来的收益分成，从而和小米一样降低手机成本，不被更为惨烈的价格战所淘汰，让广大手机用户有更好的选择。

此外，2015年也有新闻传出腾讯在折戟Tita OS后又在内测TOS（仍为安卓系统修改版），说明腾讯仍然不愿意放弃这个最具变数的移动互联网入口。而且目前除了手机外，物联网蓬勃发展的时代，手机不仅会成为控制中心，操作系统还会进入各类智能设备中，成为连接所有智能设备的关键平台，所以这场操作系统的战斗已经打响。

## 互联网企业之殇

小米是从互联网公司走来，利用互联网模式，希望用低价模式打开传统制造业的市场。但是在互联网企业里没有人会去做品牌的定位。传统的制造业则必须要对品牌进行非常好的定位，并且必须要进行合理的投入产出计算，要将利润用于技术的研发，进行品牌的塑造投入。

雷军在小米创办之初就否定了做传统品牌塑造的投入，要通过互联网、社交网络来进行低成本的市场推广。而这个被雷军否定了的7000万元市场预算的故事，也被写入了许多关于小米的书里，并作为创业的宝典之一。

如果想要打持久战，就必须要回归传统的竞争模式。传统的经营模式是什么？非常简单，那就是卖出产品，获得利润，投入研发，从而提高产品的品质，提高用户满意度，投入资金做品牌的规划和塑造，让品牌更稳健发展。

互联网给了小米快速发展的机会和条件，同时也让小米在进行高速发展之后，遇到了必须要面对的技术和品牌的问题。这也值得所有的从传统企业迈入互联网的创业公司进行思考，规避小米曾经犯下的错误。

一直以来，雷军都希望通过硬件实现移动互联网的突破，他总强调小米是一家互联网公司，希望能借此模式抢夺腾讯、百度等公司的市场份额。雷军在多次演讲中阐述小米是一家互联网公司的观点，且对此信心满满。但我们发现他卖了一亿部手机之后，仍然难以建立一个能黏住用户的互联网模式。从对小米的财报分析中发现，其增值服务占比还很小。

腾讯用免费的QQ连接用户，再向用户推送增值服务，通过海量的用户，来获得极少比例的付费用户，从而获得收入，这是互联网发展的主要方式。

互联网产品边际成本为零，可以以极低的成本进行复制，而手机是有成本的，通过规模化来降低成本，是困难的。这就意味着通过少量人付费来弥补成本是很难完成的任务。笔者曾和周鸿祎讨论过，他也同意这种观点。我们可以看到周鸿祎曾大肆宣扬手机免费、服务收费的模式，但最终没有成功。

现在小米已经暴露了作为一个互联网创业公司存在的问题。首先就是核心技术的缺乏。小米通过代工模式来生产手机，它甚至都无法完成外观的设计，在其他厂商加入指纹识别，推出外观更精美的手机后，小米直到2016年2月24日才发布小米5。当市场进行同质化竞争时，就必须通过技术创新来打破竞争的壁垒。而核心技术几乎为零的小米，很难快速获取这种能力，所以其创新出现了问题。当手机无法创新，无法成为最高性价比的手机时，其在用户心中的地位就会下降。而这又回归到企业经营的本质。

互联网创业公司必须在传统企业觉醒前完善各项能力，只有这些核心能力获得完善，它们才能在传统企业觉醒后与其竞争，不然都将面临严峻问题。这从企业经营的角度来讲，可以看成重公司和轻公司的区别。我们都知道，如果一辆车重量越大，那么它的惯性会越强；轻的车起跑速度可能很快，但是其冲击力并不强。而核心技术、整个产业链的把控能力便是重量。传统企业一旦学会营销，就具有了速度，再依靠“质量”便会严重冲击互联网企业。

在品牌定位方面，小米定位在发烧友，定位在性价比，这阻碍了小米的发展。在市场需求增长放缓时，企业想发展就要依靠用户换机，而换机必然会选择更好品牌的手机。我们发现华为、vivo、OPPO等都在向高端手机进军，并保持了较高的毛利率，它们有更强势的品牌。

华为的品牌得益于其企业技术形象。这种形象经过互联网营销的放大，在很多高端用户中产生了认知。同时技术实力带来的创新，使其超越了小米。而OPPO、vivo等通过对外观设计、广告轰炸，使品牌一直维持在高端，销量也在不断提升。而小米的增量主要集中于红米系列，因为雷军想完成从硬件切入互联网的目标，疯狂地卖手机。另外，乐视、奇酷、魅族等也在快速发展，并与小米处于同一价位段进行竞争。

一直以来，在低端市场上都没有常胜将军，从波导、金立、诺基亚再到如今的小米，在这块市场里只有血拼。而小米一直未能跳出这个低价恶性竞争的血海，加之若其无法通过手机构建起增值服务赢利方式，这种低价竞争就变得毫无意义。

任正非在2015年11月的讲话中谈到，现在经济形势不好，所以企业必须要赚钱，要砍掉那些不赚钱的业务，要调整那些赚钱少的业务。他还曾对余承东说，你卖到全球销量第一也没有用，你一部只赚30元钱，我要的是利润，不是你这种虚假的份额。

## 转型：连接一切

“人类连接在一个巨大的社会网络上，我们的相互连接关系不仅仅是我们生命中与生俱来的、必不可少的一个组成部分，更是一种永恒的力量。正像大脑能够做单个神经元所不能做的事情一样，社会网络能够做的事情，仅靠一个人是无法胜任的。”

2013年，哈佛大学文理学院社会学系社会学教授尼古拉斯·克里斯塔基斯（Nicholas A.Christakis）与詹姆斯·富勒（James H.Fowler）写了一本书，名叫《大连接：社会网络是如何形成的以及对人类现实行为的影响》。作者首次讲述了社会网络的形成以及对人类现实行为的影响，如对人类的情绪、亲密关系、健康、经济的运行和政治的影响等，并特别指出，三度影响力（即朋友的朋友的朋友也能影响到你）是社会化网络的强连接原则，决定着社会化网络的功能。

2014年的首届世界互联网大会上，雷军同样阐述过他对连接的理解：随着这种连接的开始，未来手机可以连接我们办公室、家庭、个人的各种各样的设备和传感器，手机越来越成为人的一部分，成为你的亲密伴侣。整个可穿戴设备、办公室的智能设备、家庭的智能设备要一个一个场景去穿透，把这些场景变得足够普及，那这一天手机作为人的亲密伴侣所起到的作用就会越来越与众不同，这就是我看待未来整个智能手机发展的方向。

连接一切，这是所有互联网公司比拼的焦点，而连接一切的核心又是什么？答案是大数据。

2014年8月16日，小米发布了MIUI6系统， 推出“云服务”，支持联系人、短信、相册、WLAN设置、App数据、音乐、录音机等十大类数据同步，还支持跨设备。这也是为小米构建覆盖手机、平板电脑、电视、路由器、盒子以及智能穿戴的整套生态系统做准备。

为了实现 “连接一切”，小米也在进行大规模的投资，打造属于自己的生态系统。这些投资涉及游戏、云服务、安全、智能穿戴、移动电商、移动汽车、医药互联网、本地生活O2O、在线教育、手机周边等。更值得一提的是，小米已经注册了小米支付公司，并与北京银行展开合作，这也为小米做O2O闭环提供了充分准备。

很明显，小米在通过MIUI悄悄地潜入BAT的腹地，并通过投资手段布局了生态系统。虽然小米仍然与BAT在用户数方面有很大差距，但随着MIUI用户、软件和增值服务不断融入系统，自然可以依靠软件和增值服务赚更多钱，并分化BAT移动互联网入口优势。

“我们在成立之初，就提出了软件、硬件和互联网的铁人三项模式，坚持三个领域同时做，强调软硬件和互联网结合的体验。我们在这三方面保持继续巨额的投入，已具备一定的领先优势。”

“现在不少人号称学小米，但大多还只是在模仿某一方面。我们靠硬件搭平台、靠互联网增值服务获取利润的商业模式到目前为止还是独树一帜，我们积累的互联网开发模式的经验和用户参与生态也非同行一朝一夕所能追赶的。”

——2014年7月23日，雷军在内部信中如此强调

## 小米的下一步

“2010年4月6日小米公司创办，到今天已经有5年时间了，发展很迅速，我们去年销售业绩是6100万部手机，销售额700多个亿，也算是创造了人类创业史的小奇迹。6000多万部的手机大部分都是通过电商小米网直接卖出去了，我们已经是中国第三大电商了。”2015年，在一场论坛中，小米科技联合创始人、总裁林斌这样说道。

从卖产品的定位“发烧”向品牌定位“科技的乐趣”转变，这是很伟大的一个转变。意味着企业的成熟，从卖产品走向卖感觉。

小米已经从一个卖手机的公司变成一个电商平台。而这个电商平台则是以卖小米自有和投资的产品为主，同时这些产品都有一个共同的特点，那就是面向年轻人。雷军在小米4发布的时候曾说过，小米不再定位“发烧”，而是让每个人都可以“享受科技的乐趣”。

曾经，很多人认为小米是为了打造一个基于MI账户体系的类似腾讯的生态系统，然后靠软件服务赚钱。的确，雷军也正在这么做。小米投资了手机游戏、移动支付等大量软件服务领域，并通过小米手机用户获得游戏和支付收益。2015年全年小米的互联网服务（网络游戏和移动支付应用）营收增长到37.1亿元人民币，较2014年的14.8亿元跳涨150%，而其中手机游戏业务2015年营收为26亿元人民币。

除此之外我们发现，雷军已经开始转向，他希望打造一个将年轻人作为主要目标群体的社区，以满足年轻人的各种乐趣。这意味着其商品可以是手机、电视等电子产品，还可以是平衡车、玩具车用电池、卫衣等各种产品，未来出现落地的小米咖啡厅，这也是不意外的。

从小米的官网上看，它已经不再是一家手机公司。而我们再翻开对手的官方网站，你会发现仍然是卖手机的或者卖电视的公司。小米不仅开始卖电池，还开始卖除了手机、电视、盒子、平板以外的许多配件、周边产品，甚至是服装。

更为重要的是，小米的多元化与曾经的海尔、GE等企业的多元化是完全不同的。包括两个方面：第一个不同在于，小米首先在网络端与用户建立了一种偏紧密的连接；第二个不同在于，小米通过投资非控股的方式，实现了商品的定制化。

通过网络，小米的品牌和影响力渗透到年轻人中，然后通过微博、微信及论坛建立了与用户之间的连接，这是曾经的传统企业难以实现的。由于连接的存在，小米在推广产品的时候成本更低，这些成本不仅包括渠道的拓展成本、宣传成本，还包括了企业内部的管理和组织成本。

而压倒传统企业多元化的主要因素就是成本的难以控制。例如，海尔通过资本希望在利润更高的制药中获得产出，做了海尔药业，结果它将面临是品牌塑造、渠道拓展、生产管理、人员招聘等各种成本。在从冰箱向电视拓展的时候，也会面临同样的难题。而小米不存在这些问题，开一场发布会就人尽皆知，电商平台就是其渠道，而企业内部管理和组织的成本则不在小米身上，而在其投资的公司中。

投资非控股的模式，可以让企业不依赖小米公司而存在，我们看小米充电宝的那个公司就已经开始做自己的品牌，小米手环的公司也是。小米只是将其制造的理念、互联网的思维、渠道的流量、品牌的影响力赋予这些公司，然后定制商品。我们都知道沃尔玛、麦德龙、家乐福等大型连锁超市，其主要盈利都在于定制商品的盈利，35%的商品是其定制的，这可以保证商品的品质，全流程的控制，以及成本的降低，得以让企业获得利润。

这就意味着，小米的估值可以用一家电商平台的估值去算，这对于小米的融资、IPO都有很好的帮助。而小米也创造了一种崭新的电商模式，当京东们还在考虑抓紧定制商品的时候，小米已经是所有商品均为我定制，并具有极强的黏性，这是一条非常好的路子。这样会给资本市场讲好故事，然后资本方也允许其亏损，并获得极高的估值。

另外，小米已经开始建设全国范围内的小米之家，并加快了建设的速度。这是为了打造一个线上线下O2O模式，未来小米之家将成为小米线下的体验店，各种年轻人喜欢的商品都会出现在店里，并且可以网上下单，线下取货。小米的快递公司也肯定在筹备之中，这将是另一个电商平台，并且抄了京东的后路，虽然体量无法相比，但是模式绝对创新。

雷军完全有能力登上中国财富前十名的宝座，这只是时间问题。

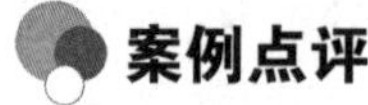

## 案例点评

### 小米的辉煌与落寞

2015年小米手机出货量7000万部，并未达到年初雷军定下的8000万～1亿部出货量的目标。但是小米手机仍然位居中国手机出货量第一。一家创办不足六年的公司缘何可以迅速领先许多老牌手机企业？其实，这就是“互联网黑洞”的魔力。

在前言中提到，互联网黑洞的本质是“连接”。小米公司与其他传统手机企业最大的区别，在于他们与用户之间通过微博、微信、电商的手段率先建立了连接。此外，利用MIUI及小米账户让小米销售手机的同时还获得了网络用户。

此前的手机企业一直在销售产品，却没有建立与用户的连接，更没有获得网络用户。这意味着企业与用户之间只是做了一次商品销售的交易，然后关系就中断了。小米一方面通过社交网络、电商平台与用户建立连接，销售手机后就可以再销售空气净化器、电池、平衡车等各种商品。

另一方面，还通过MIUI和小米账户像互联网公司那样为用户提供游戏、金融、新闻等互联网产品，从而获得增值服务收益。销售了1亿多部手机的小米，相当于拥有上亿活跃用户的互联网平台，丰沛的网络流量意味着可以在广告、金融、游戏等各种增值业务上获得收益。

而在于用户建立直接连接的过程中，渠道成本、营销成本大幅降低，这也让雷军从创办小米时就提出来的“以成本价销售商品”策略得以实施，依靠强大的性价比优势，以及舆论影响力，小米仍然是当前中国市场上最受欢迎的手机产品之一。而其他在小米官网上销售的小米公司投资的商品也获得了很好的销量，如小米手环、小米空气净化器等。

因为互联网的“连接”能力，让那些做“连接”的企业变得无边界，甚至看不到业务增长的“瓶颈”，因为纵横捭阖的网络连接让企业可以通过许多方式获得营收。就像小米不再是卖手机获得利润，而是通过网络服务、电商平台等获得更加丰富的营收。

但是我们仍然不能忽视互联网黑洞的两面性。雷军在2015年年底的小米公司年会上说：

“Are you OK？说实话，我不OK。过去的一年我们实在过得太不容易了。我相信，公司所有同学都看到了各种各样的负面报道、批评甚至诋毁。比如说，‘小米手机不再发烧了’‘小米就是个低端机’‘小米的产品节奏乱了’；还有‘小米啥都做，就是个百货公司’，甚至有友商说‘5年后，小米肯定消失’。”

这些负面报道和批评，是互联网黑洞的另一面。互联网黑洞在利用其强大的连接力吸引资源、吸引用户的同时，也对原有的商业生态、产业链造成了一些冲击，这些冲击必然遭遇反抗。因为小米的强势，在产业链上可以呼风唤雨，对代工厂、零部件厂商形成了损害，很多产业链上的企业因小米公司挑起的价格战而导致亏损、裁员、倒闭。

这也导致了产业链上的合作伙伴为了生存开始降低零部件品质，手机的质量出了问题。而且为了冲击8000万～1亿部的销量，小米也不得不继续参与价格战，降低成本，这也在一定程度上影响了商品品质。

而小米在社交网络上建立的阵地，因产品品质的问题而遭遇大面积的投诉，由于社交网络舆论的开放性，也导致了这种投诉被放大，最终形成一股难以控制的负面舆论洪流。互联网黑洞的另一面正在发生作用，这让雷军不得不在2015年的年会上反思自己。

所以雷军又提出了“回归初心”。在2016年要放弃KPI考核机制，让员工快乐地工作，激情地工作。同时，提出聚焦核心业务，关键技术。同时要补足三个方面的短板：第一个就是精细化运营，第二个是品牌建设，第三个是员工激励制度。

## 产业观察

### 减速的飓风：手机企业应回归制造业本质

在安徒生童话故事里有非常知名的《皇帝的新装》，故事内容大家应该都比较清楚。一位奢侈而愚蠢的国王每天都忙着换各种衣服，一天来了两个骗子说可以做出世界上最华丽的衣服，这种衣服只有智者才可看到，蠢笨的人看不到。于是文武百官都表示看得到，因为他们不承认自己是愚蠢的人。

而“皇帝的新装”也被用来讽刺那些看似不靠谱的事情，虚伪的人性，人云亦云的看客。我们并非是来聊《皇帝的新装》所蕴含的更丰富的哲理，我们想说的是当前“手机零利润靠增值服务赚钱”似乎是一件“皇帝的新装”，而我们很多人一直以来却都是人云亦云的看客，为了掩饰自己并不“愚蠢”而对这一结论坚信不疑。

## 何为“手机零利润靠增值服务赚钱”理论？

“手机零利润靠增值服务赚钱”，通俗地讲，就是让每个手机用户成为手机企业的互联网用户，从而消费手机企业提供的广告、游戏、应用下载、O2O、电子商务等各类互联网服务，然后企业获取利润。

因此，手机企业就需要疯狂地出售手机，而手机是399元一部，还是3999元一部对于手机企业来说都无所谓，因为对它们来说这些用户都是平等的。这就好比微信用户有4亿以上，无论是亿万富豪，还是普罗大众，在腾讯的眼里都是平等的。

在这种“互联网思维制造手机”的模式指引下，企业也倾向销售低价手机，因为低价格商品销售难度最小，可以迅速做大出货量。所以我们看到，信奉这一理论的手机企业疯狂的挑起价格战，799、699、599、499、399！它们完全不顾手机行业平均售价的下滑，也不太重视利润的损失，甚至是严重的亏损。

所以大部分手机企业认为，“互联网思维造手机”就一定要杀掉所有对手，这没有任何商量的余地。这与传统实体产业的竞争方式是不同的，传统实体产业允许有寡头垄断企业，但并不意味着其他企业没有利润可图，没有生存空间。例如，空调行业格力、美的、海尔垄断市场，并不意味着海信、奥克斯、春兰甚至一些小品牌没有饭吃。

互联网这种“吃独食”的习惯和特性决定了它们必须拼死搏杀，以抢占最多的用户，这些用户不分贵贱，都是自己的臣民，都将为“增值服务”纳贡。

## 飓风正在悄悄减速，“飞猪”很快会变“死猪”

“在飓风口上，猪都能飞”这是现在创业者们最喜欢说的“飞猪”理论。米歇尔·福柯在《真理与权力》一书中说：“真理并不是取决于陈述的内容，而取决于何人所说，在何种情景下所说。”

而心理学也一直在告诫我们，人们信奉的是“社会认同”。“飞猪理论”产生于小米利用互联网思维迅速创造了手机市场销量奇迹后的雷军的发言。产生于互联网要颠覆传统产业，互联网天下无敌的普遍性认知的背景下，产生于传统实体经济出现衰退，经济转型压力巨大的2012年至2013年。所以很多人对于“飞猪理论”都深信不疑。

然而他们并没有想到飓风总有停的那一天，而且停在了“猪”仍无法长出会飞的翅膀的时候，于是物理学理论告诉我们，飞得越高摔得越重，质量很大的“猪”其落地的动能会更大，于是摔得会更加惨烈。

## 减速的飓风一：手机市场增长放缓

根据研调机构StrategyAnalytics（SA）发布的统计数据，2015年第二季度全球手机出货量仅年增1.5%至4.346亿部，创两年来最低增幅，主要是受到中国、欧洲以及美国需求趋缓的影响，当季80%出货量为智能手机。

手机增长放缓的主要原因在于从功能机向智能机迁移的换机用户大幅减少，加之手机硬件中的CPU、内存、摄像头等已经发展到极高水平，继续进行硬件升级的空间不大，这也导致难以刺激智能手机用户更换新手机。

苹果发布2015年第三季度业绩报告后，虽然苹果公司第三财季净营收为496.05亿美元，高于2014年同期的374.32亿美元，净利润为106.77亿美元，比2014年同期的77.48亿美元增长38%，但是股价仍在财报发布后暴跌8%。

2015年5月，IDC下调了其对于全球智能手机增长的预测，预计2015年增速为11.5%，2014年时这一数字高达28%。7月初，德意志银行分析师谢瑞·斯克里伯纳（Sherri Scribner）预计，iPhone 6在2015年下半年的销售量将放缓，苹果的表现将在2016年弱于智能手机业平均水平。在所有智能手机厂商中，苹果的硬件升级速度是最慢的，然而苹果现在也只剩下拼硬件升级了，而行业硬件的“瓶颈”也很快到来。

手机的发展正在经历PC的老路。PC在硬件升级“瓶颈”之后，用户更换新PC的频率大幅降低，5年前购买的双核CPU、2GB内存的笔记本电脑，仍然可以流畅运转，这导致用户根本没有更换PC的需要。同样，iPhone 6和Plus搭载了更大屏幕之后，其他硬件的升级已经无法刺激用户更换新手机了，因为大屏幕似乎是苹果用户最迫切的一个需求，现已被满足了。

中国几家手机企业得以起飞的飓风之一就是智能手机市场的爆发式增长，这是十年一遇的难得机遇，而这股风仅仅吹了三年多就开始减弱，这对于那些没有翅膀的“飞猪”来说无疑是灾难性的，有翅膀的还可以继续飞，只是慢一点罢了。

## 减速的飓风二：安卓手机惨烈价格战让企业无利可图

根据Walkley对2015年手机行业第一季度的统计，除苹果拿走92%的行业利润，三星也将15%收入囊中。这两家巨头的利润之和达到了107%，这意味着很多其他厂商都在亏损状态。与此同时，三星发布2015年第二季度财报显示，三星净利润5.75万亿韩元（约50亿美元），较上年同期下滑8%，营收下滑7%。

三星利润下滑与安卓手机的惨烈价格战关系密切。在中国手机市场上，小米、酷派、联想等手机品牌掀起了惨烈的价格战，将安卓智能手机的售价拉低到499元，这种大屏幕、8核心处理器的高配置智能手机已经基本无利可图。

另据LG公布的财报数据显示，整个2015年第二季度LG公司在智能手机市场的盈利仅为17万美元左右，而在这三个月中LG手机的出货量高达1410万部，也就是说平均下来每部手机的利润在1.2美分左右，约合人民币1角。

因此，大量499、599、699元的低价智能机的利润应该极低，或者说是完全亏损状态。虽然国产手机企业利用互联网营销、互联网渠道，节约线下销售成本，但如此低价的血拼根本没有任何利润。这也是为何苹果和三星的利润和占比高达107%，因为其他手机厂商都在亏损中挣扎。

亏损意味着无法在研发上进行投入，无法在售后服务上完善，无法实现创新，而创新则是手机企业可以自我飞翔的“翅膀”。因此，这是一个恶性循环，没有任何利润支撑的部分“飞猪”都非常令人担忧。

## 已经有先起飞的“飞猪”要迫降了

小米无疑是第一家起飞的“飞猪”。这家公司在2015年初喊出卖1亿部的口号，然而这个口号现在降低为8000万部了。

更让小米难以接受的是其销量增长率在2015年第一季度出现下滑后，第二季度再次出现下滑。2015年第一季度小米手机销售1420万部，如果按照这一数据乘以4，其全年销量也只有5600多万部，不及2014年的6000多部台销量。

另据IDC数据显示，2015年第二季度小米销量为1790万部；StrategyAnalytics（SA）的数据则认为小米第二季度销量为1980万部；但是无论哪个调研机构的数据都显示小米正在被华为、微软手机超越，位居第五。同时，联想则跌出前五名。

在全球手机增长率下滑、持续亏损的状况下，国产手机在血腥的价格战中拼杀。按照互联网的理论，只有实现市场垄断地位才可能生存，例如，在社交市场上只有腾讯一家独大；在搜索市场上只有百度一家独大；在电商市场上只有阿里巴巴一家独大。

互联网竞争不允许第三名存活，那么小米必须打败三星、苹果、华为、联想等所有手机企业，并遥遥领先它们才能够拥有足够多的互联网用户，才能够依靠增值服务赢利，否则都是做梦。

然而小米的销量已经在被华为超越，对手们也都学会了小米的互联网营销术，用户的口碑正在恶化，小米面临着严峻挑战。

小米这只提前起飞的“猪”都正在“迫降”，那些模仿小米的“飞猪”们的前景就更可想而知！但是这或许并不是什么坏事，因为已经有了品牌知名度的企业，在经历了挫折后，能够重新回到企业经营的本质上来，这也并非坏事，作为第一个吃螃蟹的人，其勇气也值得赞赏。

## 皮之不存，毛将焉附？

所以国产手机企业蜂拥互联网模式制造手机，只是一场虚假繁荣。超低价手机恶性竞争的市场上没有任何赢家，一直亏损的企业不可能有钱投入到技术研发、创新上来，这意味着产品只能进行低级的价格战比拼。同时，低价手机无法在工艺、品质、体验上获得用户的满意和二次购买，长久下去是对品牌的严重伤害。

随着中国消费者收入提高，对品牌的追求提高后，越来越多的人开始更换品牌更强大、做工品质更好的手机。这也是为何大量安卓手机用户集体向iPhone迁移的主要原因所在。数据显示，大量的中国用户正在转投iOS，53%的iPhone持有者表示他们之前是安卓用户，与此对比仅有4%安卓用户表示他们之前用的是iPhone。

没有任何品牌溢价能力的小米、酷派、联想等正在遭遇价格战的惩罚，没有资金用于研发，无法在技术创新上获得突破。而市场竞争理论告诉我们，在这种完全竞争市场中，疯狂的价格战让每个企业都是受害者。

再回到文章开头，“手机零利润靠增值服务赚钱”理论得以实现的“皮”是企业拥有足够多的销量，以及绝对领先（超越第二名10倍的市场份额优势），然后再辅以广告、游戏、O2O、电商等各种增值服务，这些增值服务则是“毛”。

然而我们的互联网手机企业们却只看到了“毛”，而这些“毛”目前手机企业也无能力制造，制造商们还是BAT，这与“皮之不存，毛将焉附”这则成语中身背干柴的路人很像，魏文候问他为何将皮毛反着穿？他说，我喜欢毛。魏文侯说：“若不知其里尽，而毛无所恃耶？”

这也告诉我们，手机企业只有回归制造业的本质，只有循着成本利润的法则，循着创新、工艺、服务让用户满意的路子才能够成为真正自己会飞的“猪”。而“手机零利润靠增值服务赚钱”理论或许只是“皇帝的新装”，很多人都不想承认自己是愚笨的大臣。

## 小米新国货与制造业悲剧

2015年，雷军谈得最多的是“小米新国货”。

雷军在接受记者采访时表示：“我想得更多的是，我们所做的一切，绝不是为了一句漂亮话，或者，一句口号。我们的目标，也绝不是去抢什么市场第一，而是，老老实实日复一日，做出感动人心的优质产品，要让所有年轻人都买得起的优质产品。”

雷军认为，小米除了要做好产品外，还要成为新国货的带头人，而在他看来新国货就是要比洋品牌品质更好、价格更低。

谁也不能否认六年多前创办的小米公司给中国手机行业带来的翻天覆地的变化。更有许多消费者认为，是小米的低价策略让手机的平均售价大幅下降，为人们带来了福利。

在雷军的口中，经常会将小米与日本的无印良品、优衣库对比。那么，小米作为一家从互联网走向传统制造业的企业，它到底给中国制造业带来了什么？是否可以让中国制造业诞生出无印良品与优衣库呢？

无印良品是企业家田中一光在1980年秋天创立的，源自这位伟大的设计师对日常生活中审美意识的提炼。2001年全球最伟大设计师之一的原研哉加盟后，将无印良品发扬光大，并制定了“这样就好”的战略方向。

这家日本企业在发展的过程中，同样面临了人力成本、材料成本的提高，也需要节约成本。然而无印良品不是低价的代名词，而是以丰富和低廉的成本去实现一个合适的价格，并提供有品质的商品。无印良品的用户是那些对美有追求的人，这家公司在全球招募有才华的设计师，从而实现全球各地的本土化设计。

一句话，无印良品的精髓在于设计，通过设计来发掘人的消费欲望，通过设计所带来的的便捷、美感来提升人们的生活品质。

当前的商品制造业正在走向两个极端，一种是以奢侈的材料或者夸张的元素去制造具有高品质、高品位的商品，然后以限量的方式实现高价格，这就是奢侈品；另一种则是以低廉的材料，生产不具美感的、品质差的商品，以最低的价格倾销。

纵观中国消费者的成长历程，我们已经从此前的物质匮乏时代，走向了物质丰富时代。我们的消费者从接受低品质、低价格，丑陋的只具有基本功能的商品开始对设计、美感有追求。这是文化的觉醒、社会的进步、收入的提高所带来的必然结果。而我们伟大的中国，处在具有悠久历史的东方，我们自古就有精美的瓷器、木器，巧夺天工的建筑，而现在我们的消费者正在觉醒。

所以，雷军所提倡的“新国货”口号是值得赞扬的。他所谈到的“感动人心的优质产品”更是当今消费者正需要的商品。如此来讲，小米确实正在进行一项伟大的工程、划时代的工程，值得中国人骄傲。

然而自从小米1到小米Note3，再到刚刚曝光的小米笔记本，这系列的商品中我们总是能看到“抄袭”的影子，其中在小米Note3的官方网页上，竟然以iPhone 6作为蓝本绘制了小米Note3的渲染图，与小米的这款真实手机差距颇大。

做制造业，不是做互联网。我们的互联网企业已经习惯将“抄袭”作为家常便饭，因为这可以节约研发的成本、试错成本，而且复制源代码的工作十分简单，而又没有法律上的限制。所以我们的互联网公司，多数都是“山寨”。

而在制造业，想要做到优质的品质、优美的设计，就必须要有独创的设计理念和人才、技术的积累。可惜这条路十分漫长，又耗费着巨大的资金投入。小米从一开始就放弃了自主研发硬件外观设计，并通过“低价高配”这种最为粗暴的竞争方式引领行业的价格战。

在这种疯狂的价格战之下，手机等硬件价格的确屡屡创下新低，甚至还有企业公布了手机的BOM成本，让消费者都成为“比价专家”。整个智能设备制造业陷入了价格战的旋涡，企业没有时间去思考设计、研发，这让刚刚点亮的微弱的创新之光立即熄灭。

更为可怕的是，这些互联网公司正在通过一种所谓的“羊毛出在猪身上”的赢利模式向资本市场喊话，让许多投资人以为通过互联网服务、生态就可以支撑硬件的利润，从而颠覆掉传统硬件企业和其他制造业者。

这种错误的论调笔者将其称为“皇帝的新装”。因为这些口号只是“忽悠”资本市场的工具，以期待从资本市场中拿到更多的钱。而当所有企业都陷入这种“皇帝的新装”氛围中时，就会出现“公地悲剧”。因为通过价格战，企业可以迅速地获得销量，获得股价的上涨，获得并非通过经营企业而得到的利润。

这会让同行们没人愿意继续投入研发和设计，没人愿意去认真做事，因为消费者们刚萌生的品质观，刚培养的一点美学修养，都被贪图便宜这个最为本质的人性冲击的烟消云散。

小米公司到底培养了怎样的一群消费者？是一群追求生活品质的人吗？

还是一群只关注价格的人？有什么样的消费者就有什么样的社会，有什么样的社会就有什么样的企业，最终整个制造业又都沦陷在商品制造的另一个极端里——低劣品质的商品。

这并不是危言耸听。无论在雷军的微博、小米的微博，还是小米相关的文章后面，都充斥着海量投诉小米质量和品质的消费者。然而互联网公司所具备的“舆论控制力”，却将这些真实的言论悄悄掩盖，这就如同是掩耳盗铃者，他们根本听不到“愤怒”的铃声。

在时代的转折点上，中国似乎轰轰烈烈地进行着一系列超前的改革，尽情地拥抱互联网。可经过仔细观察和思考后发现，其实我们目前所做的大多数事情，无非是进行一次财富的转移，就是将旧企业的财富转移到新企业手中，我们并没利用互联网这个先进的工具去对旧企业进行改造和升级，只是充当了财富转移者的角色，并未创造任何财富。

2016年，这些虚假的、低级的、不具有创造力的新经济是否还能继续带领中国从低迷的经济中走出？危机正在来临，应对危机的最好方法是通过提升产业，创造新财富，提升消费者品位，带动整个产业升级。

第三章

# 乐视：颠覆者的游戏

手机自1983年诞生至今，已经有30多年的历史，而手机企业也“损”了一茬又一茬。但手机发展到今天显然已经被套上了摩尔定律“魔咒”，芯片、存储器这些基础硬件技术的“瓶颈”不期而至，这也意味着整个手机行业进入了缓慢增长期。

在这个时期，痛苦的不仅是零部件供应商，手机企业更加痛苦。全球知名的几家调研公司数据均显示：2015年手机市场增长将大幅放缓，因为当硬件无法继续升级之后，手机的更新换代频率降低，需求减少的结果必然是市场萎缩。

但摩尔定律预示的只是硬件发展规律，却并未将软件、体验、营销、艺术这些变量计算在内，于是小米公司抓住了智能手机爆发的第一个风口，并利用社群营销和电商渠道的模式让整个手机市场重新找到创新的活力。这也带动了中国传统手机厂商（中华酷联，指中兴、华为、酷派和联想）的集体大跨步，导致了诺基亚、摩托罗拉等外国手机企业的衰败，这是中国厂商的集体胜利。

然而，经过4年多的发展之后，中国厂商的“模式创新”又进入了同质化阶段，并加快了摩尔定律魔咒显效的速度。

只是，摩尔定律的魔咒阻挡不住中国互联网企业进入手机行业的步伐，因为，手机这个被认为掌握着未来移动互联网入口的硬件设备，可以做到连接一切，它能将我们的办公室、家庭、个人设备和传感器联系在一起。

随着小米在极短的时间内站在了移动互联网的风口，在手机行业杀出一片蓝海，大批的互联网企业迅速跟进，各有打算，尽管艰难，但坚定不移。

其中就包括以视频网站起家的乐视。

2015年4月14日下午，乐视召开超级手机发布会，会上乐视创始人贾跃亭近一年来首次公开亮相。在这场发布会上，乐视发布了三款旗舰手机：乐视超级手机1、乐视超级手机1 Pro、乐视超级手机Max。

至此，乐视的三个品类的产品完成集聚：超级电视、超级汽车、超级手机，从霸占客厅到进入移动互联领域。

利用视频、体育、音乐和明星资源等内容优势，乐视手机希望开辟一条崭新的以“内容硬件”取胜的手机销售模式，希望这种“开放生态”参与到手机的竞争中来。

这同样是一条崭新的路，而且在乐视超级电视上已经得到了验证。利用硬件成本价销售，进而吸引用户为内容付费的方式，乐视超级电视2014年卖出了150万台，而没有利用该模式的小米电视销量为30万台，其他传统电视企业的智能电视品牌销量也都在数十万台左右。

这一次乐视手机以超高的内容收费将硬件价格彻底拉到了完全无利润的边界，这不仅对小米手机产生了影响，对于传统手机企业来讲更是巨大的刺激，惨烈的价格战必然打响。

保证合理利润，支持研发投入，做好产品品质，这是所有制造业都遵循的法则，但当“羊毛出自猪身上”盛行的时候，这一法则似乎发生了改变。

## “颠覆者”基因

2015年10月27日，北京的五棵松体育场迎来了一场不是演唱会的“演唱会”，孙红雷、李小璐、李云迪等20多位明星纷纷到场，1700多名科技圈的记者来到现场，众星捧月中，男主角贾跃亭骑着自行车、戴着墨镜，缓缓登场。

“颠覆者都是孤独的。”他意味深长地说出了这句《银翼杀手》的经典台词。

话音刚落，观众报以欢呼和掌声。

颠覆者，贾跃亭喜欢这个描述。虽然从乐视诞生那天开始，破坏、吹牛、浮夸……各种负面评论从未间断，乐视也一度充当着搅局者的角色，但如同1999年美国业界对互联网作出的判断一样：这是一个价值规律、商业规律都是全新的、反传统的领域。

既然反传统，又何谈搅局？

“中国的互联网发展史一直都是一部借鉴史，模式都是在复制美国的模式，所以当我们一路探索全新模式的时候，就会有非常多的人说乐视太‘2’了，有很多的质疑，有很多的嘲笑。但是你们会发现全球很多的大型公司都在复制乐视的模式，都在跟随乐视的模式，所以今天我们干脆就把‘2’作为发布会的主题，‘2’到底。”

——贾跃亭

“对于外界的嘲笑，我已经习惯了。”这似乎是一句控诉，也是一种无奈。

作为最初唯一一家赢利的视频网站公司，“2008年之前，乐视网更像是一家B2B（企业对企业）公司，甚至连市场部都没有。业内一位投资人说，早期正因为乐视网融不到钱，不可能像其他视频网站一样，通过‘烧钱’扩大规模，因此必须走另外一条路线，靠电信SP（增值服务）业务赢利。”《中国企业家》杂志在2013年采访贾跃亭的报道中写道。

乐视的扬名是从《后宫·甄嬛传》开始的。2011年，贾跃亭一口气买下《后宫·甄嬛传》的独家网络版权，代价是2000万元。当时，视频行业已经经历了几年的发展，优酷、土豆等身价暴涨。此外，从2009年开始，影视剧版权价格飞涨，一度引发版权之争，优酷网创始人古永锵曾做出论断，视频网站是个“有钱人玩的游戏”，也预言“视频行业成功至少需要跨越三个‘一亿’门槛”，视频网站对资本依赖性仍然很大。

当时，老牌视频网站优酷网、土豆网已经扎稳脚跟，后起之秀激动网、酷6网等一系列视频网站在极力突破。此时的乐视，专攻内容，购买版权，2009年以前，乐视买下9万多集电视剧、5000多部电影的网络版权，其中尚未上线的独家版权影视剧高达130部，接近5000集，成为国内拥有影视剧版权最多的视频网站。

2011年10月18日，乐视网和土豆网正式签约，双方宣布共同推出视频平台，该项合作为期两年，每年涉及金额超过5000万元，主要开展国产影视剧网络版权的采购和销售业务。

版权分销让乐视网赚得盆满钵满，也让同行对这个新秀另眼看待。他们猜测，乐视的第一桶金带着政治背景，因为贾跃亭本人是“红二代”，其他各种猜测也因此接踵而至。

不过，让乐视网真正以颠覆者身份在互联网历史上出现的是乐视的超级电视。

早在2009年，视频网站疯狂“烧钱”的时候，乐视网就有了一个乐视TV事业部，主要针对机顶盒进行研发。贾跃亭很清楚自己的优势，也认定了客厅一定是互联网的兵家必争之地。

那时，乐视签下的独家版权包括了PC、移动、TV版，实际上就已经为尔后的抢占客厅做了准备。

2012年11月，小米公司发布了小米盒子，并称小米盒子是小米最“发烧”的硬件。2013年9月小米电视发布，被誉为年轻人的第一台电视。

2013年5月乐视发布了乐视TV，贾跃亭在发布会上称，乐视TV这款超级电视是高配置，加上了Letv UI系统，还有专为大片而生的Letv store，再加上影视库以及超级云视频平台，构成了一个完整的生态系统。

乐视和小米以颠覆者的身份闯进了电视行业，同时构建了互联网电视的游戏规则。

当时传统老牌电视厂商对小米和乐视是不屑的，智能电视面临的是“冰火两重天”的现实。据奥维数据，2012年智能电视占有率为27%，预计2013年将达到50%；不过奥维2012年对北京、上海等地消费者的调研显示，智能电视激活率仅为20%左右，经常使用智能功能的只有10%左右。

不过，很快各方势力都意识到了这个领域的掘金机会，比如海信一直在布局智能电视产业链，从操作系统到互联网应用开发，只是内容方面始终是短板；创维通过与南方传媒集团、优朋普乐合作，构建了创维自身的智能电视产业链，此外还获得了酷开网的支持；TCL则改变了电视的形态，开发了“冰激凌智屏”，通过与华数、腾讯的合作，当然还有欢网，构筑了自己的智能电视系统……

“乐视的终极目标，是希望成为一个对产业有影响的平台，同时可以通过持续创新，不断改变人们的生活方式。”贾跃亭说，“我知道这个话很多人听了会一笑而过，但颠覆者要是都被看好也就没有悬念了。” 2013年的《商业价值》杂志以“乐视是个颠覆者吗？”为封面标题，并引用贾跃亭的话解读了乐视的颠覆基因。

而后，乐视一路以颠覆者的身份介入到各个行业中，我们从乐视的生态可以看出，它的基础是互联网，在此基础之上为内容、体育、电视、汽车、手机、金融等行业，最核心的产品则是乐视的超级电视、超级汽车和超级手机。

在贾跃亭的眼中，乐视的发展路线是明确的，即构建“平台＋内容＋终端＋应用”的生态模式，通过视频、内容等服务切入各个领域，乐视正在通过服务渗透到人们生活的各个角落。

## 结怨小米

乐视与小米从乐视推出电视开始结怨。2012年小米推出小米电视，打造了年轻人的第一台互联网电视，2013年乐视推出乐视TV，且在销量上超过小米。小米认为，乐视始终走在追随小米的路上，对这种友商的跟随极为不满。

后来，二者的战斗升级到版权之争上。

2014年，乐视状告小米侵权，小米被判罚15万元，二者的争斗转到了影视版权，这个官司最为密集、侵权最为频繁的领域。

当时，乐视起诉小米盒子盗播其《后宫·甄嬛传》《失恋33天》等十部影视作品取得胜诉。在以上案件中，占七成的作品被海淀法院判决为小米盒子应承担连带责任。

财经网记者在报道中称，这是在所有起诉小米盒子盗播案件中首次取得胜诉的案件；该案件的胜诉意味着未来在盒子终端，即便内容提供方侵权，终端生产商也将承担相应的责任。小米和乐视在电视盒子、互联网电视上是正面的竞争对手，因此此次小米被判侵权。而此前，包括优酷土豆、迅雷等企业在内的企业已经起诉小米公司，称小米盒子的播放内容涉嫌侵权，却未能胜诉。

就在乐视起诉小米盒子的时候，国家新闻出版广电总局也颁布了《关于立即关闭互联网电视终端产品中违规视频软件下载通道的函》，这是对2011年发布的《持有互联网电视牌照机构运营管理要求》（业内称181号文）的执行和强化。这也意味着，没有正版内容的互联网机顶盒、互联网电视企业将面临困境，因为它们竞争的筹码没有押在内容上，而是在竞争激烈、无利可图的硬件之上。

纵观2014年的视频版权市场，乐视、优酷土豆、爱奇艺、搜狐视频、腾讯视频这“五大金刚”，是当前国内较大的视频版权所有者。乐视自己在做机顶盒和电视机，而优酷土豆已经是阿里巴巴的附属公司，爱奇艺是百度的，腾讯和搜狐视频更不用说，都属于门户网站。乐视在用卖增值服务的方式卖硬件，硬件几乎零利润出售，这个模式让单纯卖硬件的厂商几乎无法招架。小米在手机上风生水起，但是在电视上却对乐视无能为力。

门户网站的视频网站肯定不会同意小米入股，于是小米看上了迅雷这家本来就靠盗版起家的公司。但迅雷的视频版权储备与“五大金刚”基本没有可比性，这让小米盒子和电视借助迅雷谋求丰富正版内容的路很难走通，迅雷这服“药”的疗效很一般。而且随着乐视的起诉，优酷土豆、爱奇艺、搜狐等是否也会再起版权诉讼？另外，有网友说，小米路由器1TB硬盘配上迅雷后，就专为BT（BitTorrent）而生，似乎小米在隐晦地帮助用户完成盗版。

乐视与小米的 “新怨”在于乐视手机的推出，并且乐视手机推出之后持续地“消费”小米。数据显示，2015年第一季度小米手机的出货量是1400万部，在中国的市场份额是13%，处于绝对领先的位置，超越了苹果、三星和华为。

乐视手机在2015年4月份发布，贾跃亭在台上将乐视手机与竞争对手的手机进行功能上的横评，跑分的横评，横评里每次都谈到“友商”，显然“友商”就是指小米。乐视称，全球只有乐视做到了“完整的生态”，再次暗讽小米没有内容，乐视还公布了手机的BOM（物料清单）成本，暗讽“友商”是假零利润，这个“友商”还是小米，而且在后续的宣传中多次挑衅小米，这也为这场战争埋下了伏笔。

这次战争的导火索还是内容。2014年11月，小米花重金将新浪的总编陈彤挖到小米，给了他10亿美元，让其负责小米影视库内容的搭建。一年过去了要交上一份答卷，他将除了乐视和腾讯视频以外的所有视频供应商都拉进来，搭建了内容平台，并利用两个播控平台来播出内容。随着这个10亿美元的最全影视库的到来，小米认为应该炒作一把。所以，小米主动挑起了战争。

“旧仇”“新怨”要一起和乐视算一算，更为重要的是要宣传这个10亿美元的最全影视库。互联网公司和传统企业不一样，它们最不怕打口水战，因为每个互联网公司都有自己的舆论平台，有自己的公关人才，有丰富的资源，而且口水仗可以帮助它们免费上头条。所以，乐视与小米的斗争也不忌讳公开化，双方在火药味中开拓着各自的疆土。

## 超级生态论

构建生态的典型企业是苹果。苹果App Store（应用商店），已经帮助亿万开发者赚了数十亿美元，App Store的营收已经占苹果总营收的12%以上，这说明苹果依靠增值服务获得了非常丰厚的收入。而且苹果还在发展支付业务，希望在支付领域和O2O，以及未来连接生活的领域进行更好的拓展，包括在搜索、大数据的领域，苹果都有很广阔的布局，因为它有这个技术实力和庞大的用户群体，还有品牌知名度，它可以迅速通过自己的影响力来推动一个商业模式发展。

“完整的生态系统”，乐视一直在提，而且被认为是其最重要的核心竞争力。

2013年5月，乐视发布了乐视TV，那时的乐视生态还没有什么独特性。当时，小米也有平台，有操作系统、电子市场、终端、应用和影视库。而在内容方面，很多竞争对手指责乐视的电视只有自己的内容，用户可选择性比较小，这其实是一个封闭的内容平台。这种指责戳中了乐视的痛点。

不过，乐视自身的生态系统可以达到完美的整合，比如手机与PC之间，手机和电视之间，未来和汽车之间，以及在此基础上的会员费、广告收入的赢利模式等各个方面的整合。

贾跃亭讲，“乐视是中国唯一拥有完整生态的企业”，他提出的“平台、内容、终端、应用”的垂直整合生态系统，包括云平台、电商平台、广告平台、大数据平台；内容包括乐视影业、花儿影视、乐视自制、采购的影视版权，以及乐视体育；终端有超级手机、超级电视、超级汽车，还有盒子，以及自己的应用市场，这确实是一个生态。

2015年8月，乐视接连召开几场发布会，推出超级汽车概念。

在发布会上，乐视除了揭示汽车概念图之外，还提出了一个新的名词——汽车生态，用乐视超级汽车（中国）有限公司副总裁吕征宇的话来说，“汽车生态就是覆盖汽车上下游产业链以及汽车全生命周期管理的完整生态圈”。

2015年8月8日，乐视云正式推出生态云服务平台。乐视云计算有限公司CEO、乐视集团战略项目管理部副总裁吴亚洲表示，乐视生态云平台以乐视云全新生态产品为基础，依托其在视频行业十年的深厚技术积累，垂直整合视频领域拍摄、传输、转码、存储、分发、播放、投票、搜索和评论等所有环节，并采用全新的商业模式，以强化的方式为客户提供一站式视频解决方案。

乐视创始人贾跃亭通过云直播的方式亮相乐视云发布会现场，他表示，云计算就像水和电一样，将会成为国民经济的公共基础平台，乐视云将全面开启开放化、合伙化、社会化、共享化，重构云计算产业价值链。

## 硬件成本＋服务收费

2014年，所有手机企业都玩起了社群营销、电商渠道、软硬合一、体验为王，手机市场再次同质化，创新乏力的窒息感又一次压向整个手机产业。

但乐视手机的商业模式，就是硬件成本价，服务收费。乐视有内容，通过硬件捆绑会员费的模式，使其总体的销售价格要比竞争对手高。

实际上，这也是乐视几乎所有产品都采用的赢利模式。

比如乐视电视S40 air，硬件全配的价格是999元，但是用户要购买24个月的会员费用为980元，再加上100元的进口屏、300元的增配的价格，总体的花费大概是2379元，而小米同样配置的40寸电视的售价是1999元，说明乐视通过会员费捆绑的模式，提高了整体硬件销售的价格，并没有亏本。

乐视超级手机也是一样，乐视1 Pro，64GB、4G内存的手机，裸机售价是2799元，但乐视会在购买流程中强烈推荐用户购买一年期的会员费，因为它和联通合作赠送6G的流量，有很大的吸引力，很多用户都会购买一年期的会员费。购买会员费之后，用户需要支付的价格是2989元，与小米相同配置手机的2999元相差10块钱，这说明它仍然没有以低于竞争对手的价格来销售产品。

捆绑会员服务的模式给乐视的产品带来了极大的宣传便利。例如，999元购买40寸的智能电视，对于很多消费者来讲，很有诱惑力，但是消费者在购买的时候却需要花上2379元。同样，很多用户在购买乐视手机的时候，也会购买会员服务，因为会员服务中有一个6G流量的赠送，这是非常划算的，最后用户实际购机成本远远大于乐视公布的成本。但是对外宣传的时候，它可以以比竞争对手更低的价格进行宣传，有利于打动消费者。

乐视超级手机发布后，笔者就预测，在手机硬件、软件都几乎同质化的时代，乐视做手机肯定还是靠内容捆绑的模式吸引用户，与超级电视会是一样的操作思路。

果然，在2015年4月14日的发布会上，贾跃亭公开宣布，乐视是业内首次公布BOM成本价的公司，将按照量产成本售卖手机，乐视不需要通过硬件赚钱。

具体而言，凡是购买乐视会员5年的用户将免费拿到乐视手机，购买490元一年的会员，手机硬件将折价300元，这意味着乐视1、乐视1Pro将以1199元和2199元的价格售卖。

从乐视手机硬件看，现场发布的三款手机都实现了顶配设计，超窄边框、大内存、拍照能力、EUI的内容入口设计，甚至还有指纹识别功能，这与当前市面上的各类旗舰机在同一水平，此外乐视手机还有诸多依靠自身内容优势做的差异化功能和体验。

通过会员服务的捆绑，硬件销售价格的降低得到了弥补，使亏损更少。同时，通过会员捆绑销售，增加了乐视网的会员数量，降低了单片的购买成本。我们知道，购买一个电影之后，看的人越多成本肯定越低，此外这还增加了广告收入。

## 会员模式催化

会员模式，并非什么神奇的模式，线下的洗车、超市购物、美容理发等都有会员模式。线上会员模式则可参考QQ会员，QQ设置了一系列的黄钻、绿钻、蓝钻，再延伸到网络游戏……这种将会员收费与享受的各种虚拟服务挂钩，是目前最成功的增值服务收入模式。

参照腾讯的模式，其10亿用户的付费比例不超过5%，甚至更低。但是腾讯所开发的产品是单纯的互联网产品，其边际成本几乎为零。而手机企业每卖出一部手机，都包含着一个成本，规模化无法将手机的边际成本降到零，所以以低价模式获取海量用户后，其较低的用户收益转化率难以支撑庞大的硬件成本支出。

因此，不激活会员的价值，就难以完成“硬件免费，服务收费”的崭新模式。

但在会员模式方面，乐视解决了行业的痛点。

乐视成功激活了会员的价值，这主要得益于乐视在视频平台、内容上的多年积累，让其拥有的独家内容资源真正的具有价值，让用户愿意为此买单。

乐视曾专注于正版片源的买断，当其他视频网站纷纷开始走向正版时，其片源就如囤地一样不断升值，这让乐视在正版影视方面具有先发优势。

2011年，乐视影业成立，以独立公司形式存在。郭敬明的《小时代》系列是乐视影业代表作之一。乐视影业建立了投资、制作、宣发的整体性平台，贾跃亭称这是乐视生态的“垂直整合”，将为平台提供独家影视内容。

2014年3月，乐视体育成立，立志发展为基于“赛事运营＋内容平台＋智能化＋增值服务”的全产业链体育生态型公司，为平台提供独家的体育内容源。

而串起这些线上业务与硬件设备，构建“闭环生态”的工具，就是“乐视会员”。显然这些线上的内容资源，让乐视会员的价值被激活了。

贾跃亭口中反复讲的“化反”，就是乐视会员将乐视旗下所有业务串起来后，发生了化学反应。例如，用户购买了会员手机后，利用EUI系统观看手机影视，产生黏性后，购买乐视电视，接着在电视上看乐视影视内容，从而提高了乐视影视内容的播放量，在提高广告收入的同时，还会提高乐视影业、体育、音乐等公司的收入，会员成了乐视生态发生“化反”的催化剂。

乐视卖电视、卖手机与其他厂商是完全不同的。打开乐视商城，看看最新的乐视手机销售页面，你会发现乐视在这个页面上标注了手机价格、性能介绍，但更多的是介绍八大权益、N年会员硬件免费、会员机首年赠送流量包。

乐视用裸机低于竞争对手的方式吸引消费者、媒体关注；再用引导消费者购买会员机的方式让产品实际并不亏本，只要售出1年会员乐视就可以保证拥有利润，售出2年会员就大幅盈利，年数越多盈利就越丰厚。

易到用车在2015年10月27日的发布会上宣称“纳入乐视生态”，未来“易到专车完全免费”。假如有用户购买了5年以上的会员，就可能将易到用车算作能享受的服务之一。会员不仅享受观影服务，还可以有专车服务，甚至其他服务。

面向用户，用心地去修补企业的短板，以期待在风口到来的时候第一个起飞。此前乐视入股了酷派，其实就是在弥补供应链、技术专利、硬件研发设计方面的短板，为进军海外市场做准备。同时，购买酷派手机也赠送乐视会员，这样就将其也纳入了乐视会员体系。

同时，乐视推出120寸大电视，邀请孙红雷、李小璐等明星站台，这在一定程度上规避了品牌低端化的风险。而“真金白银”的会员账户，让乐视与用户之间建立了非常具有黏性的“连接”。让会员具有优先购买硬件的权限，并在会员体系中构建各种增值服务。影视、音乐以及即将推出的免费易到专车，让会员有一种荣誉感，这其实也降低了品牌低端化的风险。

## 乐视的危与机

互联网企业进军传统制造业，所面临的主要困难在于没有核心技术、没有研发能力、没有完善的商品品牌规划能力。

当前，乐视虽然用会员模式作为催化剂，打造了一个非常独特的生态系统，算是在模式创新中走出了第一步。但是却又面临整体市场增长放缓的大环境，已经没有了2010年手机市场需求集中爆炸式增长的大风口。

不过，没有赶上风口也并非是坏事，这可以让企业更冷静地对待市场。

当下，乐视有以下五大机遇：

（1）智能电视市场增长。赛迪智库发布的数据显示2015年全球智能电视出货量超过1.3亿台，市场渗透率接近50%。我国2015年的智能电视出货量约为3750万台，乐视2014年销了150万台，2015年还有不错的一个增长，销售了300万台。

（2）智能手机市场的增长。IDC分析认为，2015年中国安卓手机增长率为8.5%，虽然有所放缓，但还在增长。乐视通过独特的营销模式和商业模式，是否能跑赢行业增长率，还需要验证，因为它的产品刚发布。

（3）视频会员费收入增长。据企鹅智库2015年中国网络视频大数据报告显示，广告收入在网络视频收入中占比为63.4%，为第一大收入来源，但这个数字呈现下滑趋势。我们看到乐视几乎所有的视频，前面都有一个很长的片头广告，不光乐视，各大视频网站都如此。但会员收费等增值服务收费的营收贡献占比只有5.1%，这也表明会员费等增值服务收费模式，未来有较大的增长空间。

特别是当前国家对盗版的打击力度加强，用户对消费正版产品的认可，以及中国网民平均收入的提高，都会增加会员费和增值服务收费的预期。

（4）乐视目前是中国唯一一个踏入智能硬件领域的视频公司。在2015年年3月的《政府工作报告》上，李克强总理提到了“互联网＋”，这带动了中国股市的疯狂上涨，也让“互联网＋”的概念家喻户晓。“互联网＋”最重要的一点就是互联网不仅停留在线上，还要与线下进行结合，要线上线下相互融合。乐视的平台、内容、终端、应用的生态模式，与爱奇艺、优酷土豆、腾讯视频、搜狐视频相比，有着更强的“互联网＋”的基因。

（5）乐视的整体营收仍在增长。从财报看，乐视在硬件销售的带动下，整体营收仍在不断增长。雷军敢说超越格力，就是因为硬件销售趋势能够带来巨大的营收。其实公司未来的发展，还有估值，一方面看未来的发展趋势，另一方面要看公司的现金流，以及当期获得现金的能力。硬件的销售，一方面会消耗大量的成本，比互联网公司消耗的成本更高，另一方面也会带来很高的营收和现金流。

但风险尚存，贾跃亭也好，乐视也好，必须正视行业的发展大势和竞争环境。

第一，手机市场增长率下滑。2015年中国安卓手机以8.5%的增长率低于全球市场。手机市场目前确实是增长放缓，特别是智能手机新购机用户大幅缩减。

通过数据分析发现，2015年手机市场增长率的放缓不仅存在于新兴市场，还存在于换机用户，因为随着硬件发展进入“瓶颈”期，包括八核处理器、4GB内存、16GB存储空间、64GB存储空间等，所有的硬件发展都进入

“瓶颈”期之后，用户换机的频率会越来越低。新增市场需求减少，就导致了手机市场进入增长放缓的状态。在这种状态下，必然产生激烈的价格战，这又导致第二个风险，即价格战的风险。

第二，价格战的风险。小米、酷派于2015年6月打起了399元、499元、699元的价格战，闹得满城风雨。其后的“6·18”电商大战中，很多手机都降价销售，包括华为和魅族，价格战正在愈演愈烈。而贾跃亭说乐视手机只做中高端，但中高端的用户群到底有多少的市场增量，这也是个未知数。如果想要依靠硬件免费、服务收费的模式，就必须要做大用户基数。

小米公司和360入主之后的酷派，疯狂地发起价格战，也是为了做大用户基数。做大用户基数，先有用户，再在海量的用户基础上获得一定比例的付费，从而获得增值服务的收益，这其实是互联网发展模式。但中高端市场用户群体相对较少，这也是非常考验乐视的。

第三，劲敌小米的死磕。小米发动的口水仗，几乎都打到了乐视的痛点，比如说乐视的核心竞争力就是会员服务捆绑销售模式；乐视跨越国家新闻出版广电总局的限制，在自己的互联网页面、非播控平台上播放视频内容；还有，会员费过期之后，用户到底能看到多少内容？乐视如何来推广自己永久免费、部分收费的这种赢利模式？其实这确实也是乐视未来在政策层面，在用户和消费者维权层面，在售后服务层面要面对的一些考验。

现在做了一年多电视，手机刚开始起步，未来在这两块都存在风险，乐视应该尽快推出相应的保障消费者权益的措施，来回应小米的攻击。

第四，融资能力。进军硬件领域意味着更高的研发投入，以及在供应链、售后服务、渠道商方面的资金占用。乐视目前除了通过增发以及贾跃亭抛售股票来补贴发展外，并没有更好的融资渠道。而小米是在全球范围内进行融资，包括通过向国外银行发行债券的方式进行融资，而360、海信、TCL、华为更不缺钱，相比乐视这个创业公司来讲，它们有更强的资金和现金流。

第五，创新能力。企业卖硬件的时候，就是卖给消费者更好的体验、更好的产品、更好的设计，这就需要企业在供应链、专利、技术、研发上不断地补课。

苹果公司不进行创新，其市场份额也会下降。苹果在发布了大屏iPhone之后，市场占有率才大幅增长，之前三星几乎一统天下。这意味着创新是手机市场唯一的法宝，是硬件市场唯一的法宝。

我们看到HTC的股价已经跌到了2005年的水平，因为HTC在推出M9之后，再也没有推出用户体验更好的产品，也没有迎合当前价格战和互联网战。包括现在的小米，小米4、小米Note，它所有的产品几乎都进行了大幅的降价，为什么？因为它的产品没有创新能力，已经无法实现高溢价。在这种前提之下，做硬件的公司，就要不断地弥补其技术、研发、供应链方面的不足，特别是互联网公司，初入这个行业，在技术等各方面的积累都不如其他企业。

小米请了陈彤、虎哥、高通王翔加入，还准备收购联芯科技，进军芯片领域来获得一些技术专利，从而拓展全球市场。而华为，通过自己研发的70系列处理器，在供应链上获得话语权。同时，依托华为强大的技术研发能力和全球渠道，加上每年10%以上的高昂的研发投入，华为手机目前在全球市场占据了一席之地。联想则通过收购摩托罗拉，希望在品牌、渠道及技术方面，有所弥补。

乐视公司作为一个新入行的企业，能否弥补技术上的短板，决定了其在智能硬件市场能否跑赢。

## 案例点评

# 乐视模式能走多远

乐视在电视、手机领域将视频内容作为突破口，利用高性价比“硬件+会员”收费模式撬开了市场，还想通过乐视会员系统向用户出售其他智能硬件商品，并在金融、增值服务上获得突破。

显然，乐视从一家视频网站出发，向硬件、金融等更广阔的空间拓展自己的边界，依靠的还是互联网黑洞的“连接能力”，此外流量、资金、舆论控制力也成为乐视获得市场的重要“引力场”。

通过视频网站的流量，引导用户购买乐视电视、手机等硬件。通过电视、手机硬件销售带动营收大幅增长，加上对乐视生态概念的持续炒作，乐视在A股市场上风生水起。乐视的股价也水涨船高，获得了资本的青睐。

有了资金后，乐视再继续招募行业优秀人才，甚至每周都有一次新闻发布会，持续地进行概念炒作，这无疑是为乐视的股价不断注入“兴奋剂”，让乐视展现出极强的融资能力。

而在舆论方面，乐视不停地召开新闻发布会，宣布新战略，不断地登上媒体头条，抢占舆论的高地。这对乐视产品的销售具有很好的推动作用，2015年乐视电视销售量突破300万台，面市没多久的乐视手机也宣布出货400万台。

乐视的快速发展与小米诞生初期十分类似，都具有很强的势能。这种势能主要利用了互联网企业在营销、舆论、互联网内容、互联网技术上的优势，这都是传统企业所欠缺的，正是它们让乐视、小米可以快速奔跑。

与小米通过社群营销、手机操作系统打造一套崭新模式一样，乐视也通过其视频内容优势构建了一套自己的崭新模式。显然，模式创新，一直都是新企业撬动旧市场的办法。因为模式创新可以颠覆原有产业的运作模式。

而且这套新模式往往只有创造者才掌握核心竞争力，比如小米的MIUI系统、社群营销能力，比如乐视的视频内容。这些似乎和硬件制造之间没有多少关系，似乎硬件制造变得可有可无。

还有观点认为，未来的硬件只是为用户提供服务的“容器”，这个“容器”是谁家的并不重要，重要的是服务如何实现差异化。未来的模式就是硬件免费，服务收费。

那么，是否硬件制造已经没有任何技术含量了？追求工匠精神，打造精致产品的时代是否一去不复返了？构建在硬件之上的软件、服务真的会超越硬件本身吗？硬件成了软件、内容的附属？

然而，我们不能忽略互联网黑洞的双面性。创立六年的小米已经开始在软件服务上获得37.1亿元的年收入，同时也遭遇了品质下滑、负面舆论增加、品牌影响力下滑的窘境，这应验了互联网黑洞“负面效应”的存在。

我想乐视只是进入硬件市场的时间还较短罢了，互联网黑洞的“负面效应”也会在将来的某个时间里在它身上发挥作用，而这也是乐视用“模式创新”开辟市场之后，为了继续成长必须要经历的。

乐视可能遭遇的“负面效应”包括技术专利的匮乏、产品品质的下降、不专注导致的品牌影响力下降、负面的舆论增加、进军海外市场的失败、资本市场的反目等。

## 产业观察

### 苹果继续增长的唯一动力来自万物互联的成功

几乎所有数据都不容乐观。

苹果公布了2016年第一财季的财报，营收和利润虽然再创新高，但是增长率严重放缓。先来看看几个重要的数字：

1. 第一财季净营收为758.72亿美元，比2015年同期的745.99亿美元增长2%；

2. 净利润为183.61亿美元，比2015年同期的180.24亿美元增长2%；

3. iPhone销量方面，2016年第一财季共售出7477.9万部iPhone，仅增长0.4%；

4. iPhone营收方面，2016年第一财季来自iPhone的营收为516.35亿美元，仅增长1%；

5. 第一财季共售出1612.2万台iPad，比2015年同期的2141.9万台下滑24.73%；

6. 第一财季共售出531.2万台Mac，比2015年同期的551.9万台下滑3.75%。

7. 来自于服务（App Store、Apple music）的营收为60.56亿美元，比2015年同期的47.99亿美元增长26.19%；

8. 来自于其他产品（Apple Watch、Apple TV）的营收为43.51亿美元，比2015年同期的26.89亿美元增长61.81%。

9. 苹果预计，2016年第二财季营收为500亿到530亿美元，毛利率为39%～39.5%。

这9组数据中，有7组数据都让人十分悲观。只有来自服务和其他产品的营收有不错的增长。

## 是库克导致了苹果的颓势么？

iPhone、iPad、Mac几个主要产品的销量要么增长严重放缓，要么下滑。很多人都认为苹果的好日子到头了。

库克认为，全球经济增长放缓，美元走强导致汇率损失是苹果营收、利润增长放缓的最重要原因。

但是很多媒体人认为，库克无法像乔布斯那样具有创新精神，让苹果公司丧失了灵魂。对库克迎合苹果投资人回购股票，迎合用户推出低价iPhone等决策予以严厉批评。

笔者认为，如此批评库克是不公正的。时势造英雄，这是历史不变的真理。如果汉高祖刘邦不是出现在秦末乱世，很可能就只是一个善于搞关系的小吏，因为刘邦当时在众人眼中“不事生产”的农民，吃饭都成问题。

同样，乔布斯缔造iPhone的辉煌也是踏准了风口。2007年6月第一款iPhone上市，2008年4月中国3G发放第一张牌照，全球开始普及3G，在3G宽带互联网的风口上，iPhone乘风起飞。

而2008年谷歌才抄袭iOS推出Android系统，为此乔布斯十分愤怒，曾表示动用数千亿现金储备也要干掉Android。

我们从不否认乔布斯的伟大，正如苹果在乔布斯去世讣告中说的那样：乔布斯的才华、激情和精力是苹果不断创新的源泉，世界因为乔布斯而变得更好。

但是我们也不能忽视乔布斯“封神”的时代背景——宽带移动互联网的普及，成为手机真正智能化的第一抹曙光。

然而手机如同PC一般，会遵循摩尔定律，随着功能的不断提升会遇到“瓶颈”。显然，当iPhone的处理器、内存、摄像头等各种硬件都升级到当今的配置的时候，硬件发展进入了“瓶颈”。

PC增长放缓的趋势已经延续了好久，手机硬件的提升所带来的体验提升的边际效果明显递减，用户更换新手机的动力不足，更换更昂贵新手机的动力更加不足。

Android体验的提升，工业设计、品质的提升，都在影响iPhone的销量，我不知道乔布斯如果活着会如何面对这一局面，当然也不存在这种假设。但智能手机的风口正在消失，这是库克无法改变的。

苹果与Android相比已经大幅放慢了升级硬件的节奏，到iPhone 6才有5.5寸的大屏幕，至今CPU还是双核，而Android中8核的处理器都已经普及。

所以将苹果的增长放缓归罪于库克是不公正的。笔者反而认为，库克是乔布斯唯一合适的接班人，因为库克不会以职业经理人的心态去经营苹果。

## 苹果真见顶了吗?

从第一财季的报告看，苹果的多项数据不容乐观。所以很多人认为，苹果真的见顶了。

但从公司的发展史看，一个企业的衰败一定不是在业绩见顶时才被发现，而是在此前早就出现产品体验差、被超级竞争者替代、遇到技术变革未跟上等问题。

例如，诺基亚在衰败之前，其产品几乎无创新可言，产品体验差到爆，组织架构臃肿，管理制度腐败，品牌口碑持续下滑。同时，遇到了苹果、Android这些超级竞争者，在竞争中失败。虽然遇到智能手机变革，却未能及时跟上。

如果再去分析柯达、GE、东芝等许多企业，可以发现它们在衰败前都有类似特征。

那么，我们也同样可以用这些指标去衡量苹果。迄今为止，虽然Android的体验大幅提升，但是否已经可以超越苹果？可惜，由于Android企业都无法实现硬件、软件的一体化，并在低价的泥潭中挣扎，而难以有利润去支撑高品质，因此苹果的体验仍然遥遥领先。

而且苹果在芯片技术、工业设计、软件上的技术专利和实力，仍没有企业可以与之竞争。苹果是第一家使用64位处理器、指纹识别技术、陀螺仪技术、全金属机身的公司，一直在引领着整个行业的硬件创新。在软件领域更不用多言了，国内所有Android Rom几乎都在向iOS看齐。

苹果还没遇到超级竞争者，也没遇到技术变革，所以苹果当前的困难不属于苹果自己，而属于所有手机企业，三星、小米、华为都将无一幸免，2016年第二季度苹果预计其业绩同比仍然会增长，但其他Android机企业将交上一份更加难看的报告。

这才是真正检验库克能力的时候。

当前手机、PC行业都处在黑暗之中，很多企业都云里雾里，但是曙光就在前方。

这正如iPhone诞生时那一抹手机智能化的曙光一样，可以照亮迷茫着的心灵，而这就是万物互联。

苹果是除了硬件收入外，获得软件服务收入最高的企业，其App Store和最新推出的Apple music、Apple pay已经获得了不错的用户量，而且营收增长26.19%，占总营收的7.9%。

而Apple watch、Apple TV的营收增长超过60%。同时，苹果已经在虚拟现实、智能汽车等领域进行布局。

万物互联时代，苹果能否再次踏准风口，库克能否带领苹果走上另一个辉煌，就看其在万物互联时代是否可以再次领先。因为万物互联后，企业无边界，营收模式无边界，利润获取无边界，增长的“瓶颈”自然打开。

从目前的情况看，谷歌在人工智能技术方面的布局要早于苹果，并且拥有云计算、大数据优势。

如果说外国企业多从核心技术入手布局万物互联，那么中国企业则基本停留在嘴上和发布会的PPT里，然后等待国外企业技术成熟、产品成型后，直接复制过来。

曾经，“硬件免费、服务收费”被奉为一把“佛来斩佛，魔来斩魔”的尚方宝剑。可惜它最终只是停留在一些企业的新闻稿里，因为这把尚方宝剑的剑柄是“硬件”，没有剑柄自然会将手割得鲜血直流，敌人没死，自身先因失血过多而亡，这就叫做“皮之不存，毛将焉附”。

幸好，一些企业已认识到自己“大跃进”的错误，开始要“回归初心”。但仍有企业在继续叫嚣，要用这把“尚方宝剑”干掉对手，搞得自己股价翻涌，低头一看自己的手也被割破了。

面对万物互联的这一抹黎明曙光，苹果优势、劣势皆有，所以这场战役的成败才是对库克能力的真正检验。假如乔布斯可以复活，我仍然相信苹果能赢得这场战争！

第四章

# 360：战斗、战斗

2014年平安夜那天，周鸿祎早早拟好了一封给内部员工的邮件，从内容来看，他准备大干一场了。自此前一周奇虎360（以下简称360）正式宣布进入智能手机领域之后，用他的话来说，“外面有叫好的，有质疑的，也有背后使绊子的”，不过，他依然以他常有的语气回应“市场怎么看，对手怎么看，无所谓也不重要。但大仗开打，战友们必须要理解：我们为什么做手机？”

周鸿祎说，做手机依然是为了安全。360作为中国甚至全球最大的安全公司，安全是核心使命，也是它的每个用户离不开的基本需求。360做了这么多年安全平台，无论是PC时代还是手机时代，它甚至比操作系统厂商更了解它们的安全问题，360要在移动互联网上把安全做到极致，就必须自己做手机，这样才能深度介入操作系统底层，在此基础上构筑真正的手机安全，实现用户需求的安全感。

末了，周鸿祎不忘展现他作为企业领导的个人气质：“当然，还有一点：像我这么倔强的人，总归会回来的。”

《带上AK47，跟我到南方做手机去！》这封信在互联网上热传，它是360宣布要再次做手机的一封“内部动员书”和“战书”。

2015年5月6日是个热闹的日子，从上午到晚上一共三家手机企业扎堆在北京召开发布会，上午是小米Note发布顶配版，下午是360发布手机品牌，晚上是Nubia发布Z9无边框旗舰手机。媒体朋友们疯狂赶场，从早到晚忙得不亦乐乎。

这个热闹的五月，显示出手机市场竞争的激烈程度，用周鸿祎的话说：“这已经不是红海，是血海了！”

一天三场手机发布会，这预示着手机市场“血海”的到来。周鸿祎加入这场战争，虽然迟了3年，但这位从不按常理出牌、好斗的选手进场后，手机市场将永无宁日。

在互联网行业，360通过免费安全模式进入互联网市场，与几乎所有互联网公司都发生了战斗。现在360进入了手机领域，预计360会再次和所有手机企业发生战争，这要比小米与华为、小米与魅族的战斗更加激烈、刺激。

## 兵败特供机

以一个搅局者的身份出现在手机市场，这对于周鸿祎来说，并不是什么新鲜事。这位极度崇拜切·格瓦拉的、极具个性的互联网企业家，一直以来都不惧怕战斗。

2012年的时候，手机市场还是小米的天下，当年1月4日，小米手机第二轮开放购买，3个半小时10万台售罄。1月11日，小米手机第三轮开放预订，36小时50万台预订完毕。2月16日，小米手机与中国电信合作，推出电信版小米手机，并开放预订摇号，2天内92万人参与。那一年，小米手机成了中国最畅销的Android手机，在国内创造了一个又一个奇迹。

此时的周鸿祎是不服气的，他说：“手机其实就是CPU、内存、安卓系统，用户用起来差别不大。”他对当时小米手机使用旧的A8架构进行了抨击。他说：“主频再高，除了跑分和更耗电，在速度上和新的A9架构相比毫无优势。”

也许是为了扰乱小米的战略、一挫小米的锐气，也许是要在手机市场搅局，2012年6月28日，360推出了“特供机”，名字十分霸气，分别叫AK47和超级战舰。

周鸿祎接连发了数条微博与雷军你来我往唇枪舌剑。

带着一种玩票的心态，此时的周鸿祎并没有十分重视手机。当时，360做手机的方式是与阿尔卡特、海尔、夏新等传统手机企业合作，推出“360特供机”。360公司不负责硬件，其主要工作是基于原生的安卓系统进行改进，加入安全的特色，然后让这些硬件厂商进行安装，并在手机的背部加入360的标识。

除了做系统之外，360还利用360安全卫士、360网址导航等流量入口为这些特供机的网上店铺提供流量支持，并在互联网营销方面提供帮助。而手机的销售则交给这些硬件厂商的网店，或是京东、天猫上的官方旗舰店。物流配送则由电商平台负责。售后服务由硬件公司负责。

但是，360特供机没有获得成功，据当时的官方数据显示，360一共出了三款特供机，与阿尔卡特合作的AK47销量约1万台，与海尔合作的超级战舰销量在6万台左右，与夏新合作的大V卖出了5万台左右。

360用两年宝贵的时间吃下了自己“玩票做手机”的苦果，就连周鸿祎自己也承认对手机有些轻视了。2014年，他在一次演讲中表示：“我曾经拉了很多小伙伴一起做手机，但是他们都不靠谱，最后失败了。在硬件上我们做了很多尝试，现在才发现做硬件的门槛，还是挺高的。”

对手机市场的轻视，对供应链掌控不力，以及对产品的品质没法保证，造成了360特供机的失败。

## 投资酷派

从2012年的特供机，到2014年的卷土重来，360用了两年。但短短两年间，小米已经从一家初创公司一跃成为中国手机市场的老大，华为、中兴、魅族等也迅速圈占自己的位置，留给360的机会不多。

但周鸿祎说：“有人说智能手机都红海了，周鸿祎做手机太晚，没机会了。中国互联网有过蓝海吗？哪个不是在红海里面打出来的？我从来不信邪，我只相信互联网就是冲浪，谁都不可能永居潮头。现在做手机就是打一场规模战，只要你像硬件厂商一样有成熟的产品设计和供应链，有可控的成本和稳定的品质，加上互联网企业在用户体验上的不断创新，为什么不成功？”

2012年第一次做手机的时候，360只做了营销、流量分发以及系统软件层面的一些工作，并没有深入整个手机的研发、供应链、售后服务、物流等核心领域。这意味着360无法对手机的品质进行控制，这也是360特供机失败的根本原因。360失去了做手机的最佳时期，如今，巨大的机会成本摆在周鸿祎的面前。

周鸿祎开始拜访魅族，此间就传出了360要投资魅族的新闻；他还拜访过格力，因为董明珠说要做手机，坊间就传出了360要和格力合作手机的新闻。不过，最终这些新闻都变成了假新闻，360最后选择与酷派合资成立一家手机公司。360清楚地知道，作为一家互联网公司，其在手机硬件的研发、人才、技术专利、管理等方面都不具有经验，如果像小米一样白手起家做手机，时间已经来不及，市场不会给360从头做起的机会。

早在2014年2月，刚结束归隐、出山不久的魅族创始人黄章在刚开通的微博上与周鸿祎你来我往，吸引了媒体的目光。因此，传闻360要入股魅族再次做手机，而黄章在魅族论坛上也遮遮掩掩，欲言又止。

黄章："乐意接受有平民'范儿'的大佬们投资，我不知道具体需要他们的什么，我只知道结合这类大佬肯定能创造更大的共赢。"同时黄章对周鸿祎也评价道："他很有想法，我真诚真心地邀请他跟我学做菜。他让我信，可以做兄弟，让我服，我就拜他做大哥，同时我也能做'菜'。"

其间，格力董事长董明珠亲自拜访魅族，并表示与黄章"从上午9点谈到下午3点多"。紧接着，媒体又称360、格力或集体入股魅族，对战小米。而最终魅族接受了阿里巴巴的投资，并答应在魅族手机中装载YunOS。

无论周鸿祎、董明珠是否当了魅族吸引融资、抬高筹码的"工具"，也不论周鸿祎与黄章之间是否谈过融资事宜，都不妨碍周鸿祎一直为再次做手机秘密筹划的事实。

2014年12月16日，一则新闻让整个互联网界炸开锅：奇虎360公司宣布与酷派集团成立一家合资公司，前者投入4.0905亿美元现金，占有该合资公司45%股份。周鸿祎表示："结合酷派在手机设计、制造领域的经验和360在移动互联网领域的强势存在，我们将会打造一个领先的移动互联网生态系统，向用户提供软件、硬件、应用合一的流畅体验。”

有媒体质疑，360是为了借助酷派之手将自己的手机应用打包到酷派中，以占据未来的移动互联网入口，即拿酷派当渠道，为自己的核心产品和服务导流。但此后的一系列事实证明，360这次做手机是来真的。

创办一家公司首先要搭班子、定战略、带队伍。如果360从公司内部招人才做硬件，显然是不够的，从社会上招聘显然也会浪费时间，而直接和酷派成立合资公司，利用酷派现有的人力、技术专利、生产线、供应链、售后服务等，可大大地减少时间上的浪费。周鸿祎非常清楚这一点。

而且，2015年的手机市场已经不再是2011年小米手机诞生的时代，时间就是机会，时间就是金钱。360投入数亿元建立了这家合资公司，是以金钱换时间。这一点也恰恰证明了，360是真的要做手机。

2015年2月，在宣布了与酷派成立合资公司后，周鸿祎在酷派进行了一次演讲，演讲的背景是切·格瓦拉。周鸿祎已经意识到2015年再做手机并非易事，甚至必然是一场恶战，而切·格瓦拉越挫越勇的精神可以给他以鼓舞。

据说，周鸿祎一直在自己的办公室放着切·格瓦拉的肖像。切·格瓦拉的精神鼓舞着周鸿祎不断地战斗，促使他发动了一系列的大战，例如，与雅虎的大战、360金山大战、3Q大战、3B大战、360与小米大战。

## “AK47”卷土重来

2015年的周鸿祎比以前要忙，也更充满斗志。在360长期占据PC安全市场遭遇“滑铁卢”后，这一次他希望从各方面发力，将手机一炮打响。

2015年3月，周鸿祎突然宣布自己开通了微信，并取名为“AK47”，头像设置为一把步枪和几梭子弹，除了AK47是周鸿祎非常热爱的一款枪械的原因外，使用“AK47”作为微信名还别有意味。

他在微博上表示：“我终于开通了微信，希望到大家的群里多听多学习，欢迎各个讨论行业技术、投资的群把我加进去。”

网友愕然，周鸿祎又在其微博回复道：“大家别猜了，微信是手机重要的必备软件，既然中国人都这么喜欢微信，如果我不体验微信，怎么能做出一款大家喜欢的手机？”

紧接着，360开始组建手机论坛，代号同样为“AK47”。同时，360发布了一系列以“AK47”为代号的海报，其中有一张写道：“各位队长，老周这厢有礼了。2015手机作战弹药箱——只为热爱手机而又充满好奇的你。”在海报中，是一个弹药箱，上面写着“代号AK47 手机作战弹药箱”。

周鸿祎将“AK47”作为第二次做手机的代号，以及自己的微信名，用意深远：第一，要警惕此前做360特供机的失败教训；第二，要激发自己的战斗精神，因为在2014年、2015年之后，手机市场进入了非常严峻的红海之战，已经不再是2010—2014年之间手机市场高速增长时，充满着用户红利的时代；第三，周鸿祎也希望能够在手机市场一炮打响，以雪“360特供机”失败之辱。

2015年5月6日，360的手机品牌发布会选址在北京中国电影导演中心，并且取了一个非常有意思的名字“周鸿祎老友会暨全新手机品牌发布仪式”，以此拉近周鸿祎同参会人士之间的亲密关系。作为360手机品牌的首秀，与媒体、业界套近乎是自然而然的事。

发布会开场，周鸿祎先批判了手机发布会的四大潜规则：演讲者穿工作装、PPT精美、发布会漫长、老总批判苹果却私下里还使用苹果。周鸿祎身着红色T恤衫登场，并调侃自己的名字总被称作“周鸿伟”所以特别穿“红衣”上场纠正对自己名字的误读。开场就是段子不停，会后有人数了数，周鸿祎整场会总共讲了43个段子。

整个会场设置相比小米发布会简陋许多，也没有精美的PPT，发布会其中一个环节是回答网友关于360手机的10个问题，这10个问题中的许多答案老周都在调侃小米、乐视、锤子。例如，第五个问题：周大大我对你的手机很期待，但你会不会像小米一样卖期货？周鸿祎回答：“小米不是卖期货，只是产能不足。”同时，他还表示：“雷军发明了期货模式，很伟大的营销模式，雷总，是中国营销第一人。”这句看似吹捧雷军的话，其实真的是话里有话，估计雷军听了会有许多感想。

调侃了小米之后，周鸿祎还要再调侃一次刚发布了手机的乐视。“老周，现在好多手机企业都喊着要做手机生态链，你怎么看？”回答：“这是屁话，手机用户多了，生态链自然就打造起来了，360现在不谈生态链只看体验。”

此外，对于锤子手机，周鸿祎说，罗永浩是自己的老师，如果与罗永浩一起站在台上辩论绝对不让他拿话筒。手机圈的几个热点对手都被老周点评了一遍，看来“给手机圈添堵”这话是真实的。但老周对两家企业表示了尊敬，第一个是苹果，第二个是华为，当然，表扬华为是为了说明360的合资公司酷派与华为一样都是技术实力雄厚的公司。

调侃“明星”对手可以引发媒体、用户热议，让360这场发布会的声音更大，同时也让360手机未出生就树敌，而“树敌”似乎是老周做企业的重要方法。除了调侃对手外，老周还请来了任志强、潘石屹、王功权三位重量级“老名人”。之所以说老，是因为他们都50岁以上了，而做手机的大多都是年轻人。

360的手机品牌为“奇酷”，Slogan（口号）叫做“好奇心改变世界”。对于“奇酷”这个名字，很多人都表示失望，因为没法与周鸿祎这个标新立异的人物挂钩，倒是“悟空”这个名字还挺合适，但周鸿祎表示：“手机行业都在耍猴，我叫悟空岂不是被他们耍？”

而周鸿祎将手机取名为“奇酷”并用“好奇心改变世界”作为口号，也有其含义。

周鸿祎崇拜的人物是切·格瓦拉，是具有战斗精神的战神，作为一个曾经的手机市场失败者，周鸿祎不相信失败。而且，360总是能够在夹缝中找到生存的机会，周鸿祎在《带着AK47，去南方做手机》的信中也表示，不相信自己在手机上无法获得成功。

整个人类的发展，都是在好奇心的驱使下完成的。无论我们是去探索外星球，还是去发现人体基因的秘密，这一切一切都是因为好奇心。

但凡伟大的企业领袖，他们做一件事情，要么是为了爱好，要么是为了好奇心。

从奇酷品牌和“好奇心改变世界”来看，周鸿祎这次是真的想要做手机，想要去发现做手机的奥秘以及做手机的乐趣！

奇酷手机的售价，采取了“硬件免费模式”，也就是硬件只卖成本价，这其实已经不再是新话题，也不是新模式，因为小米Note顶配版上，雷军就借

“友商”之口说手机的成本为2860元，而小米Note顶配版售价2999元。在2015年4月14日的乐视发布会上，贾跃亭也宣称以成本价出售手机。

2015年“双11”，奇酷手机的销售不错，周鸿祎非常高兴。他在接受媒体采访时说，做手机，预计第一年会亏损数亿，但不要惧怕亏损，要打造好品质和品牌就行。

周鸿祎拿着“AK47”冲入了手机战场，这次不再是2012年“特供机”的搅局和玩票。手机市场的其他企业迎来了一位真正的敌人，厮杀会更加惨烈。

## 3Q大战引发转型

2010年震惊全国的“3Q大战”，被认为是腾讯转型开放平台的主要推动力和标志，其实这也是360转型的开始，是推动360再次做手机的重要原因。

2010年，腾讯开发了一款电脑安全产品（电脑管家前身），并在中秋节前夕通过QQ进行推送，使大量的PC安装了这款产品。360感觉自己在PC安全市场的主导地位遭遇挑战，于是当夜开始应战，通过360安全卫士、360杀毒进行反击，这就是著名的“3Q大战”。

互联网公司一直都以免费的方式来开拓市场，360首创了安全软件免费模式，将金山、瑞星、江民、卡巴斯基、诺顿、小红伞等许许多多依靠安全赢利的企业打倒了，并顺势成为中国装机量最大的软件之一，抢占了PC桌面。

这场“3Q”战役不仅让腾讯开始走向开放之路，创造了一系列的辉煌成就。同时，也让360开始明白，通过免费安全获得市场之后，再通过安全软件推送浏览器等可以分发流量获利的模式将遭遇阻碍。

由于安全软件本身免费，企业要想获得盈利，就必须在其他互联网市场找到机会。因此360需要杀入许多领域，比如搜索、游戏、电商等，而这些市场则是BAT的领地。在“3Q”大战后，360立即推出了“360口信”，这是一款即时通信产品，希望以此抗衡腾讯，但最后不了了之。因为腾讯在即时通信领域的强大地位是难以撼动的。

在360公司不断进入BAT“腹地”的时候，无论腾讯还是百度，甚至是阿里巴巴，也通过各种方式开始涉足安全市场，腾讯甚至将“安全”称为自己的国防，而BAT进入安全市场的主要目的之一就是防范360的“偷袭”。例如，360希望在搜索市场抢夺百度的份额，于是百度就推出了百度杀毒和百度卫士，用于防御。

当360系统通过自己的安全优势和装机量侵入其他的互联网领域时，BAT做出了反抗，以保护自己的地盘儿。这让周鸿祎感觉通过互联网的方式切入其他对手的市场是非常困难的，因为其他对手反而在利用其固有的产品、用户、技术、资金等优势疯狂地推广其免费安全产品，从而实现对360安全产品的替代。

安全软件的主业遭遇挑战，这对于360来说无疑是重磅打击。“3Q大战”让360感觉自己的危机正在逼近，而依靠与BAT对抗，继续守护其安全市场份额的方式会耗费太多的精力，并让整个互联网市场都不得安宁。这是国家不想看到的，也是用户不想看到的。

互联网之争，本质来讲就是入口之争。更让周鸿祎担忧的是，BAT在PC时代的固有入口优势，很轻松地平移到了移动互联网。百度的手机搜索，仍然是移动互联网的第一。腾讯变换了一个手法，通过微信又抢占了即时通信市场。阿里巴巴是电商时代的王者，在移动电商时代，它仍然是电商的最重要入口。

PC安全市场的份额被腾讯、百度的免费安全软件不停地侵蚀，而移动互联网市场蓬勃发展，360却难以找到突破口，这让360在2011年至2014年间陷入了困境，这也逼迫360不得不思考转型之路。

在移动互联网时代，无论是Android还是iOS，安全软件一开始就是免费的。同时，在这两大平台上，虽然每天都有报道各种病毒，但是实际上用户面对的更多的是一些恶意软件以及由此而来的一些泛安全的需求，比如防骚扰电话、防垃圾短信、手机内存的清理、流量的监控、手机权限管理，甚至是手机照片的安全存储、手机文件的云端保存等一系列泛安全的需求。

同时Android和iOS也对安全软件的权限进行了严格控制，禁止它们调用一些系统级的权限，导致安全软件在手机上所能做的事情变得非常少，所以必须从系统的底层切入才可能真正帮助用户解决问题。

作为一家主打专业安全软件的公司，在移动互联网时代却从PC时代的专业安全变成了泛安全。用户在选择使用安全软件的时候，不会再考虑这么多安全因素，这对360来说是极其不利的。360虽然依靠其先入为主的优势占据了安全软件市场的优势地位，但各种现象表明它已经难以控制移动互联网时代的安全。

互联网巨头们可以利用自己在社交网络、搜索上的绝对优势，以及在电子市场的分发优势，迅速地将自己的安全软件推送到用户的手机中，从而替代360的安全软件。

对于360来说，当它无法再掌控移动互联网时代的安全时，周鸿祎已经感觉到危险了，这意味着360在PC互联网时代通过安全软件的垄断优势进入浏览器等流量分发获得利润的模式难以奏效。而且在手机上想要通过安全软件进行流量分发或者推送其他软件会非常难，因为这会形成对用户的骚扰，影响用户体验。

移动互联网时代，安全的专业性不再重要。当安全变成一种系统底层的能力时，一切都将随之改变。例如，骚扰拦截是通过海量用户的举报获得云端大数据后，实现云端的防御和拦截，其主要处理安全的能力全都停留在云端。这就意味着，再死拼安全市场的预装，已经没有意义。

这也是为何360的股价迅速从120美元跌到50美元以下的主要原因。在移动互联网时代，安全的用户需求、安全的形式都在发生一些根本性变化。这让360不得不思考如何利用现有的资金、用户和市场的优势迅速转型。

## 万物互联的IoT时代

我们观察企业发展史，会发现一家企业如果不恰好遇上转折点，就可以尽享市场的红利，并一举冲上营收、利润的最高峰。一旦遇上了，又错过转型的节点，就会逐渐滑向低谷，诺基亚、柯达、惠普、IBM等许多企业的发展过程都在证明这一点。

英特尔公司创始人安迪·格鲁夫（Andrews S.Grove）曾在《只有偏执狂才可以生存》一书中写道："你不能等到知道了答案后再进行行动：时间就是一切。如果你能在公司仍然健全、外部业务仍能保护你在内部试验新的经营方式的时候实施改革，就能更好地保存公司的力量、雇员的利益和你的战略地位。"

移动互联网时代，不仅是传统企业转型的节点，也是传统互联网公司转型的节点。安全市场的形势变化，已经向周鸿祎发出了公司必须尽快转型的信号。所以360在其营收和利润仍然保持增长的时候，必须开始考虑转型的问题，周鸿祎非常清楚这一点。如果坐以待毙，仍然死拼安全软件市场的装机量，这将导致全盘皆输的悲惨局面。

于是，360开始打造手机客户端，希望以“应用之海”战略抢夺手机桌面。360不仅有手机卫士、手机浏览器，还有迅速推出了一键Root、手机急救箱、私密保险箱、云盘、免费Wi-Fi、安全通信录、手机桌面、清理大师、360天气、360锁屏、360流量卫士等二十多款手机软件，并通过360手机助手、360手机卫士、360安全卫士等各种渠道大肆推广，希望通过“应用之海”战略，迅速地从各角度切入移动互联网市场。

这些产品都具备多项或者一项安全功能，也都可以相互推荐其他应用。但是通过这些手机应用产品来拓展市场的速度仍然较慢，而且过于分散。所以这种战略仍存在问题，而且即使抢占了手机桌面，仍然难以构建类似PC时代的赢利模式，于是360不得不考虑通过其他方式来做转型战略。

在进行“应用之海”战略的同时，周鸿祎在美国发现IoT（物联网）时代真的要来临了，于是希望在智能硬件市场上尽快布局。

周鸿祎在一次接受媒体采访时说：“下一个五年我谈一个词，IoT，即万物互联，未来人和人互联，人和万物互联，这对传统企业来讲是一个巨大的机会。我们所有见到的硬件，所有见到的物品都可以智能，都是一个不像手机的手机。”

“未来智能硬件时代，卖货的概念都不存在了。如果你做智能冰箱，冰箱背后是一个生鲜电商配送公司。我很想做一款行车记录仪，如果做便宜了，中国有一千万部车装摄像头，就可以拿到中国最真实的路况信息，你看这家公司就不是行车记录仪公司，而是一家大数据公司。互联网化以后都是服务业。”

2013年7月5日，360推出的第一款智能硬件产品是360随身Wi-Fi，以19.9元的价格迅速在1小时内卖了2万台。

与小米一样，360随身Wi-Fi开始时采取的也是限量抢购模式，这种“饥饿营销”效果非常显著。2013年9月23日上午11:00 第八轮发售80万台。2015年1月23日，360又发布了全球最小的第3代随身Wi-Fi。

这款智能硬件推出后，百度、腾讯等许多公司都跟着推出了类似产品，但都未能获得360随身Wi-Fi的市场反响。通过随身Wi-Fi的热销，周鸿祎感受到智能硬件市场的风口已经来临，也找回了做智能硬件的信心。

同时，360利用随身Wi-Fi可以为用户安装一款配套App，而这款App也具备了360的一些安全模块，这让360将其安全能力以去中心化的方式，潜移默化地提供给了用户。硬件是需要花钱购买的，虽然用户对免费的东西可以随手弃置，但对于花钱购买的东西则非常珍惜，这也提高了其配套App的留存率。

紧接着，2013年10月，360又推出了“360儿童卫士”，通过定位、安全预警和通话连接三个功能，保障儿童外出安全，售价仅199元。然后推出了360安全路由器、360智能摄像机、360行车记录仪等多款智能硬件产品。

除此之外，还有许多手机周边产品，如360智键、安全插线板、超级充电器、防丢贴片等。这些手机周边产品也都具备了“安全”的定位，360希望将软件、互联网安全延伸到硬件领域，构建一个以“安全”为定位的硬件产品阵营。

这些智能硬件、手机周边产品的生产工艺并不复杂，而且这些硬件的传统市场上并没很强势的品牌，更缺少具有软件开发、互联网思维、互联网营销、互联网销售能力的企业，这也正是360的机会。

对产品进行“微创新”，让产品更极致，体验更出色，这是互联网公司一直都在做的事情，拿到硬件上来也完全驾轻就熟。在没有强势品牌的细分市场上，拥有互联网营销能力和渠道能力的360，很容易实现市场的领先。这其实也是小米手机在2011年发布后快速崛起的重要原因，周鸿祎也借鉴了小米崛起的方法。

对于手机来说，其制造的难度、技术要求、供应链要求、售后服务、资金占用等都相对较高，是一块非常难啃的骨头。因此，360在兵败特供机后，并没有再次快速进入手机市场，而是选择了“蛰伏”。

这些小型智能硬件的研发、生产、营销、销售，很好地帮助了周鸿祎“练兵”，让360可以深入地摸索做硬件的经验，打磨自己的队伍，同时也让周鸿祎自己找到做硬件的勇气。让他可以在2014年年末的时候非常从容地再次宣布进入手机市场。

所以，智能手机只是360智能硬件的一款产品而已，只不过这款产品相比其他来讲更重要、更难做、需要更多的投入和耐心。

## 风起合资公司

2015年6月，360在手机征途中遭遇了最大的一场危机。6月28日，酷派集团发布公告称，公司董事会获控股股东告知，出售18%股份给乐视网旗下公司。交易完成后，乐视网耗资21.8亿元入股酷派，占股18%，成为酷派第二大股东，间接实现了对奇酷公司的控股。

此时周鸿祎还不知情，直到当天晚间，周鸿祎在微信朋友圈发布了一条消息："谁在我背后捅刀子试图Screw我，我的原则是一定Fu××回去。"配图是一梭子弹。而被微博认证为酷派集团执行董事的蒋超发布了一条措辞非常激烈的微博，并附上了周鸿祎朋友圈的截图，不过随后此微博被迅速删除。

而后，蒋超最新一条微博内容为，"我，从来不是一个人在战斗，因为我是亿万×丝里的一员，我们要有勇气抵抗任何黑暗势力，即使哪天我先倒下，我也是×丝里的杰出代表，是国家的脊梁。"

对于酷派而言，在同360、乐视的交易中，将酷派集团一分为三，而且有两部分与互联网公司进行合作，这是酷派公司面对互联网热潮以及运营商捆绑销售策略穷途末路后的自救行为。通过与360、乐视合作，可以为公司输入新鲜的互联网血液，让公司更有活力和战斗力。而这也给那些传统手机企业、硬件企业警醒，例如TCL、海尔、海信等，这些公司可能都需要与互联网公司合作，才能在未来的战争中生存下来，否则都将面临死亡。

蒋超之所以这么做，是因为对奇酷手机的未来存在担忧，所以要把鸡蛋放到两个篮子里。乐视与奇酷手机是直接竞争对手，这让周鸿祎十分恼火，有种被欺骗的感觉。于是，360发起了对酷派不守信用，"一女嫁二夫"的舆论声讨，甚至向酷派索赔15亿美元。

360还在加紧奇酷团队中酷派、360员工之间的磨合，并专心研发手机的时候，酷派却发布了一条如此不利于稳定军心的卖股新闻，这给奇酷公司的稳定、新品研发、未来营销都带来了负面影响。

最后，酷派在强大的舆论压力和事实面前选择和解，酷派集团持有的奇酷科技股份由50.5%降至25%，而360公司所持奇酷科技股份增加到75%，酷派还在供应链对奇酷进行支持。奇酷有300多人的团队都来自酷派的供应链和生产线，他们将帮助奇酷成为拥有独立硬件设计、生产能力和供应链的手机厂商。

通过与酷派的大战，周鸿祎不仅以极低的成本拿到了奇酷公司另外25%的股份，还提高了从酷派划过来的那300多人的凝聚力与归属感，同时还实现了网络上的持续品牌曝光。

在通过酷派的供应链和人才完善奇酷公司基础能力的同时，奇酷将拿到的酷派大神品牌，用到2000元以下的手机上，而奇酷主打2000元以上的产品。这也是在2015年“双11”网购节之后，360做出的一个战略改变，那就是奇酷主打品牌，大神主打性价比。让大神与小米旗下的红米去战斗，而奇酷主打高端用户，获取利润和口碑。

在手机市场同质化竞争之下，品牌是最好的武器。小米因一直主打性价比，导致小米推出的Note这类高端产品销量极差，让小米整体沦为低价的代名词。而华为通过荣耀与华为进行区隔、魅族通过魅蓝和魅族进行区隔、360通过大神和奇酷进行区隔，实现了品牌定位。

在最新的“双11“中，有人将此前中国手机市场的知名品牌“中华酷联”的名字，改为“花旗小妹”，“花”是华为，“旗”是奇酷，“小”是小米，“妹”是魅族。通过这个新名字来看，互联网企业已经成为手机市场的主导者。

2015年11月17日，为迎接奇酷乔迁新址，周鸿祎在现场接受记者采访时表示："目前同质化严重，如果在产品上没有创新，没有自己独到的颠覆性东西，短期内速胜，是不现实的。"

"奇酷是手机市场上的晚入者，短期内别人都是几千万、上亿的量，想要在短期内在量上实现超越并那不现实，如果1亿部手机都没有口碑，用户抱怨很多，搞'大跃进'也毫无意义。而我哪怕卖500万部，只是你的5%，但是这5%都是口碑用户，大家口口相传，把未来口碑做起来，那么就有很好的预期。"

手机市场的"持久战"已经拉开序幕，奇酷作为新军参与战斗，周鸿祎不再浮躁，准备做出创新，积累品牌和口碑。

## 360的挑战

2015年，手机市场增长放缓，已经没有2011年小米发布手机时候的巨大风口和用户红利。同时，市场上的品牌纷纷采取价格战的方式进行恶性竞争，这对于新进入的手机企业来说极为不利。

2015年11月的一次媒体访谈中，周鸿祎说："手机市场是血海市场，现在这个市场里的玩家，不是说你有多少钱，而是第一年，你敢赔多少亿才能玩儿。"

小米作为一家诞生于新时代的企业，借助互联网与传统产业融合的"东风"，并不需要考虑转型，而其他传统手机企业都需要在这个时代转折点上做决策，做转型，因此小米的业绩很自然地会迅速攀升，这是"转折点"上新企业与旧企业必然经历的过程。

后来华为、中兴、联想等手机企业似乎都学会了互联网营销、互联网销售、互联网粉丝战略，这导致小米的“模式”不再具有独占优势。而相反，手机企业的研发实力、供应链管理、售后服务以及品牌定位和管理的能力，则决定了产品的创新以及品牌的维护。小米作为一个新公司在这些基础的能力上反而是欠缺的，这也导致小米开始被华为超越，显露出疲态。

360推出奇酷手机后，主打“安全”定位，与360其他智能硬件的定位一脉相承。这个定位具有独特性，然而在消费者中的感知却并不如“发烧友”手机那样强烈。所以奇酷手机依靠“安全”的定位很难获得“发烧友”手机所具有的号召力。

同时，自2011年至今已经过去了4年多，互联网营销模式不再是谁独占的资源，而是一种类似水和电一样的通用能力。在“转折点”的风口上，那些最先借风起飞的公司总是抢去了绝大部分“风”的能量。而2015年已经不再有什么“转折点”的风口，所以奇酷手机也难以找到快速起飞的能量。

如果从微观经济学上看当前的手机市场，特别是Android手机市场，应该可以算作接近了“完全竞争”的市场模型。在这个市场上，有众多卖者和大量的买者，生产的商品是近乎同质化的，卖者已经很难利用信息不对称来隐瞒商品信息。

商品都采用相同厂家的系统、芯片、存储器、屏幕，甚至由相同的工厂完成代工，这意味着只要有企业提高商品价格，消费者就会选择对手的产品，于是市场上一直在进行惨烈的价格战。由于互联网的普及，一些手机企业甚至公布了生产BOM成本，导致企业与消费者之间不再信息不对称，近乎透明的竞争让企业之间几乎是赤膊对抗。

在这样的市场上惨烈的价格战是必然的，在千元以下的手机市场上，价格战此起彼伏，许多手机企业都在以低于成本的价格销售手机，以亏损来抢夺市场份额。但是最终市场都会达到阶段性的均衡，实现均衡价格与均衡产量。

记得2004年时，当时国产手机已经占据了中国手机市场的60%以上，市场需求非常强劲，同时价格战也十分惨烈。波导、海尔、TCL、金立、创维、天宇朗通等许许多多的手机企业疯狂地提高产能，但是却失去了对手机品质的把控，以及研发能力的提升。导致的结果是手机卖出去后，频频出现质量问题，带来严重的售后服务成本，同时大大地损害了手机品牌。

加之企业并未在核心技术方面做任何的积累，于是对于外资品牌的反攻，以及对后续到来的智能手机时代，都没有任何反应的能力，大量手机企业纷纷倒下。现在产品同质化竞争的手机市场，就如同2004年到2007年的国产手机市场一样，属于混战的阶段。在这一阶段，追求销量并不是唯一目标，更重要的是要耐得住寂寞，做好产品品质的打磨，做好口碑和品牌，为后续的发展积蓄能量，因为这个市场最终还是“剩者为王”。

另外，在低端市场，从来没有常胜将军。从波导、科健、海尔、TCL、金立、天宇等许多早期在低端市场拼杀的企业来看，它们在低端市场无法创立品牌，更无法持续地守住这一市场。因为低端市场的用户，对品牌的感知微弱，对品质要求不高，对品牌更无忠诚度，他们只对价格敏感。

而在这个过程中，竞争失败的企业都会死掉，剩下几家手机企业参与竞争，趋于寡头垄断的市场形态。因此，手机企业必须要成为最后竞争胜利的寡头之一，否则都没有生存的希望。

作为手机市场的后来者，奇酷手机目前最重要的工作就是完善竞争必备的基础条件，这不仅包括互联网营销、互联网销售、粉丝经营，还包括手机的创新、手机的品质、手机的品牌。2015年的“双11”网购节上，奇酷手机作为新军，取得了不错的成绩。但是周鸿祎并没有因此放出抢夺更多份额的豪言，反而是非常低调地表示：“360最重要的是要树立一个品牌，一个口碑，积累了品牌和口碑之后，再发力就容易突破。”

一向语不惊人死不休的周鸿祎这次却如此低调地对“双11”大战的成绩予以评价，这让很多人都感到意外，但也让人感受到周鸿祎的沉稳和坚持。因为完全竞争市场中，疯狂的价格战之下，没有企业可以获得利润，过分扩张并非好事。

## 案例点评

### 由360酷派打仗看手机行业多事之秋

360与酷派从联姻到大闹，舆论滔天。双方各执一词，360称酷派违反合约，不守信用，让乐视入股，所以索赔15亿美元；酷派公告称，360作为小股东没权利要求15亿美元的赔偿，并怀疑360想高位套现；从客观角度看，酷派引入乐视抄了360老底，确实存在道德瑕疵。

而对于360与酷派的撕扯，各大媒体、自媒体纷纷上阵，似乎都很懂两家公司所发生的事情。有些自媒体人还长篇大论，头头是道，就好像他就是周老板或者郭老板一样。其实，双方的纠葛，外人是难以知道的，只能从双方的公告中寻得信息，然后拼凑出来。

我想这样千篇一律的评论是对360和酷派双方都不负责任的，也是对广大读者不负责任的。360与酷派要解决这个纠纷，最好的办法是通过法律手段，在公堂之上解决，舆论没法解决任何问题，舆论也没有任何真相。

所以在此不想评论双方的任何是非，只是透过这则事件，我们可以窥视到手机行业目前存在的紧迫问题：

问题一：若奇酷公司诞生在2012年。如果360与酷派在2012年成立合资公司，我想双方绝对不会闹如此大的分歧。因为诞生于2011年的小米公司，利用互联网营销手段，迅速抢占了传统手机的市场。

顺势而为，2012年是中国智能手机市场爆发的起点，庞大的市场需求，非常少的有力竞争对手，全新的互联网营销概念，对于善于做互联网的360来说，如果配合出色的产品，一定可以迅速抢占市场。360特供机在2012年败北的主要原因，是老周当时的玩票心态，使他并未如此认真地做一款手机。

奇酷若诞生于2012年，若老周如今日这样认真地做一款手机，其业绩绝不可与现在同日而语，这必然让酷派不会选择与乐视联姻，也必然会集全力支持奇酷这家合资公司的发展。但是这一切都是假设，4年后的今天，任何手机企业都难以笑傲江湖了。

这就如同夫妻，如果家里财务紧张，必然矛盾不断，如果衣食住行不愁，则定可心情大好，相安无事，经济是基础，决定着意识形态。

问题二：悲惨的数字和残酷的竞争。据Gartner数据，2015年第二季度，中国手机销量下滑4%，这也是有史以来第一次出现销量下滑。各类分析一致认为，2011—2014年是中国手机销售的黄金4年，当前中国智能手机市场已经趋于饱和。

市场饱和了，竞争对手却越来越多，竞争越来越惨烈。新诞生的手机品牌借助互联网渠道和营销方式纷纷面市，乐视、锤子、奇酷、一加、iuni、PPTV、格力……

即使不懂经济规律的人也可以清晰地感觉到，一个销量下滑的市场却来了越来越多的企业，显然僧多粥少，难以维系。当然很多手机企业都抱着不同的目的，有些是为了宣传自己的手机零利润增值服务收费赢利模式，以拉升股价获利，有的是为了卖空调，有的是为了搞所谓的生态……

总之，真正想卖手机赚钱的企业不太多，这是中国特色，是一种畸形的市场。所以在这样的市场中竞争，已经没什么差异化优势可言。烂大街的新媒体营销，消费者也都过了新鲜劲，唯有价格和品质能打动人。于是整个市场充斥着价格战的火药味，而经济学告诉我们在完全竞争市场模型中，没有企业可以赢利。

问题三：最忽悠人的互联网手机模式已失败。笔者曾专门撰文《互联网思维造手机与皇帝的新装》，谈0元卖手机靠增值服务收益是天大的谎言，而此观点也得到了周鸿祎的认可。他曾经提出过0元卖手机计划，但我们看到奇酷手机定价最低1199元，而且并未追求低配低价，而是选择中高端市场寻求突破。

而叫嚣0元卖手机的小米，前几日也因红米Note大规模使用国产屏幕，却宣传使用三星等屏幕而遭遇用户退货和投诉。因此，手机这种实实在在的商品，每卖出一部就会产生一个成本，而无法实现边际成本的快速递减。

而目前大量的手机新军却仍将“0元卖手机或0利润卖手机”奉为法宝，以此来“忽悠”消费者和投资人，我想当市场趋于饱和，大浪退去后，裸泳者自然露出其面目。

基于以上三点，手机市场不再是撒了种子就可收获的好市场，互联网手机梦破灭，需求继续疲软，任何生存于这一市场的企业都被压得透不过气来。在这样的形势之下，无论老牌还是新的手机企业都面临严重亏损，联想的财报，大家也看到了，受手机业务拖累，亏损严重。

小米的销量增长率也在放缓，2015年手机出货量仅为7000万部。另外，无法获得有效赢利，无法完成从卖硬件向卖服务转型，意味着其上市时间也将大幅推迟。也有些公司将自己的业务打散，与互联网公司寻求合作，希望培育出新的生命体，这都让人感觉到这个行业的惨烈。

手机行业的多事之秋，对手之间不断地爆发口水仗，已经成为常态，所以360与酷派之间的婚姻也难以太平。

## 产业观察

### 手机新四秀“花旗小妹”的逆天与日韩的衰败

很多读者认为当前国产手机的低价打破了三星等外资品牌维持的高价，让更多人以更低的成本使用上智能手机，这是中国手机企业的共同成就。

而翻开天猫2015年“双11”“双12”手机销售风云榜，可以看到除了苹果之外，前五名全是国产品牌，而且还都是与互联网紧密结合的互联网品牌，有人将它们总结为“花旗小妹”：华为、360奇酷、小米、魅族。

在“双12”销售排行榜中，1000元以下的手机售量中红米Note3第一、360奇酷手机青春版第二、红米2A增强版第三、魅蓝2第四、魅蓝Note2第五。

“花旗小妹”这四大品牌缘何可以位居销量排行榜前五名？这代表了一

种怎样的趋势？

我认为这四大品牌之所以能在激烈竞争的手机红海中杀出重围，主要得益于它们的“互联网+”。小米首创了这种互联网营销、互联网销售模式，华为紧接着跟进，这两大品牌也迅速在竞争中胜出，验证了“互联网+”的神奇力量。

接着魅族的创始人黄章出山，接受阿里巴巴的融资，并利用其在论坛时代积累的营销经验，迅速在互联网上产生巨大反响。而360奇酷手机，作为一名市场后来者，因360公司本身就是互联网公司，拥有丰富的互联网营销、销售经验，还有丰沛的网络流量，所以品牌知名度也迅速崛起。

更何况其创始人周鸿祎走到哪里就用360奇酷手机拍到哪里，并在其微博、微信朋友圈不断地分享。跟随习总书记去美国访问，与苹果的蒂姆·库克玩自拍，都有国内各大媒体报道；2015年在乌镇举办的世界互联网大会上，又与马化腾、马云等一众大佬玩自拍，更是全平台传播。更厉害的是，小米雷军回眸看了打盹的周鸿祎一眼后，更让周鸿祎、360奇酷手机登上了所有媒体的头条。

这让我想起了2013年华为手机的余承东与雷军不停地在微博上打嘴仗，几乎让小米、华为天天上头条，也同时推动了这两个手机品牌的快速发展。周鸿祎不放过任何营销360奇酷手机的机会，让这个新品牌仅仅诞生几个月就可以进入网络销售榜前五，由此可见互联网营销的巨大威力。

所以我说这四大品牌之所以能在竞争的红海中突围，主要是因为“互联网+”运用得好。有人可能会举“锤子手机”的反例，罗永浩也十分讲情怀，也玩互联网营销，为何锤子手机没能排上名次？

其实，“锤子手机”的最大问题出在了供应链上，而这则是手机制造的核心竞争力。华为、小米、魅族，都属于“有资历”的手机企业，供应链上的实力是多年打造的，互联网营销只是让其锦上添花。“锤子手机”依靠老罗的个人情怀和相对较少的投资，还主打小众市场，销量相对较差，导致其供应链能力一直难以提升。锤子T1的跳票很多人仍然历历在目，现在锤子T2又被爆因供应链出问题可能跳票。

周鸿祎做360奇酷手机的时候已经明白这一点，所以选择与酷派合资，利用酷派现成的供应链资源、生产工厂，这可以说是迅速补齐了与小米、华为、魅族在制造上的差距。有了互联网的营销武器，360奇酷很容易突围出来。

与这四家公司迅速突围相对应的是没有互联网营销能力的老牌手机企业三星、HTC、联想、金立等的落后。那么，“花旗小妹”的突围，是否预示着一种新的制造业趋势？这个趋势到底是什么？

其实，除了三星手机、HTC等的衰落，日本制造业领袖索尼、东芝等在消费电子市场上的衰败也值得放在一起讨论。索尼2015年第二季度，Xperia智能手机和平板电脑营业亏损206亿日元（约合1.72亿美元），营收为2792亿日元（约合23.3亿美元），智能设备出货量才百万部。而日本东芝2015财年亏损5500亿日元。

一向以精工制造为核心竞争力的日本索尼、东芝为何在手机、电视市场都开始失败？是因它们的硬件制造水平不够出色么？显然不是。

根源在于中国代工业的发达，让平均制造水平和能力大幅提升，降低了中国制造商品与日本商品之间的差距。另外，中国企业正在利用互联网技术让智能产品的软硬搭配更完美，而日本企业还停留在硬件工业时代。

无论是小米，还是360奇酷、魅族、华为，都有自己基于Android的优化系统，特别是小米、360奇酷，这两家从互联网走来的公司，更是擅长在软件的体验方面做文章。当硬件设备不再只是一种艺术品和摆设，而是一种全面的体验时，擅长做软件的中国企业开始显露优势。

第三方面，中国企业利用互联网营销、销售，改变了商品的流通方式和成本结构。无论是三星、HTC、索尼、东芝，都未进行营销和渠道变革，从商品生产出来，到销售到消费者手中所经历的环节过多，每个环节都意味着效率降低、成本提升。

而中国的手机企业直接将产品卖给用户，割掉了中间渠道，意味着更高效率，更低成本。所以在产品的最终价格方面具有很强的竞争力。

最后，总结一下这种新的制造业趋势。代工制造、软硬结合、追求体验、互联网营销、线上渠道直销，这是制造业新趋势的几个关键词。我们发现，对于许多老牌制造企业来说，它们几乎都难以适应这种趋势，也难以完成转型。

而互联网公司完全可以有能力通过资本的手段进行投资、并购获取硬件的技术，然后进入手机、电视、智能设备等几乎所有领域，而这会开启一个制造业的崭新未来，也是一个巨大的市场机遇。目前，整个制造业还处在一个转折的临界点上，再过两年或许能看到更多互联网公司进入制造业的身影。

第五章

# 滴滴快的：资本的盛宴

2008年的一个雪夜，在巴黎的街头，特拉维斯·卡兰尼克（Travis Kalanick）和他的朋友加里特·坎普（Garrett Camp）要去参加一场会议，那是欧洲一年一度的LeWeb科技大会。当时，卡兰尼克刚刚卖掉了自己的第二家创业公司Red Swoosh，作价2000万美元，坎普也于前一年以7500万美元卖掉了他的网络内容发现引擎StumbleUpon。

在那个晚上，他们迟迟打不到车，这次遭遇让他们暗下决心，一定要发明一款软件：在手机上按下按钮，车就来了。

但回到旧金山后，卡兰尼克几乎忘掉了那个创意。而坎普却始终没有释怀，他着迷于租车服务而无法自拔，甚至干脆买下了UberCab.com这个域名。

这就是打车软件鼻祖Uber诞生的故事。二人在2010年的夏天推出了这款名为UberCab的软件，实现了任何人只要按下按钮就可以打车的愿望。

2012年，大洋彼岸的中国，一大批企业在学习模仿Uber。当年3月，摇摇招车上线；8月，快的打车上线；9月，嘀嘀打车上线；2013年4月，大黄蜂打车和小秘上线……

移动互联网时代开启，除了人与人之间随时随地社交沟通被建立外，人与服务之间的连接也必然被建立。在2012年到2013年上半年的时间里，中国打车软件迎来全盛时期，总共有30多种打车软件，它们或多或少地占据了市场，但也同时存在同质化竞争、创新不足等问题。

2013年，资本巨头的进入，将打车软件原本的自然生长状态打破了，当年4月阿里资本宣布投资快的打车；几乎同时腾讯投资滴滴打车，并于2014年1月跟投，5月，嘀嘀打车更名为“滴滴打车”。然后，滴滴打车和快的打车在两大巨头的资本力量下，开始了旷日持久的补贴大战。

2014年2月，Uber进入中国，12月，百度投资Uber。

在资本的盛宴之下，大多数打车软件日渐式微，最后销声匿迹，市场步入滴滴与快的的双雄争霸时代。

补贴战火一度燃烧了7个月，面临两败俱伤的压力以及为了更大的利益考量，2015年的情人节，滴滴与快的宣布实现战略合并，滴滴打车CEO程维及快的打车CEO吕传伟同时担任联合CEO。滴滴从单一的出租车软件，成为了涵盖出租车、专车、快车、顺风车、代驾以及巴士在内的一站式出行平台。

滴滴与快的推出的“专车”业务曾经引发了整个中国出租车行业的大地震。为此，全国各地市交通管理部门纷纷研究出租车行业发展方案，而国家交通运输部也不得不出台有关规定，并公开征求意见。截至2016年3月，关于专车管理、出租车改革“解锁”但最新方案仍未出台。

对于专车，有两种观点。一种认为“专车”是共享经济的产物，属于未来，应该鼓励；另一种则认为“专车”是个别企业借助互联网技术和资本优势，恶意垄断、抢占传统出租车市场。

这种争论一直未曾停止过，而专车与出租车之争也可以看作互联网与传统经济融合时代的典型案例，政府需要全面评估这种新经济可能带来的影响，做正确的决策，为其他被互联网冲击的行业做出榜样。

## 资本力量的助推

2003年，陈伟星考入浙江大学建筑工程学院，主修土木工程专业。那时，他是大学的风云人物，创办浙大《科创》杂志，担任学生科学技术协会主席，“黑”过校园网，还尝试开发过一款校园社交工具。

2006年8月，正读大三的陈伟星和同学东拼西凑了17万元创业，成立了杭州泛城科技有限公司（FUNCITY INC.），专注于网页游戏和移动互联网应用的开发及运营。虽然新项目并没有获得成功，但陈伟星品尝到了创业的刺激感。

两年后，陈伟星带领泛城做出了一款2.5D效果的大型网页游戏，取名叫魔力学堂，获得了玩家们的热捧，让公司赚了两三亿元，一度成为业界神话，引来了巨人网络史玉柱、360周鸿祎的关注。

有了魔力学堂的成功，2012年6月15日，陈伟星在一片质疑声中，投资300万元孵化推出了一个新的App项目——快的打车。

同样在杭州，同是2012年，9月9日，来自江西省上饶市铅山县的程维，紧随陈伟星之后推出了他的第一个创业产品——嘀嘀打车（滴滴打车前身）。

与陈伟星不同，程维的经历颇为坎坷。因高考失误并未考取自己理想的大学和专业，毕业后有过两年北漂生活，卖过保险，做过销售，甚至在足疗店打过工。但程维一直坚信，互联网行业一定大有前途。

2005年，程维从北京到杭州，并顺利应聘进入阿里巴巴旗下的一家B2B公司，主要负责一款“出口通”产品的销售，随后成为阿里巴巴当时最年轻的区域经理。他还曾到阿里旗下的支付宝公司就职，专门负责团购、电商业务，任支付宝B2C事业部副总经理。

在那里，程维感受到了创业的魅力，经过一番试验后，程维将目光瞄向打车软件。

2012年的打车市场上，除了滴滴、快的外，还有大量类似的创业公司。然而只有这两家公司在竞争中迅速胜出了，这主要得益于资本的推动力。快的打车创办不足1年，就于2013年4月获得了阿里巴巴、经纬创投1千万美元的A轮融资。

而滴滴打车仅仅创立6个月就获得了金沙江创投300万美元的A轮融资，并很快获得了腾讯1500万美元的B轮融资。为何他们能够如此轻松地获得阿里巴巴、经纬创投、金沙江、腾讯的投资呢?

陈伟星本来就在做网络游戏公司，有许多机会与专注TMT（Technology，Media，Telecom，指科技、媒体、通信等数字新媒体产业）创投的风投接触，而且在杭州，所以就可以轻松找到经纬创投。加之，阿里巴巴当时正在推广手机支付宝，对于打车这个庞大而使用频繁的市场来说，正是推广手机支付宝的最佳场景。

程维来自阿里巴巴，也属于“业内人士”，很容易通过其八年的人脉积累找到风险投资。金沙江投资专注TMT，在饿了么等许多企业的融资过程中都有这家风投公司的身影，饿了么是人与餐饮服务的连接，而滴滴则是人与打车服务的连接，“吃饭和出行”是两块最庞大的市场。

当腾讯发现阿里巴巴投资的快的打车已经风生水起，手机支付宝在这种频繁支付场景中的应用让它们看到了机会，于是，腾讯比阿里巴巴多投了500万美元给快的打车的竞争对手滴滴。

在给了滴滴打车1500万美元之后的2013年8月，腾讯推出了“微信支付”，并顺势成为滴滴打车的专用支付工具。作为一款新的支付工具，微信支付比支付宝更迫切地需要推广，而打车这种高频交易场景无疑是最佳推广手段。

在资本的推动下，2013年6月快的打车就完成了30个城市的开通工作；2013年10月，滴滴打车则宣告其市场份额超过59%。打车软件基本没有什么技术含量，创业公司之间的比拼就是看谁可以更快地抢占出租司机资源，更快地完成城市的覆盖。

滴滴、快的都获得巨额的首轮融资，同时出身于阿里巴巴销售岗位的程维创立的滴滴，以及阿里巴巴投资的快的，在市场的推广上比其他对手也更有经验。当滴滴、快的以迅雷不及掩耳之势完成抢滩登陆后，其他打车软件纷纷败下阵来，没有任何机会。显然，打车软件的第一场战役，不是技术战，而是一场资本的大战，这与饿了么、美团外卖等订餐网站的战争是完全相同的。

## 旷日持久的补贴大战

在获得腾讯、阿里巴巴的融资后，滴滴、快的就变身为腾讯、阿里巴巴拼抢手机支付市场的“马前卒”。为了这场恶战，腾讯、阿里巴巴不惜接连投入巨资，发起补贴大战。

2013年8月，快的打车接入支付宝，成为全国唯一一家可以通过支付宝在线支付全部打车费用的打车App；

2014年1月，滴滴与微信达成战略合作，开启微信支付打车费“补贴”营销活动；

2014年1月10日，滴滴联合微信支付，推出使用微信支付为滴滴打车定单付款的司机和乘客，将各得到每单10元的返现，此外，每天还将随机产生1万个免单名额。推出仅一周，滴滴打车的补贴金额已超过2000万元人民币。

2014年1月21日，快的与支付宝跟进补贴战役，宣布再拿出5亿元补贴司机和乘客。

“烧钱”补贴大战让司机们尝到了“甜头”，乘客们则更是享受着免费打车的全民狂欢，这与网络订餐市场上的“霸王餐”大战是何等相似。

2014年2月17日，支付宝和快的打车宣布，将升级补贴方案。快的方面同时表示，其打车奖励金额永远会比同行（滴滴打车）高出1元钱。在补贴大战疯狂进行的同时，2014年1月，滴滴完成C轮1亿美元融资，其中中信产业基金6000万美元、腾讯集团3000万美元、其他机构1000万美元。

除了补贴大战外，腾讯与阿里巴巴之间还展开了相互封杀。2014年2月，淘宝屏蔽了微信支付链接、支付宝禁止在微信公众号商家的店铺中使用。而腾讯也对阿里巴巴的封杀予以还击，在微信上以“恶意营销”为名禁止了快的打车推出的“打车券”，让“快的打车”难以在中国用户最多、最活跃的平台上进行营销。而“滴滴打车”不仅入驻了微信平台，还独享在微信上发放“打车券”的权利。因此，有网友评论：“只准州官放火，不准百姓点灯。”

打车软件市场的竞争，让司机、乘客似乎都得了便宜，但其实最赚的还要属腾讯、阿里巴巴，因为它们在这种“烧钱”战役中获得了微信支付的开通、手机支付宝的大规模下载和使用，培养了用户的手机支付习惯。

数据显示，2013年8月推出的微信支付，仅用不到3个月就获得1000万用户，不到1年就达到1亿用户，紧逼手机支付宝的用户数。“烧钱”补贴大战的效果如此显著，似乎腾讯所获利益远高于阿里巴巴。

“烧钱”继续进行，融资则更大手笔。2014年12月，滴滴打车完成D轮7亿美元融资，由国际知名投资机构淡马锡、国际投资集团DST、腾讯主导投资；紧接着，2015年1月15日，快的打车宣布完成新一轮总额6亿美元的融资，由软银集团领投，阿里巴巴集团以及老虎环球基金也参与了此次投资。

自2014年1月到2014年8月，“烧钱”补贴大战打了7个多月后，出租车市场的“烧钱”大战接近尾声，当用户手机打车、手机支付这一习惯形成，腾讯和阿里推出了与出租车几乎相同的“专车”。

于是，到了2014年8月，对出租车市场的补贴基本暂停，大量的补贴开始投向“专车”市场。在出租车市场上，滴滴、快的的“烧钱”大战最终没有决出胜负，因为只要哪方采取高补贴，用户、司机就会转向这一方。

在专车市场上，进行了一段时间的补贴大战后，双方的投资人都难以忍受高昂的“烧钱”战，于是只好坐下来进行谈判。这在《经济学》中是很常见的解决办法，在寡头竞争的市场上，寡占双方不断降价抢夺用户最终只能两败俱伤，而合作是它们获得利益的唯一方法。

2015年2月14日的“情人节”，滴滴打车与快的打车宣布进行战略合并。新公司实施联席CEO制度，滴滴打车CEO程维及快的打车CEO吕传伟同时担任联合CEO。虽然两家打车公司的投资人腾讯与阿里巴巴是“死敌”，但是毕竟继续“烧钱”战斗下去没有任何结果，只能两败俱伤。所以在其他资本的撮合下，马云、马化腾都选择了退让，纷纷祝福滴滴与快的联姻。

这也充分地证明了“没有永远的敌人，只有永远的利益”，与此相似的还有58同城与赶集网厮杀多年，最终还是在资本的撮合下为了共同利益而选择合并；大众点评与美团网厮杀数年后，也因资本的撮合而合并。

## 涉足出租车市场

当用户使用手机打车软件叫出租车成为习惯之后，几乎所有的出租车司机都安装了滴滴或者快的（两者合并后只剩下滴滴了）。全国大概有260万出租车司机，数亿打车用户，用户每天的打车频次也十分惊人。

通过打车软件，出租车司机与用户之间建立了连接，用户发起订单后，周边的司机可以获得通知，然后抢下订单。这样通过互联网技术确实减少了司机巡游的时间，降低了空载率。即使这个时候不再对乘客、司机进行补贴，他们仍然会继续使用，因为乘客打车的习惯被从路边招手打车改为了轻松的手机叫车。

2015年时，年轻的打车用户中已经有60%以上使用手机叫车，不用打车软件的出租司机收入大幅下降。在路上，能够随时看到许多打着“暂停”牌的司机在奔赴乘客的叫车地点，这也导致路边招手打车变得十分困难，因为出租司机都忙着开车去接订单客人，而不再像以前那样随机地载客和巡游。

直到滴滴、快的推出“专车”服务之前，出租车司机还都对他们的软件赞不绝口，它们还都算得上是“轻公司”。假如不推“专车”服务，滴滴快的合并后就对出租车市场实现了垄断，它们也可以通过向出租司机（出租公司）

收取月费，或依靠数亿用户的安装量来推送广告实现赢利。

它们也确实做了类似的工作，比如与许多汽车品牌合作，通过优惠券冠名的方式获得广告收入，滴滴还曾推出小游戏、积分商城，以希望通过单纯的互联网赢利模式获得收益。

其实，这些赢利模式都是可行的，而且这也意味着滴滴打车不需要拥有庞大的员工队伍，不需要消耗巨大资本即可以快速获得营收。同时，拥有用户之后各类赢利模式都会不断地被发现和挖掘。就如同QQ、百度诞生后，经过深度挖掘而发现了许多除卖广告外的其他赢利模式一样。

腾讯、阿里巴巴两家背后“金主”的手机支付工具也已经全都植入到打车软件中，乘客也习惯用它们来支付。每天都有海量的资金通过这两个支付工具进行交易，而滴滴与司机之间的结算有一定的周期，通过对这些打车资金的运用，也可以衍生出一些金融业务。

然而，在资本追求更大收益的欲望驱使下，很多公司不愿去挖掘互联网“轻公司”可能的赢利模式，它们想要涉足出租车市场，让私家车安装司机端手机App，开展拉客营运服务，然后从私家车司机获得的收入中提取分成。

由于非营运车辆搞运输服务是违反交通法规的，而自己购置车辆将耗费更多的资金，让公司资产变得十分沉重，而且还要招募司机、管理公司，这要耗费更多的时间、精力。

所以，滴滴开始与全国各地的汽车租赁公司合作，让私家车将自己的车辆挂靠到汽车租赁公司，然后取得营运资格。

为了防止出租司机反应过度，滴滴、快的都推出了“商务专车”，利用奥迪、奔驰等高级轿车作为营运车辆，价格高于出租车许多。对此，出租车司机、出租公司并未感觉到巨大的威胁，因为毕竟愿意花上普通出租车单价2倍以上价格打车的乘客还是少数。

不过，在滴滴与快的合并1个月后，即2015年3月，就有新闻称，滴滴在北京招募出租车司机，并将投放6万辆车，开发“低端专车”业务。新闻一出，出租车司机立即炸开锅。虽然滴滴进行了否认，但是他们却已经悄悄地开展了业务。

没过多久，全国范围内都出现了“低端专车”，许多私家车主加入了低端专车队伍。而且滴滴还不断地赠送打车券，通过分享至微信抢打车券的方式，让更多的乘客使用这种“低端专车”。在价格低于普通出租车，而车辆的车况、卫生条件、服务都优于传统出租车的情况下，大量用户使用滴滴低端专车。

这里不得不提百度与Uber的合作。虽然Uber在2014年7月就已经进入了中国市场，但是并未参与补贴大战。2014年12月，百度耗资6亿美元入股Uber，这与滴滴、快的最后一轮融资金额相当。同时，Uber更名为“人民优步”，参与到与滴滴打车抢夺专车市场的阵营中来。

Uber在百度地图、百度搜索的流量帮助下，迅速获得大量乘客。同时，Uber的“烧钱”补贴金额也远大于滴滴，本来滴滴已经稳坐市场第一的位置，现在“Uber＋百度”又来竞争，这让“烧钱”补贴大战开始硝烟弥漫。

许多城市无业人员、辞职的出租司机开始购置车辆，加入专车大军。通过滴滴、Uber的补贴，他们每月收入上万元，甚至更多。一辆二手车才几万元，2~3个月就可以赚回成本，这刺激了许多无业人员加入专车司机队伍。由于专车数量的不断增加，“烧钱”补贴乘客力度越来越大，而出租车市场已经没有任何补贴，导致大量乘客放弃乘坐出租车。

成都、沈阳等地出租车司机出现罢工，还有些城市出租车司机联合起来对网络专车在当地的服务点进行围堵和打砸，以抗议当地有关部门对网络专车非法开展业务的监管不力。至此，出租车与滴滴从朋友变成了仇敌。

有些地区的交通运输管理部门将“专车”认定为“黑车”。例如，2014年12月末，上海市交通委表示滴滴专车是黑车，营运不合法；12月25日，滴滴方面就此事作出回应称，滴滴专车是一个移动出行的信息平台，只和依法运营的汽车租赁公司和劳务公司签约，从来不会和私家车签约合作。

总结来看，网络专车之所以迅速抢夺了大量出租车的生意，除了“烧钱”补贴的因素之外，传统出租车的落后也是根源之一。

任何商业都不能脱离其本质而存在，出租车行业的本质在于干净、卫生的乘车条件，安全、可靠、便捷的出行服务，彬彬有礼的司机。然而全国出租车都存在车辆脏乱差、司机服务质量差的问题，甚至还有许多城市存在严重的宰客行为。

显然，传统出租车自身在服务的本质上出现了问题，当有更优秀的出行替代方案出现，自然会被乘客接受。而出租车行业在服务本质上出现问题的根源在于出租车行业长期的垄断牌照经营制度、份子钱等历史包袱，让整个行业缺少改革、创新的动力。其实，垄断业者均是如此，既得利益者都是“装睡”的人。而想要让他们“醒来”，就必须依靠巨大的外力作用。

网络专车无疑是传统出租车市场垄断经营者的“掘墓人”，让出租车行业不得不改革。网络专车与出租车之间的纷争越来越激烈，而作为主管部门的交通运输部也一直希望制定和出台合适的规定，平衡双方的利益。然而由于出租车牌照垄断问题、份子钱等都属于历史包袱，想要扔掉包袱需要莫大的勇

260万出租车司机的就业和许多以此为生的家庭生存以及社

包袱的传统出租车完全没有能力与没有任何包袱的网

于这种新型互联网经济，政策法规的出台总是会落后

激烈，出台政策法规时不我待。

通运输部正式颁布了《关于深化改革进一步推

意见（征求意见稿）》（以下简称《指导意

营服务管理暂行办法（征求意见稿）》。这也

对落后的出租车管理规定进行改进和优化。

租车”的一种。此前，对于网络预约租车没

拿来当作网络预约租车，认为这是一种互联网

意见》中，对“专车”进行了明确的定义，并

车和预约出租汽车。巡游出租汽车喷涂、安装

，可在道路上巡游揽客、站点候客；可通过电

务。预约出租汽车包括网络预约出租汽车和电话

预约出租汽车专用标识，不得巡游揽客，只能通过

有什么特权，仍然是出租车的一种，只是不在街上

巡游揽客而已，这也为后续相关规定的出台埋下了伏笔。

其次，解决牌照有偿使用和份子钱的历史包袱。牌照有偿使用、份子钱等压在出租车司机身上的大山，让他们睁眼就要交钱，所以司机普遍被逼得开车速度快、服务态度差，甚至会挑客、拼客等。

《指导意见》对这些历史包袱明确提出改革方法：

新增出租汽车经营权全部实行无偿使用，并不得变更经营主体。各地不得新出台经营权有偿使用政策。已实行经营权有偿使用的，城市人民政府要考虑市场公平竞争等因素，制定科学合理的过渡方案，逐步取消有偿使用费。

公司化经营的企业，经营权与车辆产权应“两权合一”，不得向驾驶员转嫁投资和经营风险。在出租汽车经营权有效期限内，需要变更经营主体的，依照法律法规规定的条件和程序办理变更手续，不得炒卖和擅自转让。

此外，各类出租车的价格仍然由政府主导制定。《指导意见》规定：合理确定出租汽车承包费标准或定额任务（俗称“份子钱”），并根据经营成本、运价变化等因素实行动态调整，通过多种渠道公开承包费或定额任务的项目组成、测算方法。

再次，规定了车辆性质。要求必须登记性质为“出租客运”。必须有营运年限、车辆的专用标识，符合条件的车辆才能够发放《道路运输证》。通俗的解释是，普通私家车如果想要做网络预约出租车必须更改营运性质，并设置具体报废年限。

对于当前家庭轿车作为“专车”的现状来说，许多家庭轿车主会放弃申请为出租客运性质，因为这意味着车辆折旧费用太高，对于非专职司机来说，根本赚不回车钱。

而且对于车辆的驾驶员也进行了严格的规定，只有符合以下规定者才能拿到《道路运输从业人员从业资格证》：取得相应准驾车型机动车驾驶证并具有3年以上驾驶经历，最近3个记分周期内没有被记满分记录，无致人死亡的交通事故责任记录，无醉酒后驾驶机动车、追逐竞驶等违法犯罪记录；取得公安部门出具的无危险驾驶违法犯罪记录的证明。因为目前大量专车司机为社会人员，并无任何严格审查机制，带来严重安全隐患，这一规定的出台将有效保护乘客安全。

《指导意见》还要求网络预约出租车平台方必须与司机签订劳动合同。同时，规定“网络预约出租汽车不得同时接入两个或两个以上的网络服务平台提供运营服务”。这意味着目前滴滴快的、Uber这种以社会车辆为主体，司机不固定在某个平台的模式难以为继。必须如同神州专车、AA租车那样采取招募驾驶员，自有车辆的形式进行运营，这对于市场份额最高的滴滴、Uber来说无异于一颗炸弹。

另外还规定网络预约出租车必须提供发票、使用出租车专用打表设备，而且还要24小时不间断提供服务。这些规定与巡游出租车几乎一致。

同时，禁止低于成本价运营，禁止恶性竞争。《网络预约出租汽车经营服务管理暂行办法（征求意见稿）》还对市场价格进行了规定，要求“网络预约出租汽车经营者不得有为了排挤竞争对手或者独占市场，以低于成本的价格运营，扰乱正常市场秩序，损害国家利益或者其他经营者合法权益等不正当价格行为”。

这意味着此前的“补贴模式”成为历史，而滴滴、Uber抢夺用户的主要法宝就是价格战。该规定还强调“网络预约出租汽车经营者在服务所在地不应具有市场支配地位，不得妨碍市场公平竞争，侵害乘客合法权益和社会公共利益”。

国家交通运输部两份征求意见稿目标十分明确，那就是解决出租车行业的历史包袱，规范网络预约出租车发展，从而让巡游出租车、网络预约出租车公平竞争。而对于网络预约出租车来说，等同于巡游出租车，并没有对其设置任何特权。所以外界担忧这一政策如果正式实施，意味着滴滴、Uber这两家公司将遭遇重创。同时，也担忧政策是否会影响到城市运力和市场活力。

政策到底如何出台确实是个大难题，这也考验监管部门的智慧。因为这是新经济在“出行”这个最接近民生的领域冲击传统产业的重要事件，政府的处理方法会给其他行业类似事件的管理起到指导作用。因此正式规定的出台并非一蹴而就，需要认真地听取民众意见，并不断论证。目前，正式规定仍在研讨中。

但是没有规矩不成方圆，出租车作为城市交通的重要组成部分，在全世界都在政府的监管之下。网络预约出租车的发展本质上是互联网技术带来的创新，而并非是诞生了一种新的业态。国家颁布的文件也明确了互联网作为先进工具的事实，但是不承认用互联网对传统出租车行业进行完全的颠覆。

## 互联网要不要有边界？

网络专车是互联网从单纯的工具，从帮助传统产业转型、升级，转而替代传统产业的典型案例。这似乎也是当前许多行业都在发生的事情，特别是没有多少技术门槛、无强势品牌的第三产业，比如美甲、按摩、家政、餐饮、洗车、洗衣等，许多互联网企业以打造线上线下闭环为目标建立起人与服务的连接，同时直接开设服务公司、招募员工大张旗鼓地进入这些领域，并利用资本的力量，走“烧钱”补贴的路子培养用户习惯。

这里我们不得不思考互联网公司是否需要有边界？在互联网与传统经济并没有发生联系的时代，互联网公司只是在线上开展业务，而互联网本身就是无边界的。加之互联网公司提供的多是免费的产品，因此它们的赢利模式基本上都是利用更好的免费产品吸引用户使用后，再进行流量贩卖、增值服务等赢利。

而由于产品完全免费，因此互联网企业的比拼难以通过价格战来实现，在无边界的互联网上，也难以通过地理位置的优势设置壁垒，它们只能比拼创新能力。例如，十多年以前诞生的QQ、百度等，均是靠真正的技术、创新能力在众多竞争对手中脱颖而出，并最终实现了近乎垄断的市场份额。

但是互联网市场上的垄断一般不会损害消费者利益，因为它们都在提供免费的产品，不会通过市场支配地位而抬高价格，降低服务品质。一旦它们降低服务品质，用户就会流失。

然而当互联网与传统经济结合之后，网络打车、上门美甲、上门按摩、上门洗衣、网络家政等，面对的都是并无强势品牌、进入门槛较低的行业，而互联网公司又拥有强大的资金来补贴消费者和拓展全国市场。这意味着互联网企业进军服务业并不会局限于某一个地区，而是一开始就要在全国范围内开展业务，因为其服务的平台在无边界的互联网上。资本的力量、天然的营销武器也让它们可以迅速在全国范围内提供服务。同时，这些互联网公司还对提供的服务实施了标准化。这些能力都是传统的企业所不具备的，面临这种冲击，它们没有任何抵抗的能力，于是纷纷破产、倒闭。

然而令我们担忧的是，当许多服务业都被互联网公司利用资本的力量完成“跨界”掠夺后，资本最为雄厚的企业必然获得胜利，并实现全国范围内的垄断经营。

但是商业总是要回归本质的。提供服务的企业就必须要将服务做到最优，提供产品的企业就必须要将产品的质量、品质做到最优。人们愿意为优秀的产品、服务支付更高的价格，因为这是一个良性的循环，优秀的企业获取更高的利润可以提供更好的产品与服务，而差的企业则逐渐被淘汰。

然而如果互联网企业总是利用价格战、“烧钱”战的方式在传统经济中发展，这显然是违背商业本质的，因为这属于不正当竞争方式，对于本来优秀的企业来说是不公平的。但是道德的批判难以约束资本的行为，这个时候只有依靠政府的法律法规进行限制，所以在新经济形态即将形成之际，我们的政府必须要慎重地审视许多法律法规，及时地更新调整。

## 案例点评

### 打车软件企业能否创造垄断利润

虽然滴滴与快的完成了合并，并更名“滴滴出行”，但是打车市场的“烧钱”大战还在继续，因为竞争对手Uber已经在中国融资20亿美元，并将中国市场看作全球最重要的市场。

有人估算滴滴、Uber 2015年在中国市场上补贴司机、乘客各“烧钱”30亿美元和15亿美元，具体“烧钱”数字我们无法考证。如此亏钱的买卖为何还有人去做，还有人大手笔地不断投入呢？这就是“互联网黑洞”在起作用。

打车市场是价值万亿的市场，其潜在的经济价值十分巨大。打车软件一头连接司机，一头连接乘客，其本身就是“出租车公司”的角色。但是旧的出租车公司，并没有建立与乘客之间的“连接”，所以它的盈利除了收取份子钱外，没有任何其他想象的空间。

但是打车软件却与亿万乘客建立连接，这个连接的背后就是巨大的网络流量、舆论控制力，自然就带来了资本，而流量、资本、舆论控制力是互联网黑洞的三要素。

互联网创业不讲究眼前的赚钱与否，看的是能否构建一种崭新的商业模式。而一旦成为这个商业模式的主导者，就可以在未来获取比对手更多的超额利润，所以大家愿意为此持续投入。

例如，电商市场上，亚马逊一直在亏损，但是却获得了非常高的估值。因为亚马逊被看做是对传统零售业的颠覆，之所以现在还没完全颠覆，是因为互联网还未发展到那个阶段。

在这个过程中，亚马逊持续地投资建设物流、仓储、信息系统，这些巨大的投资都被看作是构建未来商业模式所必须的投入。与此同时，通过电商可以获得充沛的现金流，这也是为何投资人敢继续购买亚马逊的股票，敢于赌亚马逊的未来的原因。

打车软件市场的亏损也是如此，因为有互联网黑洞的力量，所以投资人愿意赌未来的赢利，而不在乎眼前的亏损。他们希望通过持续的亏损在新的商业模式上获得垄断地位，然后独享这个崭新商业模式的超额利润。

但是我们不能忽视“黑洞”的两面性。对于打车软件企业来说，它们能否在这个崭新商业模式上实现垄断，一方面取决于政府的监管，因为作为民生服务业的一种，出租车市场不能没有监管，而中国政府也在紧急出台相关政策。

另一方面，除了Uber这个对手之外，传统出租车也是很重要的对手。目前，打车软件因无法律法规约束，与传统出租车之间处于不公平竞争的状态：打车软件作为“中介”独享其成，私家车做出租车不需要交纳赋税，不需要各种传统出租的成本。

因此，一旦政府要求互联网预约租车的价格高于普通出租，就意味着市场需求会下降，市场规模会缩小；同时，出租车公司被迫变革后，也会提高服务质量，而且互联网打车工具是通用工具，出租车公司也可以加以利用。

## 产业观察

### 专车不属于共享经济　拼车才是

2015年10月10日下午，交通运输部正式颁布了《关于深化改革进一步推进出租汽车行业健康发展的指导意见（征求意见稿）》和《网络预约出租汽车经营服务管理暂行办法（征求意见稿）》，引发了行业热烈的讨论。对此，有人苦恼有人笑。

滴滴出行、Uber等正在同交通运输部紧急斡旋，希望修改规定中私家车不能做专车、专车报废年限规定、专车价格要高于巡游出租车等几个重要的条款。因为一旦规定实施就意味着这两大专车公司现有业务都不合规。

而意见稿中特别提到："任何企业和个人不得为乘客和未取得合法资质的车辆、驾驶员提供信息对接开展运营服务。不得以私人小客车合乘或拼车名义提供运营服务。

"私人小客车合乘，也称为拼车、顺风车，是不以赢利为目的，在通勤或节假日出行时，由合乘服务提供者事先发布出行计划，出行线路相同的人选择乘坐合乘服务提供者的小客车，并分摊部分出行成本（仅限燃料成本及通行费）或免费互助的出行方式，不适用本办法。"

这对于当前市场上的拼车服务公司无疑是巨大利好，因为意见稿承认了"拼车"的合法性，并对拼车的服务进行了限定，不准以拼车名义做专车运营，让拼车躲开了"专车"的竞争。对此，最大的拼车服务平台嘀嗒拼车表示：嘀嗒拼车一直致力于使用科技手段推进低碳出行，推进共享经济在中国的发展。嘀嗒拼车有两个基本的原则，正符合交通运输部鼓励的不以赢利为目的的汽车共享出行方式。

这两条基本原则是：

（1）预设路线：嘀嗒拼车的车主和用户均为预先设置出行路线，以确保双方是顺路共享搭乘。

（2）不以营利为目的：拼车费用的确认是以拼车过程产生的费用进行分摊为原则。

交通运输部在接受媒体采访时表示，交通运输部原则上鼓励小客车合乘，但是拼车属于新兴事物，发展过程中暴露出运输安全难以控制、私家车以合乘名义非法运营的问题十分突出。需要系统研究后再制定详细的法律法规和管理制度。

## 拼车是真正的共享

其实，在我看来，“拼车”相比“专车”来讲是真正的共享经济。专车是以“共享经济”的名义去做出租车的运营生意，大量的专职专车涌入市场，增加了承运车辆的数量，影响了市场的价格和现有的出租车市场运营机制，所以交通运输部会出台严格的规定予以监管。

而“拼车”是公交、地铁、出租之外的另一种出行方式，车主为顺道载客，没有商业运营的性质，不会影响出租车行业，因此在意见稿中予以鼓励。拼车软件只是在原有的车主与搭车者私下协商基础上通过手机软件、认证机制、保险机制、大数据技术手段、移动支付工具提高了此前线下拼车的效率，形成车主与搭车者之间的约束机制，这与专车有着本质上的区别。

相比专车，拼车才是真正的共享经济。

## 拼车作为共享经济更需法规约束

现在嘀嗒拼车这些公司最迫切要解决的问题是，如何不让拼车发展成专车，不让拼车变成运营车辆，如何证明司机不以营利为目的。我亲自体验了嘀嗒拼车，在注册车主的过程中，需要提交照片、真实姓名、身份证、车辆品牌、车牌号、驾驶证领证日期、到期时间、有效期、发动机号等信息，经过平台审核后才可以成为车主。

通过这项资料验证，可以解决车辆的合法性、安全性以及驾驶员的身份等安全性问题。通过填写家庭地址、上班地址，可以确定行车的日常路线。通过GPS定位，可以跟踪车辆的运行轨迹。

其实通过大数据，观察每辆车的运行轨迹，与其输入的家庭地址、上班地址进行匹配，也可以发现车辆是否在以“拼车”名义做专车，一旦发现可立即停止其使用软件。也可以根据每日搭乘人员是否频繁变更来进行判断。

这些技术手段的运用可以降低审核的程序，及时地发现违规行为。当然具体还需要哪些更加详细的规定来约束，还有待交通运输部、拼车公司共同协商、研究，制定具体的法律法规和管理规定。

以联系旅游人士和家有空房出租的房主的服务型网站Airbnb为例，该共享租房网站已经享誉全世界，它让个人可以从个人手里租房子用来旅游。我的朋友假期去欧洲旅行，全程通过该网站完成在欧洲的住宿，他说体验还是很不错的。但是该网站虽然也对房主、住客信息进行了严格的认证，2011年时仍然遇到了许多麻烦和安全问题。

共享经济的快速发展，源于互联网的普及，轻松地建立了人与人之间的连接，摒弃了“中介”，节约了成本，让利于每个人。但是在其发展的过程中，必须有更加严格的规定才可以保障共享经济的发展，因为贪婪是人的本性。

所以无论是Airbnb，还是拼车服务以及其他的各类共享经济产物，只有在政府参与制定规则后，才可能健康稳定地发展。期待交通运输部对“拼车服务”进行详细的调研、考察，最终制定出适合该行业发展的规章制度，甚至在税收制度、法律法规层面都要出台适合这种属于未来经济发展模式的全新规定，让共享经济真正地服务大众。

第六章

# 饿了么：停不下来的补贴

“吃、穿、住、行”四大最高频消费行业中，民以食为天。通过网上订餐，让商家与用户建立连接，培养用户订餐消费的习惯，获得足够多的用户后，再考虑赢利模式，是所有外卖网站共同的打算。而互联网巨头之所以看中餐饮O2O，是因为这些高频的消费可以让巨头们的手机支付工具植入其中，然后顺势抢夺支付用户。

在网上订餐行业中，饿了么是一家从上海高校走出来的订餐网站，现在已经火遍了大江南北。从2009年4月创业初期的4个人快速增长至2015年11月的12000人，覆盖300个城市，累计用户4000万，加盟餐厅30万家，日交易额超过8000万。

饿了么是餐饮O2O行业的代表企业，这类企业站在了传统商业互联网化的风口上，然后在资本的助力之下疯狂扩张，成了阿里巴巴、腾讯等巨头们都热衷投资的对象。饿了么与美团外卖、百度外卖、淘点点之间也不断地激烈战斗，甚至与美团外卖之间还发生了多起严重的员工械斗，可见市场竞争的激烈程度。

然而无论是饿了么，还是美团外卖，目前都在疯狂地通过补贴用户的方式刺激消费，培养网上订餐的习惯，并不断地扩张配送员队伍，已经不再是“轻公司”。那么，饿了么是如何从一家只有4个人的公司发展到12000人的呢？餐饮O2O的核心竞争力是什么？餐饮O2O的未来又在哪里？

## 从大学中成长

2009年的时候，中国的3G牌照已经发放一年，智能手机开始大规模普及，互联网正在高速增长中。上海交通大学的一间宿舍里，机械与动力工程学院的硕士研究生张旭豪正在酝酿更大的计划——网上订餐。

2008年，他和室友在打游戏中萌生了送外卖服务的想法。最初，他们因打电话叫外卖受阻，将学校附近的餐馆信息搜齐，印成叫“饿了么”的小册子在校园里分发。学生采用电话订餐的形式，由他们送餐。

原本是简单的想法，没想到越走越顺利，恰逢当时互联网技术处于高速发展中，饿了么团队开始研发订餐的网络平台，而后半年时间，他们就开发完成，并用一系列人性化的方式吸引用户。

就这样，一部固定电话和十几个兼职送外卖的小伙伴开始了创业之路。与学校周边的餐馆合作，每单抽取15%的提成，是十分简单明了的赢利模式。

饿了么的成本主要是印发传单、餐馆里张贴的海报以及兼职人员的工资。据说，当时每月基本持平，盈余不多。其实此时张旭豪的订餐模式与传统的餐馆为周边上班族提供订餐名片是一样的，区别只在于餐馆自己负责送餐罢了。

2010年，团购网站兴起，当年3月4日，美团网成立，3月18日，拉手网成立，“百团大战”打得火热。

团购网是互联网与餐饮店铺建立连接的开始，但是当时团购网的束缚在于，它仅限于为餐饮店提供展示、促销服务。而网上订餐则是在完成餐饮店展示、促销功能的同时，还帮助实现了消费，这其实是团购业务的进一步闭环。

由于电话订餐的效率较低，加之难以大规模地拓展业务，张旭豪看中了网上订餐业务。

想到网上订餐业务后，张旭豪与几个联合创始人一起研发了一款为餐馆提供订单管理的信息系统，并休学创业。然后几个小伙伴一起既担任开发人员、业务员，又做起了外卖配送员。这与许多年轻人的创业故事并没有什么区别，都是凭着年轻人的激情、闯劲，不辞辛苦地去做自己喜欢做的事情，去实现自己的梦想。

通过网上订餐系统，饿了么得以更好地展示餐馆的菜品，拥有更高的订单获取效率，更低的推广成本，因此仅仅上线6个月，饿了么就在2009年10月实现了日均订单1000单的成绩。到了2011年，其交易额破2000万元。这个时候风险投资就开始青睐投资饿了么。

2011年的时候，正是“3Q大战”之后，腾讯开始宣布其开放战略，微信诞生，BAT开始大规模地对外投资、并购，这时也是风险投资最旺盛的时代。

张旭豪曾对媒体说，有许多家风险投资商找过他，要求投资入股。2011年，张旭豪同意了金沙江创投数百万美元融资；此后2013年1月，金沙江创投、经纬中国联合投资饿了么B轮融资；2013年11月，饿了么C轮融资由红杉中国领投，金沙江和经纬创投继续跟投，融资额达到2500万美元，饿了么估值接近1亿美元；2014年，大众点评以8000万美元战略投资饿了么D轮融资；2015年1月，饿了么获得3.5亿美元E轮融资，由中信产业基金、腾讯、京东、大众点评等联合投资。

2015年8月28日，饿了么对外宣布，公司完成6.3亿美元新一轮融资。该轮融资由中信产业基金、华联股份领投，华人文化产业基金、歌斐资产等新投资方以及腾讯、京东、红杉资本等原投资方跟投。2015年11月，又有消息称滴滴出行在腾讯等的撮合下对饿了么再次投资，具体金额并未透露。

在疯狂获取投资的同时，饿了么从上海交通大学开始向全国范围辐射，员工也从4个人迅速增长到12000人。饿了么的日交易额也屡创新高，2015年11月的数字为8000万元。

自2011年到2015年的5年间，饿了么共获得了12亿美元，折合人民币73亿元以上的融资，而这些钱都被用在了补贴用户、员工开支上。而且，2015年11月，张旭豪接受采访时表示，O2O市场很大，大家都在通过补贴改变场景和用户习惯，以饿了么目前的行业渗透率而言，还有很大的空间可以拓展，所以补贴还会继续做下去。

同时，张旭豪还表示，物流是一个基础建设，还需要比较大的投入期。不排除未来再度融资的可能性，因为今后物流等各方面的资金需求仍然很大。笔者专门采访了饿了么配送人员，他们的基本工资与快递公司差不多，都在5000元以上，饿了么有一万多人的配送队伍，全国还在不停地开设新的配送点，而且为配送人员免押金提供电动车。只是养活这些配送员，每个月的开支都超过5000万元，一年就要6亿元。

## 靠“烧钱”的补贴大战

与滴滴出行一样，由于市场并无多少技术门槛，因此，竞争对手十分繁多，胜出者就必须依靠“烧钱”补贴用户，直到将竞争对手“烧死”。

餐饮O2O门槛低，只要有钱就能“任性”并不是没有例子可以证明。美团外卖成立于2013年11月，比饿了么晚了整整四年多，而到了2015年2月，仅仅1年多时间，美团外卖就实现了全国250座城市的覆盖，与饿了么的网点数量持平，而达到这一水平，饿了么用了6年。美团外卖之所以可以迅速赶上率先起步的饿了么，就是得益于其巨大的资金投入。

至于饿了么一直对外宣称的具有核心竞争力的餐馆订单管理系统，对于美团这样的对手而言，壁垒并不高。早年，在“百团大战”时，美团就积累了大量的餐馆客户资源，以及丰富的地推经验，同时美团作为一家成熟的互联网公司，在技术研发上没有任何难度。所以美团外卖可以通过资本的力量迅速逼平饿了么。两家最大外卖平台之间抢夺用户的唯一方法就是靠“烧钱”补贴。

双方“烧钱”大战一度十分激烈：当美团外卖推出20元减5元送饮料的优惠后，饿了么立即推出20元减6元送饮料，这种“烧钱”大战此起彼伏从未停止过。

用户面对同质化的订餐工具、同质化的餐饮内容只能通过价格来做选择，用户订餐前往往先看看哪家的优惠力度更大，就从哪家定。

对此，张旭豪曾对媒体说：“市场早期，补贴被论证为是改变用户习惯最有效的方式，一定程度上相当于广告费，滴滴、快的就是成功案例。但是当市场被教育得比较成熟之后，再继续补贴将不再健康，因为此时就会进入零和状态。”

其实，滴滴与快的分别为腾讯、阿里巴巴抢占手机支付市场的排头兵，“烧钱”大战也不断升级。最后两家公司在资本的意志下不得不选择合并。

在饿了么、美团网的背后，实际上也站着腾讯与阿里巴巴。饿了么的多轮融资都有腾讯以及腾讯阵营的京东、大众点评。两家公司背后还都有活跃于互联网风投行业的红杉资本。美团网与大众点评“烧钱”抢夺生活服务平台市场，最后在资本意志下不得不合并，而美团网在早期就有阿里巴巴的投资。

这种错综复杂的投资关系意味着当风险投资人看不到盈利，公司继续融资无望后，投资人会选择放弃支持饿了么与美团网的“烧钱”比拼，很可能双方会出现类似滴滴与快的、58与赶集、大众点评与美团之间的合并。

资本市场的事情不能用儿女情长去评论，因为资本是嗜血的，它们不相信眼泪，只相信盈利。纵使大众点评创始人张涛多年来苦心经营，希望回归商业本质，不盲目扩张，让大众点评稳健发展，但是在2014年获得腾讯投资，共获得8亿美元融资后，仅1年多后就被迫与美团合并，两者合并后占据了生活团购平台市场80%以上份额，实现了垄断。而大众点评创始人张涛仅仅担任联席CEO不到1个月，就选择套现离开了自己亲手创办的公司。

因此，在资本推动下的互联网“烧钱”大战，一旦出现寡头竞争状态就会出现资本意志的合并，这已经是普遍性规律。在美国互联网市场上，彼得·蒂尔创办的网络支付公司Paypal率先发展，接着开启了补贴用户获得市场的策略；而埃隆·马斯克携X.com杀入市场，并采取比Paypal更高的补贴额度，迅速逼平Paypal，最后双方都发现“烧钱”战是一场零和游戏，谁都耗不起，于是两家公司在投资人的推动下选择了合并。

合并之后彼得·蒂尔不得不将公司的大权交给更有话语权的埃隆·马斯克，以悲情的方式离开了自己亲手创办的公司（虽然他后来又重新执掌Paypal）。

“烧钱”战是毫无技术含量的同质化战争，是一场零和游戏。如果无法通过“烧钱”大战烧死强势对手而实现垄断，那么在错综复杂的、嗜血的资本面前，无论创始人拥有怎样的个人梦想、怎样的抱负，都要为资本让路，听从资本的安排。

## 餐饮O2O的本质

无论是饿了么，还是美团外卖，它们的业务模式都非常简单。就如同一家卖各种菜品的淘宝网站，餐馆将自己的菜品上架到订餐网站上，用户下单后餐馆通过信息系统获取订单，然后开始做菜，订餐网的配送员则上门取菜，然后将菜送到消费者的手里。

餐饮O2O与淘宝网的主要区别在于，淘宝只提供交易的平台，不提供配送服务。而订餐网站既有淘宝的购物模式，又如同京东一样有自己的配送队伍。餐饮O2O满足了用户足不出户就可以订餐的需求，赋予了餐馆向不进店消费顾客提供服务的能力。

在没有订餐网站的时候，餐馆也会向来店消费的顾客提供写着订餐电话的订餐卡，为其周边的顾客提供送餐服务。现在订餐网站将这一服务进行了“承包”，向愿意参与的店铺收取订餐的佣金，或者向消费的顾客收取配送的费用，这显然都是合理的。

然而在竞争的促使下，无论是饿了么，还是美团外卖都放弃了向餐馆、顾客收费，还向他们提供补贴。由于补贴的存在，让许多并不需要网上订餐的顾客也选择网上订餐，以享受更廉价的“霸王餐”，这其实掩盖了餐饮O2O市场的真实需求。虽然饿了么外卖在2015年11月已经实现高达每日8000万元的交易额，但是如果放弃补贴，真实的用户需求还能有多少，这仍是个未知数。

2015年12月4日，笔者登录饿了么、美团外卖的官方网站，看到它们仍然在进行补贴，但是补贴额度已经大幅降低。但是对新用户的补贴力度仍较大，同一个餐馆美团外卖首单补贴18元，而饿了么补贴12元。美团外卖商家参与的减单活动是50元减8元，100元减17元，而在饿了么上该商家参与的减单活动是50元减6元，80元减10元。此外，饿了么已经取消了免费配送，送餐价格在3元到10元不等；美团外卖还是免费配送，不向用户收取费用。

仔细观察，那些收运费10元、起送价格高的餐馆订单量都非常少，订单量大的是那些起送价格极低，甚至免运费的餐馆。这也充分说明网上订餐的需求是被补贴大战刺激产生的，一旦补贴停止，需求便会快速下降。

我们来做个假设。如果饿了么、美团外卖都不采取任何补贴餐馆和用户的措施，那么上班族是选择到店里就餐还是在办公室等外卖?

一般上班族中午的用餐费大概在15元到20元之间，此前美团外卖、饿了么大战的时候，推出了20元减6元送饮料，免运费的大优惠，让很多上班族都吃了多次“霸王餐”。20元免掉6元之后，只需要花费14元，还可以免费喝一杯可乐，这对于上班族非常有诱惑力。

随着“烧钱”大战进入尾声，饿了么开始降低补贴额度，并收取运费，提高起送价格。很多餐馆的起送价格都是50元，配送费有的要8元、10元，这意味着上班族们需要两个人一起订餐才能配送，而且每人还要承担5元的配送费用，这意味着就餐成本大幅上升，同时也降低了网上订餐的便利性。

这个时候上班族们会考虑再次回到餐馆吃堂食，因为吃堂食更省钱，也更简单。而且我们看到许多餐馆页面上它们的平均送达时间都超过了饿了么承诺的50分钟，这种时间上的浪费缩短了上班族中午休息的时间，所以当没有便宜可赚的时候，网上订餐的需求将回归理性。

“烧钱”战争不可能一直持续下去，美团外卖、饿了么、百度外卖、淘点点等任何一家网上订餐企业都清楚地知道这一点。然而在资本的推动下，在互联网追求绝对垄断、抢夺第一名模式的引导下，许多网上订餐企业已经被补贴大战刺激出来的订单量、日交易额迷惑了双眼。

它们认为这种庞大的订单量是真实的用户需求，似乎所有上班族都已经习惯在网上订餐消费，而不再去吃堂食。而且通过如此庞大的现金流，它们完全可以给资本市场讲出完美的故事，然后在美国纳斯达克进行IPO。然而在美国的订餐市场上，企业并没有采取补贴“烧钱”的措施拓展市场，比如GrubHub向餐厅收取10%~15%的佣金，从而获得收益。

在疯狂的资本作用下，中国的几家网上订餐企业已经不再考虑赢利模式，让本来十分简单的赢利模式变得十分神秘。网上订餐企业的赢利模式无非是向被服务的餐厅收取佣金，向顾客收取配送费。订餐企业需要做的工作也十分简单，那就是尽可能地为餐厅、消费者提供最好的服务，以争取合作机会和赚钱机会。

可惜在资本推动的“烧钱”大战中，订餐企业的核心竞争力不再是它们最为本质的服务水平，而是比拼谁更有钱。同时赢利模式也不再是简单的佣金、配送费，而是思考如何打造中国互联网商人们发明的“羊毛出在猪身上”的模式。

例如，手机制造商说不依靠销售手机获得利润，而是靠手机用户消费手机企业提供的游戏、金融等获得利润；电商类零售企业不是靠卖商品赚差价获得利润，而是靠现金流进行金融运作以及消费金融、借贷而获得利润……

这看似非常高大上的“羊毛出在猪身上”赢利模式甚至被奉为当前创业的“圣经”，可惜我们却并未看到任何一个靠此获得成功的企业。小米高速增长4年后，正在被专注制造手机的华为公司超越；在美国上市的京东商城一直在加紧消费金融市场拓展，但是每年仍然巨亏20多亿元，刘强东创办公司10多年仍然看不到赢利的希望，但是他却在京东上市后成功套现30多亿元人民币，同时完成套现的还有那些参与京东风险投资的一大批公司。

## 网上订餐的归宿

在回答这个问题之前，我们先来看看肯德基、必胜客与宅急送合作的外卖。百胜旗下的肯德基、必胜客与宅急送合作打造的餐饮外卖业务，设置了起送金额并加收快递费。百胜曾表示，2014年中国市场的销售额为68.2亿美元，其中外卖占7%，即约4.77亿美元。

通过每单9元的快递费，可以保证宅急送相关配送人员的开支。虽然价格偏高，但是在洋快餐的品牌影响下，庞大的中国消费市场也为百胜带来了不菲的收入。然而在网上订餐补贴大战打响之后，百胜外卖业务就出现集体滑坡。为了应对冲击，它们不得不放弃起购价格，但是配送费仍然收9元，这可以保证这块业务不亏损。

同时，肯德基、必胜客集体入驻到美团外卖、百度外卖等平台，以获取更多的订单量，应对这些外卖平台的冲击。麦当劳也被迫选择入驻饿了么，开始外卖送餐之路。若没有饿了么、美团外卖疯狂的补贴大战，相信百胜旗下的餐饮外卖业务会一直平稳、健康地发展。但是现在一切都发生了改变。

订餐网站通过疯狂地补贴用户抢夺份额，做大交易量，培养用户网上订餐习惯。同时也将巨大的资金投入到物流配送队伍的建设中去，饿了么已经从创业之初的4个人迅速扩张到了12000人，绝大部分都是配送员。2015年12月，美团外卖也已经发展到5000多人，并还在全国不断地扩张。最终互联网订餐企业都变成了拥有庞大配送队伍的快递公司，并有着遍布全国的大量网点。

当“烧钱”补贴大战结束后，网上订餐需求会回归真实。数据显示，2015年第一季度，高校网上订餐市场占比28.5%，白领市场（上班族）为67%，而家庭市场占比不足5%。同时，智能手机的增长率已经大幅放缓，这意味着新增手机网民量将出现下滑，移动互联网的人口红利期正在消退。

有数据表示2015年中国餐饮外卖市场规模是1200亿，并预计未来还会继续高速增长。但2014–2015年是外卖网站疯狂“烧钱”的2年，高速增长的市场是在“烧钱”补贴刺激之下诞生的，一旦补贴慢慢减少，订单量不仅不会高速增长，甚至还会出现大规模下滑。

网上订餐并没有增加就餐者数量，因为家庭市场不足5%，需要订餐者大多数是学生、上班族。在补贴大战的时候，高校、上班族市场已经被深入挖掘和严重透支了。当前中国正在面临就业者减少、经济衰退、大学生扩招退潮的阶段，已经没有足够多增量来提高网上订餐的订单量，预计2016年网络订餐将进入顶峰，然后就将迎来严重的衰退。

网上订餐需求减少的同时，估计资本家们也早就耐不住性子了：饿了么、美团外卖庞大的配送队伍、遍布全国的网点，都将给它们带来严重的资金消耗。饿了么、美团外卖、淘点点、百度外卖之间必然会发生类似滴滴、快的的合并，以节约成本。2015年12月，饿了么、美团外卖的市场份额都在30%左右，势均力敌。因此，也只有某两家企业合并才能实现真正的垄断，从而消灭掉市场中的其他对手。

所以资本推动合并是必然归宿。当资本合并之后，补贴降低，市场需求开始疲软，外卖网站就不得不考虑赢利模式，同时合并的企业必然会发生裁员。因为它们的网点、配送人员都出现了非常严重的重叠，必须通过撤销网点、裁员来节约成本。

同时，具有垄断地位的订餐平台肯定会向餐馆收取佣金以获取利润，还会向顾客收取快递费以弥补庞大的物流配送成本。可以预料的是，那些线下具有品牌影响力，不缺食客的餐厅会放弃参与网购订餐平台要求的促销活动，因为这会给它们增加无谓的成本。

而在订餐平台上留下的餐馆将多是那些在线下并无多少竞争力的店，这又会导致顾客就餐质量大幅下降。央视对饿了么、美团外卖、百度外卖等订餐网站上一些无证经营、不具备安全卫生食品餐饮条件的餐馆已经做过多次曝光。当这些劣质的餐饮企业继续留在订餐平台上提供食物的时候，顾客的口碑会快速下滑，然后给订餐网站带来致命的打击。

随着订单量的不断减少，物流配送成本居高不下，订餐网站还如何去考虑金融、物流配送等其他看似十分完美的“羊毛出在猪身上”的赢利模式呢？

## 资本吹大的泡沫

显然，饿了么、美团外卖等一系列外卖网站并未创造任何崭新的市场需求，吃饭的人数不会因为外卖网站的诞生而增加。即使没有外卖网站，学生也会到附近的餐馆就餐，上班族也会到附近的餐厅吃饭，没有人会等着饿死。

外卖网站希望将吃堂食的用户市场抢一部分到网上，这并不会增加整体餐饮业者的收入，反而让许多无证经营的餐饮业者与其他有证经营者竞争，分食他们的利润。而且这种竞争又是非常不公平的，因为那些无证经营者没有房租成本，没有税收成本。

同时，外卖网站让许多没有资质的商家烹制食物，这对于顾客来说是极大的伤害。在食品安全极为脆弱的中国，这种缺少监管的餐饮公司会购买怎样的食材为顾客做饭？又会带来怎样的伤害呢？

更让人担忧的是，一旦外卖网站向餐饮企业收取佣金，并利用其垄断优势让餐饮企业必须加入它们所推行的促销计划，很难保证餐饮企业不会在饭菜中做手脚，从顾客的嘴里将佣金抠出来。若果真如此，餐饮的品质将会出现大幅下降，这不仅没有给顾客们带来便利，反而带来了严重的危害！

可能有人会说，这是在危言耸听，是在抵制互联网的潮流。我们不得不承认互联网时代各种成本的节约、效率的提升，但是互联网这个工具到底应如何使用？这就如同一把刀子，如果用来杀人，那就是凶器，如果用来切菜那就是菜刀。

饿了么的张旭豪在上海交大的宿舍里创办的网上订餐平台，在没有资本进入的时候是非常健康的一家公司。因为他们为了提高餐馆的订单管理效率，开发了订单管理软件，这款软件让餐馆老板可以轻松地通过量化的手段看到哪些菜更好卖，哪些菜的利润更高。而饿了么则利用网上订餐平台，接入这套管理软件，以向餐馆收取佣金的方式在学校内进行配送。

张旭豪利用软件、互联网技术很好地帮助了餐馆的经营提升，这也体现了互联网技术的价值。同时，张旭豪的软件开发、订餐服务都获得了应有的报酬，有着非常简单而又合理的赢利模式。但是这种赢利模式是没有能力快速向全国范围内复制的。所以在2011年获得融资之前，饿了么仅仅局限于上海大学城的周边。

而在其获得融资之后，饿了么必须快速地在全国扩张，然后再进行所谓的“羊毛出在猪身上”的赢利模式，给资本市场画上一个个美丽的大饼。资本家们因此获得数百倍的收益，创始人也成功套现，然后让股民们成为“接盘侠”，继续做“羊毛出在猪身上”的美梦。

## 案例点评

### O2O创业的本质是资本的游戏

最近在网上订餐这个O2O市场上有一则融资的消息十分震撼，饿了么融资6.3亿美元，合人民币36亿多元。还有另一家团购网也在大肆搞网上订餐，据说一个月就烧掉了6亿元，年初融资的6亿美元估计烧不了几个月就烧光了。

一边是疯狂的“烧钱”，另一边是不断膨胀的估值，10亿美元、30亿美元……看着这些不断增长的数字，笔者的心中莫名地产生疑问，怎么越亏损越值钱？有人说，在《从0到1》这本被创业界热捧的书中说了，投资人看的是未来15年后企业的盈利，而不看眼前盈利。所以这些企业有亏损的理由。

## 外卖O2O的模式

其实，外卖O2O的模式十分简单，就是将线下的那些餐馆、饭店搬到网上，然后帮它们连接用户。于是外卖O2O必须要做两件事，其一就是给用户补贴，培养他们网上订餐的习惯；其二就是抢夺线下餐馆，甚至签下排他协议。

补贴用户需要疯狂的投入，满20减7元、满35减12、满50减18……这意味着只要有人订餐，平台就要投入，获得一个用户的成本最少7元。而为了抢夺线下餐馆，还需要招募大量的地推员工进行“扫街”，竞争对手之间甚至经常发生地推员工的械斗。

这些意气风发的“90后”“95后”刚毕业，年轻人血气方刚，在未来企业上市、创富的“大饼”刺激下，他们都像打了“鸡血”一样地战斗着，排名靠前的几家外卖O2O的员工数都超过6000人，这一团队还在继续膨胀。

于是在外卖O2O的身上我们看到了团购网的影子，曾几何时它们也是如此的疯狂，如此的不断膨胀。同时，也看到了这个行业背后其实本质是资本之争，资本决定了外卖O2O成败的99%，没有钱烧的平台很快就会死掉。

## 外卖O2O如何赢利？

外卖O2O的赢利模式，也非常简单。与此前团购网的赢利模式十分类似，那就是交易后平台提成、广告销售收入、物流配送收入以及平台上沉淀资金后可能的金融业务（向餐馆贷款、为用户提供理财）收入。

但迄今为止排行第一的团购网年收入数千万元，却仍然看不到盈利，而是持续地巨额亏损。如此好的赢利模式为何总是看不到盈利呢？有人说，企业在扩张之中，必须要大投入，加上竞争对手凶残，所以必须以补贴的方式“烧钱”抢夺市场。

而笔者也在思考一个问题，那就是消费者是不是被惯坏了？用这些团购网、外卖O2O消费的目的是什么？很多人回答是为了省钱。而很少有人回答是为了更加便捷。到店消费后，拿起手机购买7.5折的优惠券，100元就省掉了25元，这确实够刺激。买一个盒饭20元，却只需要支付13元，省掉7元，这对于上班族来说是一天的交通费了。

于是在这种“省钱”目的的刺激下，用户会选择团购网、外卖O2O进行消费。而这也惯坏了消费者，可能如果没有补贴他们绝对不会再登上这些网站，会立即遗忘。而这就意味着平台需要持续地进行补贴。我国有13亿人口，36亿元如果补贴给13亿人，每人还拿不到3元。所以在外卖O2O、团购网、打车软件这些产业中扔掉数十亿元根本听不到几声响。

## 能否创造社会价值？

狭义一点讲，企业存在的价值就是赚钱，不赚钱的企业是“耍流氓”。而从社会层面讲，企业存在的价值是让社会变得更加美好。当前餐饮业存在的问题是卫生不达标、服务质量差、饭菜口味差、安全无保障，团购网或是外卖O2O是否改变了这些问题呢？

显然，外卖O2O网站上的餐厅很多都是现实中存在的餐厅，甚至还有大量家庭作坊。外卖O2O的地推人员为了抢夺市场根本不对它们进行任何质量的把关，为了抢夺市场它们只希望更多的餐馆能独家与自己签约，别跑到对手那里。

于是餐馆反而成为“大爷”，因为自身的稀缺性，而被疯抢。这就意味着它们根本不会提高自己的卫生水平、服务水平和饭菜质量。所以从这个角度上来讲，这些所谓的O2O创业并未给社会增加财富，并未提升社会服务水平，只是企业为了自己的“发财梦”吸引那些想一起赚钱的风险投资进来，玩一场看不到赢利希望的游戏。

## 99%的O2O创业都会死掉

在经济下滑的今天，在大学生就业困难的时代，BAT巨头们、有钱的风险投资商们，拿出自己的财富让创业公司招聘一群人就业，这其实算是对国家的一种回报，也让财富得以重新分配，是一种“爱国”的表现。

不过，这种创业游戏也是“庞氏游戏”的一种，天使投资在A/B/C/……轮投资商进来后退出，然后不断有资本进来接盘，将公司的市值炒作得越来越高，最后PE（私募股权）投资进来助推企业上市，即使永远无法获得盈利，投资商完成了它们的任务，将最后一棒成功地交接给了二级市场的投资人，也就是广大民众。到最后，还是由民众来买单。

更多的企业根本走不到上市的环节，那么之前的这些投资也全都打了水漂。风投们也不担心打水漂，因为它们相信100个项目中有1个可以上市就赚了。于是投资行业盛行99%的投资失败率。

但是这一轮“互联网＋”的投资似乎和2000年左右的PC互联网投资有着

本质区别，那个时代互联网与传统产业并未融合，那时候投资也并非动辄数十亿美元，而且竞争相对较少。现在的消费互联网领域，面对数亿网民的市场，补贴是惯用手段，几十亿美元的投资都是“洒洒水”而已。所以从投资额的角度讲与以前相比也不可同日而语。

O2O创业的本质是资本的游戏，因此最后靠资本堆积出来的企业前两名最好的归宿是合并，就像滴滴与快的合并一样，而其他的小鱼小虾们全都会死掉。在按摩、洗车、装修、保洁等非高频生活服务市场上还有一群群O2O创业者，这些市场相比餐饮、打车更难以培养用户习惯和高频消费，这些市场的O2O创业更会大面积死亡，他们面对的只是更加虚伪的需求。

最后，我想谈的是，消费互联网创业之路已经十分拥堵，而其耗费的资金也十分庞大，带来的社会价值却非常有限。每个变革的时代，其主要推动力都在于技术变革，无论是蒸汽机时代、电气时代，还是PC互联网时代，第四次工业革命时代的技术变革在于能源变革、人工智能等核心技术，而我们当前的投资基本都投在了消费互联网。

## 产业观察

### O2O的本质是什么

从字面上理解就是Offline-to-Online，从线下到线上。这种字面含义似乎让“线上”成为了主角，而“线下”则属于落后的、需要被颠覆的部分，这是目前绝大多数人对O2O的看法。

我认为这种看法是过时的，仍然停留在2、3年前。那时整个行业的主要呼声就是互联网颠覆传统商业，颠覆零售、颠覆金融、颠覆交通出行、颠覆生活服务……现在我们发现互联网并没有颠覆任何行业。

2014年全年社会消费品零售总额26万亿元，电商销售额2.7万亿元，占比10%多点；互联网金融的P2P（个人对个人）、众筹业务自身风控能力、融资能力都很差，市场地位忽略不计；网络叫车业务如火如荼，但仍只是市民出行的补充，还面临法规、保险、安全性、竞争等方面的严峻考验；各种上门按摩、上门洗车、上门美甲等生活服务类业务也基本没有形成规模和用户习惯。

“两三年前，大多数人都在讲互联网颠覆，觉得未来一定是线上一统天下，所以我只能跑到斯坦福大学呼唤O2O。现今，O2O模式已经成为公认的趋势，传统电商也开始通过各种方式布局线下。”张近东在中国互联网大会上表示。

所以O2O到底是什么，需要重新理解。王健林认为，O2O就是在移动互联网时代，线上线下相互融合，提升消费的新商业模式。

张近东认为，纯电商模式只能是一种过渡模式，纯电商不能满足消费者立体式购物体验的需求，这给全球零售业带来一个巨大的发展契机，那就是线上的便利性与线下的体验功能完美融合的O2O模式。

苏宁与万达对O2O的理解十分相似。

互联网提高了信息流、资金流、物流的效率，消除了信息不对称，提高了交易的效率，但这场技术变革的红利不只属于互联网公司，它对传统商业的意义更为巨大。互联网技术并没有改变传统商业的本质，但却可以提高用户的消费体验和感受。

例如，打车软件让司机与乘客之间通过互联网连接在一起，司机减少空载，乘客不用为打不到车着急，提升了交易双方的体验。通过乘客对司机的服务进行线上评价，还能督促司机改进服务，更好地提升服务的体验。

在家电卖场、购物广场里购物时，看到一款不错的冰箱，一扫二维码就可以查看冰箱的详细功能介绍、用户使用体验和评价，然后手机直接支付购买，开车回家后冰箱就已经送到了家里。这种购物体验也是因为传统线下业务在互联网技术的帮助下实现了大幅的提升。

接下来，有人可能会想到团购网，认为这也是O2O。其实，团购网也不能算是O2O，因为目前的团购网只是以低价为驱动，一顿饭本来价值是500元，团购价200元，省了300元，而商家是赔钱的，用户享受的餐饮服务效率、体验并没有因此而得到提升，甚至还因商家控制成本而导致菜品质量、服务质量下降，所以这种商业模式不仅不是O2O，而且无法长久存在下去。团购网鼻祖Goupon自上市以来市值已经蒸发掉8成，即使最近推出了食品外卖业务也无法抑制股价的下跌。

## “苏百万”O2O战略的相同与不同

苏宁、百度、万达都宣称要进军O2O，这三家公司有相同点，也有不同点。相同点在于三家都有庞大的流量入口，苏宁在全国有1600多家店面，每年的顾客流量十分可观，其苏宁易购、PPTV也可以提供线上流量；百度的搜索引擎、地图、去哪儿、糯米网等构建了一个庞大的线上流量入口；万达覆盖全国的商业地产、影院也是庞大的线下流量入口之一。

三家公司O2O的不同在于，苏宁、万达都希望从线下向线上走，实现线上线下的融合；而百度则希望能够通过互联网流量入口为线下商业导入用户，并将百度的广告、大数据、金融打包卖给线下商业，改变当前百度依靠广告收益的单一赢利模式。

苏宁、万达肯定羡慕百度的庞大线上流量、互联网用户以及互联网技术。同样，百度也会羡慕苏宁、万达的线下商业帝国，因为O2O的未来属于线上线下融合，而线下建设商业的资金成本、时间成本都十分庞大，难再有机会了。反而是互联网技术的普及，通过投资、并购、自建等手段都可以让传统商业在线上实现布局。

所以面对这样的局面，阿里投资了银泰商业，京东刚宣布投资一家连锁超市，只有通过投资线下商业才有实力应对未来的O2O之战，而不仅仅是电商之战。通过线下才能够给用户提供真实的体验，才能够让用户感受到自己是上帝，才能够体现出零售企业之间的差异化。

## 别被互联网吓住而偏离商业的本质

对于网购这件事，第一阶段，消费者贪图便宜、方便，选择在网上购物；第二阶段，消费者为了追求休闲、更好的服务会再回到传统商场中消费。为何我们现在很多商场不景气，餐饮业萧条？我认为主要是最本质的服务和体验没有做好，那些做得好的传统商业仍然是人气爆棚，而互联网这个工具也助推了它们的人气爆棚。

我来到南京，利用手机的生活服务类App搜索周边的美食，找到一家“××大排档”的饭店，因为这家店的评分是5分，来到门口就发现很多人在排队。在杭州有一家名为“××家”的餐馆，也是天天需要提前排队预定。

这种口碑通过互联网进行了充分的传播，即使跑到青岛开一家，也同样是人满为患。

餐饮卖的是口味、服务、体验。俏江南卖的是什么？雕爷牛腩卖的又是什么呢？互联网点餐、手机支付等对于任何餐饮店都是公开、公平的，唯一的不同在于它们的餐饮品质、口味和服务的差异化。

所以商业的本质是优质的商品、出色的服务体验，再利用互联网技术提高交易的效率、传播的效率、消除信息不对称，这其实就是完美的商业。

很多人去日本旅游发现，日本的零售业十分发达，而电商却并不发达。很多人都寻找原因，许小年说因为日本便利店一个接一个，所以电商的便利性无法得到发挥。而更多人则认为日本出色的商品品质，优质的零售服务水平，让用户有种上帝的感觉，而冰冷地对着手机屏幕购物找不到这种感觉。

例如，进入任何一个日本公厕，都会发现干净得令你吃惊，还有那名扬全球的智能马桶盖，让你的屁股第一次感受到如厕是如此的美好，因此很多中国游客会托运一堆马桶盖回国，他们都惊叹于日本服务的品质和商品的品质。

再如，你在日本买10个手机吊坠，商家会给你10个不同样式的小礼品袋，这种细致入微的服务也许在中国的任何一家商场里都体验不到。只要将产品、服务做到极致，从用户角度出发，回归商业的本质，就一定能获得人气爆棚的效果。

如果从这个角度来看，互联网确实只是工具，而O2O的核心在于利用互联网技术提高传统商业的效率和体验，完全不是让互联网颠覆传统商业。所以对于苏宁提出的“一体”概念我十分赞同——坚守零售业的本质不改变。

“不管零售业态怎么变、渠道怎么变，苏宁始终坚守顾客服务、商品经营的零售本质不动摇。充分运用互联网、物联网、云计算等技术工具，创新商品经营模式和顾客服务方式，实现科技零售和智慧服务。”

在对零售的正确理解，对O2O的正确理解下，苏宁没有被电商的突袭打蒙，这是值得庆幸的。所以它们按照“一体、两翼、三云、四端”的规划一步步地布局线上、发展物流、打造供应链金融、开始苏宁云店建设，利用互联网、物联网等技术升级线下商业，实现O2O融合，让购物体验更好、效率变得更高。

同时，基于以上分析，我认为目前很多的“到家”服务都是没有未来的。如果说传统服务业的本质是效率和体验，那么很多“到家”服务的体验是无法实现的。例如，上门按摩、上门理发、上门美甲等。按摩不仅要师傅的手艺好，许多顾客还是为了感受一种休闲放松的按摩环境、装修豪华的休息室、优美的音乐等选择按摩，这些都是“到家”服务无法提供的。

在创业泡沫之下，很多挂上O2O标签的业务都没有未来。只要它们无法满足效率、体验的双重提升，无法让该商业更加回归本质，无法通过高效的信息传递、互联网口碑传播推动企业提高服务质量，最终优胜劣汰，它们都不可能有未来。

第七章

# 京东：盈利有多远？

如何看待刘强东的京东？

在2011年之前，人们说他是一个造局者，拿着大把的钱，操控着百亿体量销售平台，用低价改变着传统规则小心呵护的价格体系，他建立自己的游戏规则，冲进3C行业，将国美、苏宁逼迫得节节败退；他与马云一争高下，号称5年之内，以京东商城为代表的B2C势必要超过平台式经营的淘宝。

2011年之后的京东，去商城化，由3C（电脑、通信和消费性电子产品）转为综合性电商平台，腾讯入股、京东上市、发展金融、布局农村、打造O2O……如某位评论员所述，京东商城就像一个涡，裹藏着诱惑，令用户、供应商、投资者无法逃脱。

从2007年京东商城以全新的面貌出现在国内B2C市场起，京东就开始了在电商领域的开疆辟土。带着资本的青睐，京东自建物流体系，到2015年，与阿里巴巴的“双11”大战，与苏宁的“狮狗”相争，京东要的不只是在电商领域化缘那么简单，他要做的是电商“大哥”。

然而，做“大哥”是有代价的。2011年的时候，资本市场逐渐降温，企业赢利模式暴露无疑，大潮退去后，裸泳者一目了然。有数据显示，目前互联网广告30%的钱来自于电商，但是火热的背后，电商也面临着资金链断裂的风险与饱受诟病的亏损现实。

尽管如地产大佬冯仑在新书《理想丰满》中写道，董事长最难做的事情就是要算那些别人算不清楚的账，这些账就是未来的钱，董事长要看得清未来。对于京东来说，刘强东算的一直是电商的未来，但铺天盖地的亏损质疑一直萦绕其中。

## 腾讯入股、IPO完成

在2014年之前，京东是一家专注于B2C的电商平台，相对较小，那时阿里巴巴占据了几乎80%以上的市场份额。然而，一方面，得益于中国电子商务市场的迅速壮大，用户数量不断增加，另一方面，2014年，京东迎来发展史上里程碑式的两大事件——腾讯入股和京东IPO。这让京东迅速成长，一跃成为阿里巴巴最强有力的对手。

2014年3月10日，对于京东来说，是其发展史上具备里程碑意义的一天，流传了3个月的消息在这天尘埃落定：腾讯入股京东，收购其15%股份，京东将收购腾讯旗下QQ 网购和拍拍网的100%权益，以及易迅网的部分股份，腾讯将为京东提供微信和手机QQ客户端的突出入口位置以及其他关键平台支持，此外，双方还将在在线支付服务领域进行合作。

刘强东心情大好，他给京东内部人群发了一封邮件，言语中难掩喜悦。

他以“你们的刘强东”落笔，写道：“兄弟们，我们能够取得今天的成就，可谓一路艰辛。相比竞争对手，我们选择了一条更辛苦的道路。”

刘强东说的辛苦道路，指的是自营模式和自建物流，他没有掩饰京东在进货、质控、库存管理等复杂流程，以及收货、上架、扫描、打包、分拣、配送等物流上面，一直以来都饱受质疑，他很欣慰京东一直以来坚持的供应链管理终于成为核心竞争力。

资金、流量、物流仓储是压在电商身上的三座大山，合作当天，腾讯就宣布将为京东提供QQ、微信一级流量入口的支持，腾讯给钱又给流量，京东在此支持下快速发展。

在腾讯看来，入股京东的用意主要是为自己的微信支付铺路，在电商的场景下快速发展支付用户，同时将自己持续亏损的易迅、拍拍这些电商业务剥离给京东。腾讯可能感觉做电商是需要有一些专注，还要有电商的基因在里面。腾讯做电商一直在亏钱，把这个业务剥离给京东，同时占19%的股份，还能带动微信支付快速增长。微信支付作为一个新的支付工具，需要有一些明确的支付场景，仅发红包这个场景难以带来微信支付的真实增长，所以电商这个场景是非常重要的。

腾讯入股两个月之后，即2014年5月，京东在纳斯达克上市，每股股价19美元，市值260亿美元。这是京东的一次飞跃，因为京东创办十多年以来一直亏损，也被多次传出资金短缺，甚至是资金链断裂。但是通过上市，京东把这些流言蜚语都抛在脑后，同时获得了充沛的现金流，有利于以后的发展。腾讯作为大股东显然也提升了京东的估值。

在京东刚上市不久的2014年5月27日，在微信上就出现了京东商城入口。

2014年“双11”大战中，腾讯更是在手机QQ、QQ、微信三大平台上为京东商城输送流量，这是中国互联网用户最多的三大平台。在巨大流量的刺激下，2014年“双11”，京东的全天订单量超过1400万单，其中京东商城的订单量是2013年同期的2.2倍，京东全天下单交易额是2013年的两倍以上。移动端方面下单比例超过40%，包括京东移动客户端、微信购物、手机QQ购物等平台。其中，京东微信购物入口和手机QQ购物入口达到10月份日均水平的20倍。

2014年春节期间，京东独享了微信红包，通过微信疯狂地在朋友圈、微信群、微信好友之间发红包。同时微信彻底封杀了阿里巴巴的红包及其一切营销策略，给京东留出了一个非常好的增长用户的途径。这与滴滴打车一样，在电商中独享微信的资源和用户。

2015年“6·18”，京东的店庆日，微信和QQ再次发力，给京东导流量、用户。“双11”前，腾讯与京东联合制定了“京腾计划”，准备在朋友圈为京东定制广告，为京东输送流量，这样腾讯可以获得收益，也给京东带来了更多的用户。2015年“双11”，京东销售额是前五年“双11”的总和，大约有400亿元，移动端订单占比增至70%。

“京腾计划”，指的是2015年“双11”网购节前夕，京东集团与腾讯集团共同宣布推出全新战略合作项目——京腾计划，双方将拿出最强资源和产品打造名为“品商”（Brand-Commerce）的创新模式生意平台。基于腾讯庞大的社交行为数据和京东庞大的购物行为数据，为品牌商提供更为精确的目标消费群体画像和选择丰富的触达通道，助力品牌商家实现更加有效的精准营销。

2015年“双11”大战中，除了QQ再次不停弹窗为京东商城导流外，有很多用户在朋友圈中看到了京东投放的广告。但除此之外，似乎并没有看到腾讯与京东之间其他更加深入的合作，“京腾计划”的效果也被很多媒体质疑。

此外，京东商城持续利用微信平台发过年、节日红包，这与微信帮助滴滴打车进行推广是相同的。在超过5亿用户的平台上进行免费的推广，这对京东商城品牌知名度的提升具有难以估量的价值。而京东自2014年第二季度开始营收大幅增长也证明了这一点。

随着腾讯的入股、京东商城的IPO，以及京东商城在战略上从3C商品专卖变为全品类销售，从只做自营商品到向第三方卖家开放，从电商向金融、线下超市、O2O等领域拓展。几年间，京东商城这家名不见经传的小电商平台成长为一家可以与阿里巴巴抗衡的电商巨头。

自从腾讯帮助京东之后，京东的市场份额开始逐步提升。根据当时最新的数据，2015年第三季度京东的活跃用户数在1.3亿，总交易额超过了1100亿元，它的市值稳居400亿美元。京东在腾讯的推动下，仅仅用了一年多的时间就实现市值翻倍，而且用户数也翻了好几倍，市场份额大幅提升。腾讯成为京东起飞的助手，帮助京东快速地起飞，也因此成为阿里巴巴最重要的敌人。

## “二选一”大战

2015年的“双11”，网民们多了一件可供消遣的事件，这一年“双11”的前几天，京东和阿里巴巴上演了一出电商之争的大戏。

这场事件在京东与阿里巴巴之间的唇枪舌剑中演化，而后一度被全民消费。最先是2015年11月3日，京东商城发表声明：

“阿里巴巴要求：如果参加天猫“双十一”主会场活动，就不允许参加其他平台‘双十一’主会场活动，对于已经和其他平台达成合作意向的，则要求商家直接退出，否则会在流量和资源位等方面进行处罚或制裁，导致商家无法正常参与其他电商平台的‘双十一’促销活动。”

京东实名举报阿里巴巴，火药味颇浓，一时间，媒体和公众纷纷围观。阿里巴巴回应称京东是“一哭、二闹、三上吊”，一会儿举报这个，一会儿举报那个，可谓忙得不亦乐乎。最终，阿里巴巴表示：“其实，对于竞争的问题，最终的解决方案就是让消费者选择。”

其实，在“双11”之前，就有新闻爆出，阿里巴巴要求所有参加天猫“双11”主会场活动的商家，都不允许参加其他平台的“双11”主会场活动，其矛头直接指向京东，紧接着，京东就实名举报阿里巴巴垄断，搞不正当竞争，再接着阿里巴巴回应不正当竞争，说京东不能把“炒茶”当成事业。

阿里巴巴又公开称“鸡举报了鸭，说鸭垄断了湖面”，这也是一个极大的讽刺。这个讽刺的意义就在于，“双11”是阿里巴巴率先创造的节日，京东作为一个参与这个节日的企业，却说创造节日的企业搞垄断。

这是京东与阿里巴巴之间同质化竞争的表象之一。

因腾讯的助力而不断壮大，加之，京东从自营业务向“自营＋第三方商家”方向迈进。京东商城2015年第三季度财报显示，核心交易总额为1110亿元，其线上自营与第三方平台核心交易总额分别为613亿元人民币与497亿元人民币，与2014年第三季度相比分别增长了52%和121%。京东商城第三方商家的交易额很快将与自营业务平起平坐。

此前，京东商城主要发力自营业务，而如今其第三方商家的交易额已经达到44.7%，开始抢夺阿里巴巴天猫的市场。因此，双方开始对市场上优秀的品牌商家展开抢夺战，2015年“双11”期间才爆发了京东举报天猫要求商家“二选一”的事件。

京东与阿里巴巴抢夺商家的事件并非首次。2015年4月8日，刘强东亲自为优衣库入驻京东而站台。但是这家2009年就与天猫合作的服装品牌却在宣布入驻京东3个月后又宣布撤出京东。这对于京东急需发展的服装品类电商无疑是重大打击，至于优衣库撤出的原因，京东、优衣库一直都没有给出明确说法。

目前，天猫、京东几乎占据了B2C电商市场80%以上份额，处于寡头垄断市场地位。这种“二选一”的行为也证明了这两家公司所具有的市场支配地位。在线下商场中，很难出现如此垄断的渠道，A商场中的品牌，我们在B商场中也能见到。但互联网渠道具有天然的垄断性，因为消费者购买商品会根据品牌去选择平台，如果某知名的品牌在京东开店，他们就会去京东购物，如果在天猫开店他们就会去天猫购买。

因为网购不受时间、空间的限制，在任何一家网购平台上购买同一个品牌的商品所需的时间成本、体验几乎都是一致的。这就意味着优秀品牌决定着平台的销量，这也导致了寡头平台之间对商家的疯狂抢夺。

而对于商家来说，他们有权利既在天猫开店，又在京东开店，只要他们愿意投入人力、资源管理两家官方旗舰店。因为通过任何一家网店来的顾客都可以带来交易额。然而随着天猫、京东的寡头垄断，它们占据了电商销售的绝大多数流量，这也导致商家面对寡头渠道之间的“争斗”，只能沉默，不敢得罪任何一方。

于是，一些品牌不够强势的企业只好屈服于势力更强的一方，从另一方的电商平台中撤出，因为电商的趋势和用户的习惯已经形成，离开了电商的渠道，很多企业都难以销售商品。但对于优衣库这类强势品牌来说，它们一般不会屈服于电商平台的势力。反而，电商平台需要为它们提供优势的条件，以吸引其入驻，并希望与它们保持良好的关系。

但是“二选一”也显露了互联网上这些具有垄断特性的平台在涉足传统商业的时候可能出现的问题，值得监管部门去研究、思考，并尽快制定出监管的方案。

## 赔本赚吆喝的供应商

电商平台之间的比拼主要集中在价格战、服务战上。价格战虽然总被认为是过时的，但却一直发挥着作用。因为互联网让用户比价更加容易，通过电商平台的搜索功能用户可以轻易查到一款商品的价格，然后与其他电商平台进行对比，再在价格低的平台下单。

此前，京东商城一直以物流更快为差异化优势，一些消费者为了更快地拿到商品会花高一点的价钱在京东购物。但是马云打造的菜鸟物流也开始运作，它与多家物流公司建立战略合作关系，还耗资238亿元入股苏宁云商，借助苏宁庞大的仓储、物流配送优势，让其配送的效率也大幅提升。

这个时候，天猫与京东之间的比拼似乎就只剩下了价格。所以我们看到“价格战”成为电商平台之间战斗的主旋律，无论是天猫与京东，还是苏宁易购与国美在线。这就导致供货商必须配合这些电商平台的价格战来制定网购价格，这些价格一般都要低于线下销售价格。

这是互联网消除了信息不对称后的必然结果，同时也是电商平台之间疯狂价格战的结果。2015年电商交易额占据中国零售额的11%，而且这一比例还在进一步提升。马云曾经预测未来50%的商品交易将在网上进行。

在电商大肆发展、高速增长的同时，我们也可以看到线下商场、线下渠道的冷清。王府井百货2015年第三季度财报显示，其营收为129.54亿元，相比2014年第三季度降低了4.42%；国美集团2015年上半年营收为316.9亿元，同比仅增长了8.82%；苏宁云商2015年第三季度营收为935.7亿元，同比增长了17.44%；广百集团2015年第三季度营收54.09亿元，同比降低0.58%；中百集团2015年第三季度营收123.89亿元，同比降低4.16%。

在线下连锁商业营收集体下降或者增速极低的情形下，阿里巴巴2015年第三季度营收同比增长32%，天猫总交易额同比增长52%；京东商城总交易额同比增长71%，营收增长52%。除了经济放缓对连锁商业带来一些影响之外，电商飞速发展无疑也对线下商业带来巨大冲击。

用户网购的习惯已经形成，而且网购比例还将进一步大幅提升，这意味着传统商家必须从线下走到线上，到天猫、京东去开店，并参与到电商平台之间的价格战中来。2015年“双11”，电商平台都对外宣称“价格最低”，其实最苦的却是商家。

商家必须参与降价、打折，同时得有足够资金在各种展位、直通车投放广告。算上退货率，“双11”虽然看似创造了巨大的销售额，但其实卖得越多亏得越多。“参加‘双11’会亏很多钱，不参加‘双11’看起来亏钱少了一点，但这就等于将用户和销售额白白送给竞争对手。”有商家这样向媒体诉苦。

作为强势品牌的优衣库也曾有过这样的抱怨。“‘双11’活动，优衣库是成交量最快达到1000万的服装品牌，为什么后劲不足呢？是因为备货不足。

为什么备货不足？是因为同时符合活动折扣要求并且不严重影响毛利的商品本来就不多，负毛利的生意任何一家企业都不愿意做。”优衣库EC（电子商务）事业部部长胡国勋在2014年接受采访时曾表示。

笔者曾对比过同一品牌、同型号商品在电商平台的售价与商场中的售价。一台知名品牌的电子秤在商场中的售价为149元，而在天猫、京东的售价均为59元，在天猫上59元还包邮，京东是满79元包邮。同样的商品相差了近乎2倍的价格，由此可见电商价格战的惨烈。

优衣库这家稳健的日本企业只将电商平台作为其销售渠道之一，而且还在疯狂地在全国开线下店。平日里，优衣库在电商平台上不会打折、促销，与店内同品同价，只有在“双11”这样的节日中才会拿出一部分过季商品进行促销，但它参加“双11”网购节并非从其2009年入驻淘宝开始，而是从2012年的“双11”才正式参与。

在与京东谈合作的时候，优衣库也多次提醒京东不要将与优衣库的合作进行大肆宣传。但是我们看到京东在2015年4月到7月之间进行了大规模的营销传播，希望通过传播优衣库入驻京东，吸引更多优秀服装品牌入驻。服装是天猫的第一销售品类，也是利润相对较高的品类，京东也迫切需要在服装品类进行拓展。

而这也可能是优衣库在宣布入驻京东3个月之后又退出的原因之一。因为优衣库担心进入京东之后，京东的大幅宣传会影响线下专卖店的销量，同时线上销售的物流成本、营销成本之和可能已经超过了其线下专卖店的销售成本，优衣库不愿意更多地参与这种赔钱的游戏。

和许多品牌在线上大力做营销不同，优衣库在线上的营销费用控制得很严格。优衣库EC事业部部长胡国勋曾透露：优衣库在电商平台每天直通车展示的花费不能超过1000元，加上钻石展位每个月的线上营销花费不能超过10万元。

赔本赚吆喝，这是目前电商平台上许多商家经营的现状，特别是那些没有强势品牌的企业，只能通过价格战来参与竞争。有品牌、有特性的企业还算好一些，至少可以保证线上线下价格一致，降低因长期促销、打折而带来的利润严重下滑。

但是消费者就是如此，在便宜商品的驱使下，他们会越来越多地选择网购。而线下商业会变得越来越冷清，由于许多商家线下销售额已经难以支撑成本，他们不得不将线下店铺关闭。市场竞争的马太效应在上演，线下商业的苦日子会越来越苦，这一趋势已经难以改变。

有品牌的企业也将面临压力，因为线下商场的商品越来越少，客流量也越来越少，购物习惯都转向了网上，这意味着有品牌的企业也难以在线下继续红红火火地做生意，可能会被迫纷纷走到网上，然后加入到疯狂的价格战中。

显然，电商如同“黑洞”一般将追求低价的消费者，将供应商统统吸到自己的平台上，从传统连锁商业手中抢走了市场、财富。

## 难以触摸的赢利

疯狂的价格战，除了让商家难以获得利润外，也让京东一直处在亏损之中。从京东2015年前三季度的财报看，第一季度亏损7.102亿元、第二季度亏损5.104亿元、第三季度亏损5.308亿元。这已经是京东自上市以来连续第八个季度亏损，而在上市之前京东也一直处于亏损之中。

这种长期亏损，对于传统企业来说是难以理解的，也是难以持续的。但是对于拥有庞大基金投资，营收高速增长的互联网企业来说似乎是正常的。京东在持续亏损的同时，其营收也以超过50%以上的速度快速增长，2015年第三季度总交易额为1150亿元，同比增长了71%，营收为441亿元，同比增长了52%。

同时，京东还预计在2015年第四季度中取得510亿元人民币至525亿元人民币的营收，同比增长为47%～51%。资本总是会投向具有发展前景的行业，并愿意等待数年后企业获利，而且在美国市场上就有持续亏损而获得巨大市值的企业亚马逊作为参考对象，这也给京东持续亏损提供了理由。

京东亏损的钱都去哪里了？

第一大块是营收成本，除了直销成本外，京东营收成本的增加主要在于京东自营和在线交易业务的流量获取成本持续增加，每个季度保持着60%以上的增长，超过了京东营收的增长率。

第二大块是物流仓储的费用，这一块的投入每个季度都在高速增长，因为京东仍在大力拓展仓储、物流、配送等基础设施。截至2015年9月30日，京东在全国46个城市已运营196个大型仓库，并拥有4760个配送站和自提点，自建物流体系覆盖区县数量已增至2266个。

第三大块是技术费用、行政费用和市场费用，这几块随着京东营收的不断增加仍在高速增长，例如，2015年第三季度其市场费用增长了85.92%，高达19.82亿元。

而且截至2015年9月30日，京东共有正式员工94615名，而就在半年前的财报中，其员工数还只有72604名，半年增长了2万多人，这些都是京东的物流配送人员。随着其物流布局的深入，员工数还将继续增长。

随着京东营收的高速增长，其成本开支费用的增长速度也在加快，甚至已经超过了其营收增长速度。而且从2015年第三季度开始，京东还在加大京东到家、全球购等新业务的拓展。特别是京东到家业务一开始就通过疯狂的“烧钱”抢夺市场，这也意味着京东的成本、费用支出还将继续增加。数据显示，2015年第三季度京东总费用为67.62亿元，比2014年同期的39.55亿元增长了71.15%。

对未来投资是电商企业都乐于做的事情，比如亚马逊直至2015年第一季度还在大幅亏损，并将其几乎所有营收都投入到物流、仓储、云计算的业务中。而在2015年第二季度、第三季度亚马逊实现了赢利，其实现赢利主要得益于旗下“亚马逊网络服务”（Amazon Web Services）部门的营收，该部门2015年全年的营收将高达62亿美元以上。

“亚马逊网络服务”（Amazon Web Services）主要为创业公司以及流媒体视频服务提供商Netflix等企业提供云计算能力，亚马逊在多年对云计算业务进行投资后终于获得了回报。

那么京东商城在物流仓储上的投资如此庞大，未来通过物流仓储为第三方卖家提供仓储配送服务也可以因此获得赢利。另外的赢利点在于京东利用其平台优势为第三方商家提供交易服务、广告服务。2015年第三季度财报显示，来自于服务项目与其他项目的净收入同比增长111%，增长动力主要来自快速扩张的京东商城第三方开放平台业务中的广告服务，以及向第三方商家提供的物流服务。

除此之外，京东金融也在快速发力，通过京东白条为消费者提供分期付款业务，同时还通过京东小贷为供应商提供贷款业务，通过京东众筹、保险、理财等为用户提供金融服务，这也是京东未来的赢利点之一。

一旦物流仓储的相关投资额降低，京东就可以实现赢利。而后续的第三方卖家入驻、广告、金融业务也随着交易额的不断提升、用户数的增加而获得可观的利润。由此，京东与天猫也正式地进入肉搏，因为阿里巴巴的营收也同样来自于商家入驻费用、广告收益以及金融服务收益。

京东商城由于交易额持续增加，因此拥有丰沛的现金流，这为其持续亏损和投资提供了条件。然而2015年第三季度京东净营收首次出现了负增长，从459亿降至441亿。同时，自营业务总交易额从647亿降至613亿，3C商品销量为568亿，比第二季度降低了22亿。这与苏宁易购、国美在线疯狂发力，以及各大手机企业、家电企业开启自营电商业务有着很大的关系。

与此同时，以汇集全球顶级股票分析师而著名的财经资讯网站Seeking Alpha，发表了资深分析师WestEnd511的一篇文章，名为《JD.com: In Free Cash We Trust？》，该文主要通过对京东持有现金及应付账款进行分析，探讨京东的财务困境和增长难题。

文章称，京东的持有现金从2014年年中到2015年年中，已经从350亿元人民币下降到了250亿元人民币，下降了29%；同期，应付账款从160亿元人民币增长到260亿元人民币，增加了60%，这是京东的应付账款第一次超过持有现金。

文章从三个方面分析了有可能预示京东零售业务恶化的四个现象，分别是：应付账款的急剧增加、互联网金融现金流出现负增长、有异于行业惯例的存货核算方式可能在掩盖库存质量的恶化，以及中国的电商物流竞争逼迫京东必须投入更多资金，这会进一步考验京东的现金获取能力。

这些因素都将影响到京东实现真正赢利的时间表，而腾讯为京东提供的流量似乎并未能阻止京东增长速度的放缓。

## 京东转战社区O2O　成败难料

虽然左右遇敌，但成功上市的京东商城依靠自身在物流、仓储上的巨大投资，以及腾讯系的不断输送流量，目前仍稳坐中国电商第二把交椅。刘强东也曾一度对外宣称：“在阿里巴巴、京东占据7成份额的电商市场上，已经很难诞生第三家电商巨头。”

稳坐电商老二位置后，刘强东将目光转向了O2O市场以及互联网金融，并且振臂高呼：“互联网的红利已经终结，接下来比拼的重点将转向传统产业！”无论是京东到家涉足的O2O市场，还是互联网金融市场都是典型的“传统产业＋互联网”，具有庞大市场空间，但又受制于十分“笨重”的传统行业。

在这两块市场上，刘强东希望再打造两家像京东商城那样的上市公司，所以不惜耗费重金去“烧钱”培育市场。

2015年3月成立的京东到家，是京东旗下全资子公司，目前以生鲜作为O2O突破口开展培养用户习惯的“烧钱”大动作。京东到家的做法不同于京东商城，它不再售卖商品，而是与线下商铺、超市合作组织货源；配送队伍也不再自己建设，而是采取众包物流的方式。

为了实现2小时内配送，京东到家希望将跳广场舞的大妈拉入配送队伍，从周边商店采购商品，然后配送给在京东到家上下订单的客户。其实，价值万亿元的社区O2O市场上，京东到家并非先行者。此前，有许多创业者希望在社区O2O上掘金，叮咚小区、社区001等大量创业项目都集中在这一领域，然而最终成功者甚少。2015年，叮咚小区、社区001都被曝出裁员、拖欠工资等问题。

京东在线做社区O2O的优势在于品牌、线上平台流量、资本和配送队伍合作化，而在模式上似乎与其他社区O2O项目并无差异化，都是采取不自营商品的方式。在京东到家资本优势下，目前以每单6元补贴配送员，注册就送50元补贴客户的"双向补贴"方式"烧钱"推广。

外界一直担忧，京东商城曾耗费重金打造自有配送队伍，将近9万名京东配送员为其服务质量提供了强有力的保障，也塑造了京东商城的差异化。而京东到家采取物流外包合作的方式，配送员选取社会上的大爷、大妈，如何提升京东到家的配送服务体验？

无论是京东商城还是京东到家，其本质都是电商平台，与客户最直接的交流就是配送员，也是电商的核心竞争力。现在京东到家不再打造自己的配送队伍，是否意味着体现好服务的核心竞争力丧失？

但是刘强东仍然雄心勃勃。

"我们做了11年的电商，结果发现，服装、鞋帽，甚至汽车、房子，所有东西都可以到网上销售，而且卖得越来越好，可就是有一类，是老百姓高频购买的东西，是几乎每个人每天都要买的东西，恰恰在网上没有人能够做好，不管是平台模式还是京东自营模式，都没有做好，那就是生鲜。

“生鲜有一个什么问题？那就是在种植者和消费者之间至少有四个环节。举例而言，山东的大蒜要送到北京家庭里面，当中要经历至少四家公司。首先收购者去田间地头收大蒜，收购之后卖到山东最大的蔬菜批发市场，从这个产地批发市场再卖给销售地批发市场，如北京大钟寺、新发地等批发市场，然后再流转到各个小批发市场，然后再流转到沃尔玛、家乐福等超市。

“产地收购价只有五毛钱，到北京卖出去就变成了四五元钱，就因为中间环节太多了。种植户一年辛辛苦苦挣不了几个钱，而消费者却觉得价格怎么这么贵啊。我们成立京东到家全资子公司，首要目的就是要把中间环节全部去掉。”

京东商城“烧钱”16年至今仍未实现赢利，但是京东商城有亚马逊做先例，有腾讯做靠山，可以上市融资。而京东到家的社区O2O项目，至今无任何成功案例，也被投资人认为是创业的“深坑”。

刘强东曾经希望借助24小时便利店拓展最后一公里，还曾与上海、哈尔滨、西安、温州、乌鲁木齐、东莞等 15 座城市的万余家便利店达成合作关系，京东为这一万多家便利店搭建入口，用户可直接在京东上下单，由便利店完成配送。但是最终双方合作无疾而终。

由此可见，社区O2O项目并非如同想象的那么简单，甚至可能是一个比建设京东商城更难的项目。数据显示，截至2015年年底，京东到家日订单量在10万以上，已经覆盖北京、上海、武汉、天津、南京、广州、深圳、西安八个城市。京东到家的“疯狂烧钱”模式已经开启，有人认为京东此举是为了获取零售大数据，然后再自建商超O2O颠覆传统超市。

通过京东到家的亏钱运营，可以获得某个区域的商品消费品类数据，连接海量用户。当拥有足够多的数据支撑后，京东到家可以自建线下超市或者24小时便利店，成为京东到家自提点，然后再进入自营零售业，吞掉线下超市的市场。

以上的“宏伟蓝图”只是外界的一种构想，因为从京东到家现有的运作模式看不到任何赢利的可能性，所以只有将其作为一家互联网公司，从大数据运营，再到入侵线下的角度才能为刘强东进军社区O2O找到合理的理由。

但是商超和便利店的经营考验的是零售的能力，这与搭建互联网平台完全不同，它涉及无数的细节，需要深厚的线下运营经验。互联网公司在向传统产业入侵的同时，难以在短时间内完善这些基本功。

选址、线下运营团队、商品的摆放、供应链管理、零售生态的搭建、线下连锁的信息化等，这些都非一日之功。所以刘强东到底对京东到家赋予了怎样的未来蓝图，我们尚且无法得知。然而通过大数据下切传统商超的想法，可能只是外界的一种臆测，抑或是刘强东自己也没有想清楚京东到家的未来。

## 京东金融在巨亏下疯狂扩张

在京东大举进军社区O2O的同时，京东金融的布局也开始露出水面。2015年1月16日，刘强东宣布京东金融完成66.5亿元人民币融资，估值440亿元。刘强东对外表示：“互联网的未来爆发点就是金融，而未来京东70%的收益来自于金融。”

对于刘强东的这个70%来自金融的豪放预测，很多业内人士也都并不惊讶。百度、阿里巴巴、腾讯三大互联网巨头纷纷注册民营直销银行，大举进军支付、金融等领域。2015年几乎所有互联网公司都推出了金融相关业务，互联网金融正在大行其道。

国美、苏宁这两大零售业巨头也曾被认为其零售赚钱的盈利远低于金融业务，它们以供应商货款账期、零售收入投入到房地产、信贷领域等方式获得不菲收益。在国内，金融行业一直是暴利行业，被银行巨头们掌控，而互联网时代给了其他企业进入该市场的机遇。

2013年10月京东成立金融集团，用两年的时间完成了互联网金融业务的全面布局，先后拿下了第三方支付、基金销售、商业保理、小额贷款、支付许可、跨境电商六大牌照。形成了支付、供应链金融、消费金融、众筹、财富管理、保险、证券七大业务板块，推出了京保贝、京东白条、京东钱包、小白理财等多项互联网金融业务。

相较而言，阿里巴巴旗下的蚂蚁金服于2015年7月获得全国社保基金等战略投资者的A轮融资，蚂蚁金服的估值为450亿美元，并准备在2016年上市，显然，京东金融的体量仍然偏小。

京东金融的战略规划为：1.0版京东金融在京东体系内累积底层数据、资源、用户生态；2.0版京东金融将走出京东，满足市场上碎片化金融需求和覆盖长尾用户；3.0版京东金融将开放、融合、输出科技能力，激活金融资源配置效率，构建产业互联的金融生态圈。

大家对京东金融的供应链金融、消费金融可能比较熟悉。京东上游有大量的供应商、物流合作商，通过交易数据，京东可以对这些合作企业进行信用评级和风险控制，然后将零售获得的现金借贷给这些合作企业，从而获得利息收益。

除了借款给合作伙伴外，京东金融还为下游用户提供金融服务，京东白条就是一款分期付款业务，通过分期付款获得服务费收益。而小白理财则是一款理财产品，类似于银行的理财产品，通过互联网平台进行发售，其背后的风险控制是通过京东用户的消费信用评级。

在对内提供金融服务的同时，2015年京东金融开始满足其他市场的资金需求，京东白条开始覆盖租房、旅游、购车、教育、装修、校园，甚至农村农产品交易市场，这就是2.0版的京东金融。此外，京东还在全国各地成立小贷公司，进入三四级市场、农村市场，毕竟这些市场上的金融竞争者较少。同时，国家也对农村小额信贷有政策支持。

为了配合金融产品首发，京东还推出了“众筹平台”。截至2015年年末，京东众筹全平台募集金额达21亿元，产品众筹总规模达14亿元，项目超过3000个，其中千万级的项目有21个，百万级项目超过200个。并且，京东众筹还尝试推出一些新玩法，包括信用众筹、无限筹等，将消费金融业务领域的白条与京东产品众筹打通。

显然，京东金融正在利用其连接用户的能力，以及大数据技术优势做风险控制，这是互联网公司进军金融业的重要优势，可以降低其获取用户资金的成本，优化风险控制能力。但是京东金融仍然处于严重亏损之中。一份京东金融的融资报告显示京东金融2015年前三季度营收12.58亿元，净亏损为6.77亿元。

互联网公司发展任何业务都以补贴培养用户习惯、抢夺市场的方式开展。在互联网金融领域，大量P2P公司就以高收益、高补贴吸引用户，也有些企业因难以控制风险而倒闭，甚至涉嫌非法集资。

金融行业的本质是经营风险，目前大量互联网金融企业以消费互联网的方式去做金融，让许多专业人士十分担忧。因为金融企业的核心竞争力在于“资产端”，如何获得优质资产，并对其进行出色的风险控制，这才是核心。

金融企业的关键在于稳定和安全，美国拥有上百年历史的金融巨头——雷曼兄弟倒闭，证明了金融企业丧失风控后的危险。或许，互联网金融颠覆传统金融的时代真的来临了，颠覆者需要通过疯狂“烧钱”模式抢夺市场、培养习惯，构建一个崭新的商业模式，从而实现市场垄断，颠覆旧的金融企业。

然而任何商业都有自己的运行规律，金融的本质就是经营风险，无论是传统金融企业，还是互联网金融企业都必须遵循。

雷曼兄弟曾被认为永远“大而不倒”，然而却在一夜之间轰然坍塌，这就是忽视风险的后果。

## 京东的未来根本不在电商

在打造了京东商城后，刘强东又进入O2O和互联网金融市场，并希望打造两家与京东商城一样的上市公司。

京东、天猫、苏宁之间的同质化竞争不断加剧，这让刘强东无法在电商市场上高枕无忧。在前有天猫后有苏宁的局面下，京东的增长率正在放缓，而其亏损也在加剧。这让京东不得不继续投入巨大的营销费用、物流仓储费用、流量获取费用，以参与竞争。

但任何资本市场都无法忍受一家持续亏损的企业，美国资本市场对京东的耐心是有限的。优酷土豆就因长期亏损，而被迫退市后卖给阿里巴巴。互联网公司获取的都是垄断利润，电商平台之间疯狂战斗的结果是没有谁能实现绝对垄断。

为了实现垄断就必须通过合并与收购的方式，这与滴滴快的、58赶集、美团大众点评、携程去哪儿之间的合并是相似的。京东的未来是什么？是否会与某一家电商平台合并而实现垄断呢？

除了资本上的合并和收购外，京东的未来绝对不是一家进货卖货的商场，而是正在向阿里巴巴靠拢，成为一家电商服务公司。这意味着京东平台上的第三方交易额会大幅超越自营，意味着京东最终的企业形态是一家物流公司，为第三方卖家提供仓储、物流、配送服务。

京东未来还可能是一家金融公司，为供应商、顾客提供贷款和分期付款等金融服务。所以最终电商只是连接供应商、用户、合作伙伴的平台，其赢利模式绝对不是传统的销售商品差价，而是各种仓储、物流、配送、金融、广告等增值服务。

同时，刘强东还应该考虑到强势品牌企业自主电商的崛起（在电商平台开设第三方商户，自己建立电商平台），应该将京东看做是电商能力的提供者而不是构建一个封闭的“大院”，在企业和用户之间设置一道“墙壁”。因为电商的本质就是“去中介”，商业的本质在于直销，所以为强势品牌企业提供电商的物流、技术、金融、数据等能力，为小企业提供交易平台，这才是京东以及其他电商企业的最终未来。

这意味着刘强东的京东商城与阿里巴巴之间，甚至与腾讯之间都变得毫无差异。

## 案例点评

### 无印良品用电商为专卖店引流

在传统的渠道中，由于区域限制，消费者不可能如此轻易地进行比价，因此不同卖场的价格很可能是不同的，不同品牌的同类商品之间价格差异也较大。但由于电商在全国范围内销售，让商品的价格成为全国统一价，没有任何地区差异。互联网技术消除了信息不对称，消费者总是会到售价最低的电商平台上购买同类商品，这意味着每个电商平台都必须以最低价销售。

电商消除了价格、性能、参数的信息不对称后，让每个消费者都成了“比价专家”，这意味着电商平台之间、商家之间也必须采取激烈的价格战。虽然制造企业通过电商可以节约一部分店铺租金、人员成本等，但是售价的大幅降低对企业利润还是带来了严重的侵蚀。对于品牌弱势的企业来说，无法利用品牌作保护伞，降低价格战带来的冲击。所以在江浙沪一带，制造业出现倒闭潮。

当然电商平台也加速了市场的洗牌，让具有优势的大品牌变得越来越强大，让小品牌和小制造企业被淘汰掉。这也会加速中国商品的品牌化进程，从某种程度上来讲也是好事。

一方面，电商可能导致大批线下服装店、小商铺、代销点、代理商出现大规模的倒闭，这是电商 “去中介化”优势导致的必然结果。目前，全国各地的许多商铺都出现关闭潮，3C数码卖场更是早就出现倒闭潮，这种趋势还会继续延续。

另一方面，对于品牌商来说，需要学会利用好电商这种新的工具，建立自己的电商平台，直接与用户建立连接。以无印良品为例。这家日本企业，2000年就开始涉足电商，但这并没有影响其全球范围的开店计划。截至2015年12月，无印良品已经在中国开设了152家专卖店，2016年将扩张至200家。

无印良品的电商战略并不是为了销售商品，而是为了做营销、展示，将线上的流量引导到线下的专卖店，方便与消费者进行互动和沟通。这是无印良品做电商的三个重要目的，而销量只排在其电商战略的第四位。

在日本无印良品有385家专卖店，比起在网店里购买后额外支付运费，并等待商品的配送，消费者更愿意在店里直接感受商品的品质，然后直接买走。在无印良品的官方网上商城中查看商品时，可以在相对显著的位置查看该商品在库情况的链接，点开后可以看见各个街道的实体店铺一览表，点击店铺链接可以进一步看见该线下店铺的位置、营业时间、电话等信息，想获得商品实时在库情况，可与该店铺直接电话联系，为消费者去线下店铺购买提供方便。如果线上成交的顾客不想把商品寄到自己的地址，也可以到线下实体店铺取货，并且到店自取的方式可以免付运费。

通过网店，无印良品可以获得用户消费的大数据，从而了解用户对不同类商品的喜好程度，从而控制商品的产量，降低库存。还可以通过大数据发现哪些地方的顾客更喜爱无印良品，从而指导其地面专卖店的选址。

目前，无印良品已经在天猫、京东开设了旗舰店，但是几乎不进行任何促销、打折计划，与线下专卖店同品同价，同时还设置了免运费的消费限额。显然，即使在其他电商平台上开设旗舰店，无印良品也没将销量任务押在电商平台上，这与其官方网上商城的策略是完全一致的。这与优衣库的做法也十分类似。

而无印良品、优衣库对电商的态度，和苹果公司在网上商城、线下苹果体验店的做法，几乎都是一致的。我们得出的结论是，真正具有核心竞争力、品牌影响力的企业只是将电商作为一种工具，而并非关系到企业生死的选择。只是通过这种工具来提升直销的效率、服务的效率，这也值得所有具有品牌的企业学习。

未来，品牌企业的商业模式只有直销一种，无他。

## 中国电商小插曲：刷单和假货

电商似乎会让优秀的企业更加优秀，让落后的企业、差的商品最终无人问津。然而现阶段中国电商平台上，却出现“劣币驱逐良币”的怪现象，这是阶段性的小插曲。

目前，电商在消除了商品参数、价格、性能等信息不对称的同时，却制造了另一种信息不对称。在电商的产业链条中，存在着规模庞大的“刷单队伍”。由于在电商平台上购物，导致用户无法现场触摸、体验商品，因此购买商品全凭网店的交易记录中用户对商品的评价。

这些评价本来是公正反映商品和服务的一种手段，对商家起到了监督作用，同时帮助企业获取用户需求。然而由于网店之间、商品之间竞争激烈，商家不得不采取“刷单”的方式来制造商品获得好评的假象，从而吸引用户购买。

有数据称，当前中国寄生在电商平台上的刷单员人数高达100万，这批庞大的兼职大军每天都在创造虚假的电商交易额。甚至有人透露，在“双11”网购节中，许多商家为了抢夺品类销售额的第一名，不惜花费重金进行刷单操作。同时，一些电商平台的员工也被企业制定了交易额的KPI，他们被迫通过这种虚假交易完成工作任务。

每家电商平台都出台了严厉打击刷单的政策，但是电商平台上海量商家参与竞争的时候，流量也如同传统零售卖场中的好位置一样稀缺。商家必须通过刷单的方式将自己的交易额做大，将交易记录做漂亮，才能够获得消费者。在电商平台上，流传着“刷单被抓了死，不刷单等死”的口号，这也足以看出刷单对于电商经营的重要性。

但刷单导致的结果是好的商品和服务可能因为没有刷单而无法获得用户购买，差的商品反而以虚假的交易记录、用户评价而诱导用户购买，最终损害了竞争的公平性。

与“刷单”并生的恶习还有“假货”。除了刷单外，假货也一直是电商难以回避的痛点，许多假货顺理成章地在电商平台上销售。假货包括两类，一类是“山寨”货，即仿冒各种名牌进行设计的同款商品；另一类是真的假货，就是直接仿冒名牌。“山寨”货通过电商平台大量倾销，似乎与中国整体消费水平低有直接关系，但是这对中国制造业、创新来说是极大的危害，损害了许多创新企业的利益。电商平台虚拟交易的特性，让假货难以被发现和追查，也让电商一直背负着道德上的污点。

凡是非道德、非诚信的商业都难以长久。刷单和假货都是电商这种新经济发展过程中必然遇到的问题，随着时间的推移、制度的完善，都将被消除。目前，中国商务部已经在拟定《商品流通法》，在该法律条文中对虚假交易的刷单行为会有明确的处罚规定。同时，电商纳税制度的完善，也将彻底打击刷单和假货行为。

目前，电商仍然没有像传统工商户、企业那样进行严格的纳税，这也被认为是一种不公平竞争。因为线下的个体工商户、零售企业都必须办理营业执照，并按照国家规定缴纳税款。国家为了保护电商这种新经济，一直未将纳税提上日程，这也是电商快速发展的红利。

但是随着电商逐渐壮大，对电商收税的呼声越来越高，国内也在研究对电商的征税办法。2015年年初，相关部门已完成《电子商务法》立法前期的课题研究工作，相应的立法程序也已启动，其中就包括了对电商纳税的一系列规定。参照国外，对电商纳税被认为是一种公平竞争条款。例如，欧盟规定自2015年1月1日起，凡在欧盟境内网上购物，增值税将执行买家所在地税率，这一规定旨在打击非法竞争。美国各州基本都要缴消费税，网购时商家会直接将税金计入消费者应缴税款总额。2013年美国国会参议院通过《2013市场公平法案》，规定美国各州政府可以对电商跨区进行征税。

英国法律明确规定，所有在线销售商品都需要缴纳增值税，税率与实体经营一致，一般标准税率达17.5%，优惠税率5%。澳大利亚一直以来对电商和实体店铺一样进行征税。在澳大利亚网上购物之后，买家会收到电商发来的收据，收据中注明政府扣税的情况。

韩国在电商征税方面，其网店和商场在缴税标准上是一致的，除了各种基本税，还要缴纳10%的增值税。日本已确定2015年度税制改革大纲，从10月起通过互联网购自海外的电子书及音乐服务等将被征收消费税。新制度下，企业所在地无论在哪儿，只要购买商品者身处国内，将一律征税。一般的做法是消费税将被加到商品价格中去，由消费者承担。

没有规矩不成方圆，随着电商交易额的不断增加，其对传统零售业的强力冲击在所难免，电商这个“黑洞”正在利用其“引力场”吸附许多资源、资金和用户，它们与打车软件、在线订餐等行业一样都在抢夺传统产业的市场。

面对这种趋势，没有谁可以阻挡，但是政府作为监管机构，出台管理规定让新、老经济在公平的竞争条件下竞争，是必须要做的工作，这包括许多法律法规、税收规章制度的跟进与完善。只有这样才能让互联网“黑洞”在可控制的范围内，发挥推动社会进步的作用，而不是成为财富的掠夺者与经济秩序的破坏者。

## 产业观察

### 电商正在淘汰过剩的产能

目前，我国正在淘汰落后产能，淘汰过剩产能，在供给端进行改革，将有效的资金转移到其他具有发展前景、具有创新性的行业。现在所面临的产能过剩，不仅在大宗商品、钢铁、水泥、石油、煤炭等行业存在，在许多制造业也都存在，如服装制造业、手机制造业和家电制造业等，几乎我们身边的所有行业甚至粮食产业，都出现了过剩产能。

其实，电商正在帮助国家进行淘汰过剩产能的工作。

现在的企业可分为三类，第一类是有品牌的大企业；第二类是没有品牌的小企业；第三类就是产业链中的零部件供应商。电商的疯狂价格战以及用户评价机制的出现，导致没有能力参与价格战的企业，没有能力通过品牌来保护价格的企业，都将难以生存。

比如小的家电企业，在以前传统的零售时代，由于信息的不对称性，它们在区域市场中可以有销量。但是因这些商品一般品质不佳，现在用户在网上购买后都会进行差评，这种差评会直接影响到后续销量。

其实，在产能过剩的时代，品牌企业的优质商品售价也并不高。在许多欠发达地区，由于信息不对称、渠道不顺畅，人们所购买的小品牌商品价格甚至会高于大品牌商品价格，而且品质无法保证。电商一方面解决了信息不对称问题，另一方面解决了渠道拓展难题，这意味着大品牌的商品将顺利销售到这些欠发达地区，从而实现对落后产能的淘汰。

以服装为例，我们来分析美特斯邦威和优衣库这两家服装企业上市公司。美特斯邦威2015年第三季度的营收和净利润分别增长−7.8%和−178.33%，已经连续亏损数个季度。2013年与天猫合作之后，美特斯邦威降低了20亿元的库存，库存降到10亿元，但是仍然在亏损，而且其全国的许多专卖店也正在关闭。这家模仿优衣库的中国服装企业正在持续亏损的泥潭中难以自拔。

而优衣库2015年第三季度的营收是32.7亿美元，增长了23.9%，净利润12.3亿美元，增长了36%。其在中国的店铺是470家，还在准备大幅开店。优衣库于2009年入驻天猫，已经六个多年头，仍在快速增长。我们发现它的利润并没有因为电商的价格战受到影响。

美特斯邦威的亏损与优衣库的持续赢利形成了鲜明对比，其中电商所起的作用不容忽视。电商让更多服装品牌突破地域限制，在网上销售，这导致用户的选择增加。缺乏独特品牌定位和研发实力的美特斯邦威就陷入了非常严重的价格战，而优衣库却可以通过品牌优势、材料研发的技术优势获得盈利。

再来看家电行业。根据2015年中报数据，美的的营收增长了6.7%，它的净利润竟然增长了25.93%。海尔家电营收下降，但是利润不降反升；格力的营收下滑，但利润却实现了增长。家电行业的营收下降是因为中国整体房地产市场下滑导致需求降低。这些有品牌的企业纷纷在京东、天猫等电商平台开设旗舰店，通过电商降低渠道成本，提升利润。而且这些强势品牌是电商平台争相抢夺的对象，因此它们也不会轻易参与电商之间的价格战，所以利润有保证。

再来看零部件市场。当前手机零部件企业的利润已经从2012年的40%降至2015年的6%。很多零部件企业已经开始裁员，希望以此来节省成本。中国零部件企业受到双重压力，一头是日本、韩国这种具有核心技术的企业，它们不会向零部件组装企业降低价格。另一头是强势品牌，比如小米、华为等企业纷纷进行疯狂电商价格战，要降低成本就要对零部件企业施压。

两头压榨导致零部件企业利润开始大幅下滑，所以许多零部件企业面临大规模的裁员、欠款、倒闭，但是对于资金雄厚、研发实力强的零部件企业来说，它们完全有能力应对这些压力。在这个过程中其实也淘汰了一些产能过剩的零部件制造企业。

那么最终我们看到，通过这种电商的信息透明化和疯狂的价格战，具有品牌、有研发实力的企业的利润并没有下滑，没有品牌的企业则面临生存压力，没有实力的零部件企业也会淘汰。这样会带来大规模的失业，也会导致许多行业出现品牌的集中化。这对消费者来说，有利有弊。

好处是我们所使用的商品的品质可能会有提升，同时价格不会提高。但是由于电商加剧了用户的比价，让强势品牌之间也不停地进行价格战，因此它们也要持续压榨零部件企业的利润，这导致零部件企业偷工减料，这是很常见的例子。

电商这种疯狂且透明的比价战斗最终也可能导致整个商品市场品质的下滑，这是不容忽视的一个趋势。因为拆解iPhone和小米手机以及其他国产手机的时候，我们发现小米手机使用的零部件与苹果使用的零部件价格差别巨大。这也是为什么iPhone用四五年都不会出问题，而许多千元国产机用了半年甚至几个月就会出问题。这就是价格战导致的：产品有精美的包装盒、精美的外观，但是内部的零部件被偷工减料，我们是看不到的。

## 刘强东“关闭自营电商论”背后京东在恐惧什么？

在2016亚布力论坛上，第一次参加该论坛的京东商城创始人刘强东发表了“传统企业应该放弃自营电商”的震撼言论。

他说：“大多数品牌商还是要把时间精力放在品牌上做好研发设计，销售管道应该交给线上零售商和经销商做好，自己没必要成立一个什么电商部门，弄一个庞大的团队，这么高的薪水待遇，去网上做营销。”

“我再次呼吁各位传统品牌企业家，忘记电商吧，回去第一件事情就是把你的电商部门所有员工都裁撤掉。”

“所有的传统品牌，如果销售的产品有很大一部分是通过电商部门卖出去的，绝对是一个灾难。”

此言一出便遭遇阿里巴巴马云、苏宁孙为民，以及食品企业、纺织品企业、服装企业等多家企业负责人的痛批。

## 马云、孙为民是如何反驳的？

随后也是在亚布力论坛上，马云在演讲中回应了刘强东的观点，他说：

“还有什么比砍部门更容易的事情，如果企业家做企业永远挑最容易的事情，这个企业怎么做得好？”

马云认为：“电商不是一个零售的渠道，不是一个销售的方式，而是一个思想观念的进步，这种进步就像用电和烧柴的区别。所以我觉得，不是电商部门要关掉，而是思考如何把电商部门做得更强大，真正以客户需求为导向。”

苏宁副董事长孙为民更是怒斥，“传统品牌只需要专注产品”的言论完全是别有用心，任何企业的研发、设计都需要来自市场、用户的及时反馈。

孙为民说，刘强东的“传统企业电商无用论”是抹杀企业创新，使京东走向封闭，违背了互联网开放、共享的基本精神，京东成为了互联网世界最传统的企业。

孙为民认为，如果品牌企业放弃电商运营，只提供产品，不接触用户，最终就会沦为电商的附庸。刘强东言论的真实目的是对品牌企业实施“愚民政策”，建立“渠道霸权”，是小农经济的“地主思维”，总想把传统企业变成他的佃户。

以上是媒体报道透露的孙为民在苏宁内部运营总监培训上的讲话，他还要求“运营团队要根据每一个平台商户的优缺点，为其匹配资源，要抱着开放、共享的心态，一起把蛋糕做大，不准有所保留”。

## 传统企业负责人集体反对

食品企业巨头杭州唯新食品负责人认为，这简直是扯淡，传统企业经营的原则是把对的产品通过对的促销推广方式在对的通路以合适的价格卖给消费者。营销中有4P，产品（product），价格（price），渠道（place），促销（promotion）。一个有品牌的企业怎么能够把渠道放弃掉，或者完全交给第三方？

森马相关负责人完全不认同“销售管道应该交给零售商，交给代理商、经销商的观点”，他认为每一个公司都有自己的发展阶段，电商在这个时段的职责，就是做这个事情让O2O、线上线下的经销商拉近距离。

达能相关责任人认为，数字（digital）时代的到来，对于品牌商而言，第一次有了机会可以直接接触（approach）自己的消费者，应该好好想想如何数字化（digitalized）整个公司和组织，电商可能是这个时代目前相对比较摸得着看得见的部门。

## 京东在恐惧什么？

有人会问，你支持刘强东的言论吗？说实话，刘强东是一位值得尊重的企业家，他通过十几年的时间将一个中关村的柜台变成了全国第二大的电商平台，拥有超过10万名员工，这种白手起家的创业精神值得称赞。

但是令我想象不到的是，当一家企业拥有如此成就后，企业家的思维却没有跟上企业成长的步伐，仍然局限在曾经的“中关村柜台”上。

在中关村摆摊的商户，想的肯定是如何廉价地从供应商那里拿到独家代理权，然后利用其独家代理权提高销售价格、占用供应商资金，从而获得利润。但是电商的发展则是手握“去中介”的尚方宝剑，割掉了各种中间商，减少了商品到用户手中的环节，从而节省了大量的费用。

其实，革中关村摆摊商户命的正是电商，而京东是这场革命战役的既得利益者，同时，也是电商思维普及的布道者之一。它让传统企业认识到通过电商转型的重要性、迫切性，让它们第一次感受到直接与用户对接的幸福感。

而当这些企业都兴致勃勃地招聘人才、开启电商计划，希望借助“直销”来降低渠道拓展成本、缩短资金回笼时间、获取用户数据、接受用户需求的时候，既得利益者京东却传递出“传统企业电商无用论”。

刘强东这番言论似乎是在恐惧什么。我想他主要恐惧的是传统企业的觉醒。因为当前能够提供电商基础服务：电商人才、流量平台、金融、大数据、云计算的企业不再只有京东，其另一个对手——苏宁易购正快速崛起，并用6年时间完成转型，还与阿里巴巴达成战略合作，正在以开放零售CPU（商品供应链、物流和服务）的战略对战京东。

传统企业可以利用这些电商基础服务迅速在各大电商平台建立自己的第三方店铺，也可以自建电商平台，如海尔、小米、苹果、华为等。这些完善的电商基础服务都可以帮助传统企业拥有自己的电商渠道，接触自己的消费者，甚至还有一些企业电商平台向B2C电商平台演进。例如，小米就通过投资、入股的方式打造了一大批商品，并在自己的平台上售卖。还有企业通过自营电商做起了“按需定制”商品，这是真正的消费升级。

事实上，每一个时代的转折点，总是新趋势、新企业对旧趋势、旧企业的替代。电商对传统零售的替代，让苏宁痛苦了6年才完成转型。而现在一个崭新的趋势正在形成，那就是“电商生产力”。

电商这种新工具不再是有些企业独占的资源，而是一种通用的生产工具，并演变为一种公平的生产力，这对曾独占这种生产工具的京东来说无疑是一种挑战，让京东感到了压力。

一般情况下，既得利益者面对挑战的第一反应是对抗，但是对抗趋势只会错过未来，而这将给顺应新趋势的企业机会。苏宁易购这个经历了转型的企业，变得相对成熟，其提出的零售CPU理念，就是基于这种开放、共享的精神。

苏宁易购甚至提出，依托自身物流、资金流、信息流的优势，帮助传统企业提升电商运营能力，让它们的电商部门更快成熟，最终推动品牌企业不仅在苏宁易购平台上销售商品，还能自主精准营销，运用大数据挖掘，进行C2B（消费者到企业）定制商品。

所以“电商生产力”是未来趋势，电商渠道只属于过去，阻碍企业获得新的生产力就如同阻碍一个人学习新技能、控制一个人拥有新思想，这是非常封建而古老的集权思维，这种言论被集体抗议是十分正常的。

一个伟大的企业绝对不是只为了赚取利润而存在，它被历史所铭记的只能是它为一个时代的前进而做了怎样的创造，它可以是一种思想、一种技术、一种能量。这就意味着成功的企业要甘愿做布道者、资源提供者，甘愿成为摩天大楼的地基，帮助更多的企业成长，而不是为其他企业成长设置障碍。

这才是真正的互联网思维：开放与共享。

而中国又有多少企业能做到这一点？纵横交错的并购战、“烧钱”战，让我们只看到了贪婪的资本，而没有看到任何创造和创新，这正是时代转折点上最可悲的事情。

## 不同企业的不同电商模式选择

对于不同的企业来说，电商模式的选择应该有所不同。

有品牌的大企业：我们看到反对刘强东言论的都是拥有品牌的大企业，对于这些大企业来说，它们必须要进行自营电商的布局。要在所有的电商平台开设旗舰店，在利用平台所提供的物流、仓储、金融等服务降低成本的同时，学习运营方法，打磨电商队伍。要忍受住短期的利润困境，为学习新生产工具、拥有新生产力而投资。

这些电商平台可以帮助企业将流量引导到自己的官方网店、线下专卖店，让这些流量真正地转化为企业自己的用户，让企业与用户建立连接。最终，实现企业自有大数据指导生产、经营，并升级为按需定制商品的高级模式。

无品牌的小企业：对于品牌弱势的企业来说，借助电商平台卖货是正确的。这个时候无需过多考虑自营，更无需投入更多的资金、精力打造自己的团队。因为企业最为重要的目的是生存。只是这种竞争模式绝对不能长久，因为将电商作为渠道的方式，无异于将自己的半条命交给了电商。这就会导致企业自身过分依赖电商生存，失去自我生存的能力，可能会遭受电商平台的资金占用、霸王条款，最终丧失自我。

新诞生的企业：对于所有新诞生的企业来说，都要将电商部门作为企业不可或缺的部门之一，无论是利用第三方网店，还是微信店铺的方式，都要有自营电商。同时，将“电商生产力”贯穿到生产、制造、营销的整个过程。

同时，在整个过程中学会利用电商基础设施，大胆地使用它们提供的物流、仓储、平台、云计算、金融等服务，最终掌握核心的消费者数据，实现多次购买、按需定制。

第八章

# 海尔向左，华为向右

记者：“张总，在您看来，未来十年互联网发展趋势是怎样的？或者说，通过这次世界互联网大会看未来格局，您觉得下一个风口是什么？未来什么产业最具前景？”

张瑞敏：“你提的这几个问题归结起来就是，互联网下一个发展方向到底在哪里？说法有很多，但我个人理解，就是怎样满足用户的个性化需求。”

这是2015年12月17日第二届世界互联网大会上发生的一幕，当时海尔集团董事局主席、首席执行官张瑞敏对来采访的新华网记者谈到他对互联网的理解。

“简单地说，现在互联网时代对企业来说就是彻底的颠覆，对于海尔也是如此。海尔已经将中间管理层大约一万多人都去掉了，使原来的金字塔式企业结构变成网络化的结构，打破边际，每一个创业团队、每一个人都可以和全社会的资源通过互联网连接起来。连接起来，你就可以去创业，继而为企业带来没有边界的发展。”

十多天后，华为总裁任正非接受了华夏基石e洞察的独家专访，他谈到互联网时代华为的战略时坚称：“华为追求有效成长，追求持续发展，就需要有持续艰苦奋斗精神，就需要有工匠精神。工匠精神就是专注，用一生的时间钻研，成功就是一生做好一件事。”

同时任正非谈道：“不要有那么多的互联网概念与冲动。踏踏实实地用互联网的方式去优化内部运营管理、夯实基础管理平台更重要，互联网是工具，我们的目的是发展实业，实业才是解决人们幸福的根本。不奋斗，不付出，不拼博，华为就会衰落！”

一边是全球白电第一品牌海尔的创始人，一边是世界通信巨头华为的掌舵者，在汹涌袭来的互联网时代，山东人张瑞敏与贵州人任正非走出了完全不同的互联网道路。

海尔创始人张瑞敏最早吹响了向互联网转型的号角，并深刻地思考、研究互联网，带领企业向互联网公司转型；华为创始人任正非一直对外表示，互联网是工具，并号召华为人向李小文院士学习，向日本企业的工匠精神学习。

在互联网的十字路口上，海尔向左，华为向右。无论是向左还是向右，企业最终目的还是要实现转型，让基业长青。

## 张瑞敏的三个“是什么”

张瑞敏是当代最知名的企业家之一，同时也是一位管理学大师。他在海尔对德鲁克、迈克尔·波特等管理、营销学大师的理论进行实践与创新，并积极拥抱新时代的变革。

从1984年以来，海尔共经历了重要的五次转型。第一次发生在1984年到1991年，海尔将全部精力放在名牌战略上，严抓质量，在管理、技术、人才、资金、企业文化等方面形成制度化体验，使其具备可复制的模式。海尔当时的目标只有一个——做产品品质。

从1991年到1998年海尔进行第二次转型，发展多元化战略，海尔以激活“休克鱼”的思路兼并了国内18家企业，并提出星级服务体系。

1998年到2005年海尔倡导国际化战略，提出了“走出去、走进去、走上去”的“三步走”战略，先进入发达国家创名牌，再凭借品牌优势进入发展中国家。

2005年，中国互联网高速发展，海尔迎来第四次转型，提出了著名的“人单合一模式”。从2012年起，海尔开始了第五次转型，进入网络化战略阶段。

总体来看，海尔在时代的变革下一直持拥抱、开放的心态，也曾推出过多个领先的管理模式，例如，SBU（Strategic Business Unit，战略业务单元）、人单合一、“日事日毕，日清日高”的管理法。如今，面对互联网的排山倒海之势，张瑞敏又一次领先于其他传统制造业管理者，站在了研究、思考、运用互联网的最前沿。

企业转型是需要勇气和魄力的，很多伟大的企业都因无法实现转型而衰败，如诺基亚、柯达、惠普。而张瑞敏这位六十多岁的老人，却仍然具有如此巨大的转型勇气与魄力。年龄并未影响他对崭新的互联网趋势、互联网技术、互联网思维、互联网理念的研究与思考。

2014年1月16日，张瑞敏在海尔集团2014年互联网创新交互大会上提出了《三个“是什么”》，这是张瑞敏对海尔向互联网转型的一次提纲挈领的阐释。在这次演讲中，他回答了三个问题：

1. 企业的互联网思维是什么？

2. 企业的互联网宗旨是什么？

3. 员工的互联网价值是什么？

而这三个问题，也是所有传统制造企业管理者都在思考的问题，张瑞敏给出了自己的答案。

张瑞敏认为，企业的互联网思维就是“零距离、网络化思维”。企业、员工、用户、合作方之间因互联网而变得零距离，构建合作共赢生态圈。他进一步解释：“有距离，有边界，导致的是企业和员工、用户、合作方的关系是博弈关系。而零距离、网络化要求企业和三者的关系要变成合作共赢的生态圈。”

其实，企业的互联网思维让此前企业、员工、用户、合作方之间的“串联关系”变为“并联关系”，所有环节都可以直面市场。而此前的“串联关系”是从研发开始，一直到制造、销售，一步步地推下去，没办法直接对接市场。

建立这个生态圈的前提就是“开放”，张瑞敏认为“谁能满足用户需求，谁能为用户创造价值，谁就可以进来”。而“开放”正是互联网的特征，也是一种网络化的思维。

对于“企业的互联网宗旨”，张瑞敏认为，互联网的宗旨就是用户体验的宗旨。用户体验的宗旨包括：从用户被动接受产品到用户主动参与全流程体验，企业必须以创造用户全流程最佳体验为宗旨。

张瑞敏说，以前的企业宗旨是创造顾客，现在就是让用户全流程地参与。而想要实现全流程参与，就必须要让每一件电器都可“交互”，都变成“网器”。“消费者买了一个电器回家，但没有电，这个电器等于零，一点用处都没有。将来，这个电器如果不能上网，我认为它也等于零。”张瑞敏说。

张瑞敏甚至要求海尔员工实现“无用户全流程最佳体验的产品都不应生产”“无价值交互平台的交易都不应存在”。这与小米公司雷军所谈的“互联网思维”有相通之处。雷军认为互联网思维就是“极致思维”，而极致的产品必然是体验出色的产品。

纵观互联网产品的特点：在用户的不断参与下，产品迭代更新，然后走向体验最优，走向极致。例如，一款软件会经过内测查缺补漏，公测让用户提出意见，上线后继续收集用户意见，再继续升级版本、优化产品体验。

所以，张瑞敏对“企业互联网宗旨”的定义也完全参照了互联网产品的迭代思维，让用户参与产品设计，打造最佳用户体验。

“员工的互联网价值”，张瑞敏认为是员工的自主创业创新的价值。自主创业创新的价值包括：从科层制下的执行者到平台上的自驱动创新者；创业员工并非局限于在册员工，而是一个生态圈的概念。

张瑞敏认为“员工的自主创业创新”的落实关系到企业互联网思维、企业互联网宗旨的实现的成败，是重中之重。他认为，此前海尔以及其他传统企业都在学习日本的“执行文化”而非“创新文化”，这是日本索尼以及东芝、夏普等企业持续亏损的主要原因，这种执行文化导致企业距离用户太远。

而改变这种“执行文化”的方式是将员工变为“创客”。张瑞敏认为，商业有两大环节：创造价值＋传递价值，其中传递价值有三个流：信息流、资金流和物流。无论哪个节点都要自己创业创新，不存在仅是执行的节点。

为此，海尔提出“利共体”的概念，让商业的每个节点都要创造价值，然后分享“超利”。例如，以前信息流、物流、资金流只是负责“传递价值”，现在海尔要求这些节点也必须要通过创业、创新建立“利共体”，从而“创造价值”。

这其实也是在学习互联网公司的做法。例如，电商企业的信息流，可以共享给第三方卖家，通过大数据、广告等获得收益；物流则可以开放给商家，与快递公司竞争，获得收益；资金流并非只为自己企业服务，而是成立金融公司，做信贷、P2P等各种金融业务。张瑞敏甚至对员工们提出“非自主创业创新、非超利分享、非创客都不应存在”。这种大刀阔斧的改革，是在完全向互联网学习，甚至是要让海尔成为一家互联网公司。

张瑞敏的《三个“是什么”》是他对互联网的一次深刻思考，同时也为海尔向互联网转型做了“框架”。而这个“框架”简单地讲就是一句话：消灭企业、员工、用户、合作伙伴之间的距离，共同联手打造最佳用户体验的产品，以开放、创新的互联网精神让商业的每个环节都可创造价值。

张瑞敏对互联网的思考是非常正确的，互联网确实代表了一种先进的技术、先进的思维、先进的组织方式、先进的管理方式以及先进的赢利模式。只是一系列的“先进生产力”能否让一家制造实物商品的企业像制造虚拟商品的互联网公司那样高速发展，目前还是个未知数。

## “三化”变革

在制定了向互联网转型的“框架”之后，就要做转型的落实工作。2015年2月的海尔互联网模式创新交互大会上，张瑞敏又提出了“三化”：企业平台化、用户个性化、员工创客化。同时，他还提出，海尔的目标要从产品的销量转变为用户的流量，但是获得用户流量还不是目的，最后要变成“引领”行业发展。

1．企业平台化

所谓企业平台化，指的是企业组织架构的互联网变革。此前，企业的组织架构是科层制度，就是典型的“正三角”模式，领导处于最上层，然后依次是中层、底层员工再到消费者。一直以来，企业都希望能够实现“扁平化”的组织架构，以全面对接市场和用户。海尔还曾推行过“倒三角”模式，让管理层为员工做“后勤”。

现在，张瑞敏提出一个新的组织变革名词“企业平台化”，其目标仍然是希望组织扁平化。

张瑞敏表示：“我们把它（公司组织架构）变为海尔创业生态圈，里面没有科层，只有三类人，这三类人没有职位高低，差别只是所掌握的、创造的用户资源不同。第一类人叫做平台主，这个平台上有多少个创业团队能够成长？平台主不是一个官员，也不是一个上级领导，而是一个服务员，负责给这个生态圈浇水施肥；第二类人是小微主，就是一个创业团队，这个创业团队在平台上茁壮成长；第三类，原来的员工现在变成创客。所有人形成一个组织，齐心协力来创造用户最佳体验。”

其实，张瑞敏所提出的“企业平台化”与之前提出的“倒三角”模式似乎理念是相同的，都是让管理层作为后勤支持，而不是发号施令。区别在于，“企业平台化”的变革中出现了创业团队“小微主”，这在此前的海尔里应该叫做“某某部”。

如果只是给组织改改名字，这不能称作是真正的变革。为此，张瑞敏又提出为了让“小微主”真正独立，“平台主”下放了“三权”：决策权、用人权、分配权。并让“小微主”独立到工商部门注册公司，“平台主”提供资源和资金，作为投资方，让这些“小微主”真正的成为一家既独立于又存在于海尔平台的企业。

所以，从科层制到海尔的“倒三角”，再到现在的“企业平台化”，看似好像没有本质的变化，都是为了减少组织的层级，让组织尽可能扁平化，实际上现在通过对“小微主”的放权激活了组织的活力。从理论上讲，这种组织和管理的变革是非常创新的，值得拍手称赞，这再次体现了张瑞敏的管理学智慧。

2. 用户个性化

大规模制造下的产销分离，是工厂生产出来的产品分销到商店，商店再到顾客，这个过程中用户没有参与，没有更好的体验。“我们搞了一个‘互联工厂’，用户体验是无缝化、透明化、可视化的。这个互联工厂，首先可以跟用户交互，即无缝化；其次，互联工厂是透明的；最后，每项任务做完了之后可以发到用户手机上，全过程用户都可以知道，这就是可视化。我们能不能做到去线下店、也去线上店呢？”张瑞敏说。

张瑞敏还引用了“利特尔法则”来指导海尔实现用户个性化。他说，利特尔法则讲了怎样吸引更多的用户并黏住他，跟你共同成长、共同来开发或者更好地来创造新的用户体验。我们把这三者按海尔内部的语言，归纳为“多、久、深”。

“多”：用户规模增长的速度多快，一个行业里多少用户被你吸引过来了？

“久”：用户黏性有多久，用户待一分钟还是一个小时？

“深”：用户规模成长的深，是指用户待的时间长了以后，能不能和你共同创造用户最佳体验？能不能参与到你的前端设计？能不能创造更好、更快的迭代？

“多、久、深”显然是互联网公司衡量产品好坏的标准，却被张瑞敏用在了家电产品之上。因为海尔希望将售卖产品变为获得“用户流量”，而拥有了“用户流量”之后就可以让用户参与到产品的研发中来，让产品的体验更加出色，同时还能拓展制造企业的边界。

例如，在一款控制冰箱的手机App上拥有海量用户之后，制造冰箱的企业可以涉足养殖业、绿色农业，为这些用户提供蛋、肉、蔬菜，通过这个控制冰箱的App继续为用户提供除了家电之外的其他服务。

这也可以理解为将冰箱作为“入口”，只要通过这一入口进入的用户，企业都可以通过继续服务他们而获得收益，从而让收入不再局限于售卖硬件设备，让商业流程上的每个节点都可以创造价值。

目前，海尔官方网站、海尔网上商城都有用户定制商品的入口，海尔冰箱、洗衣机、热水器、空调都支持用户的个性化定制。定制化，在互联网没有普及的时代是难以实现的，因为企业与用户之间并非零距离，企业无法建立与用户的连接。

而如今互联网、手机App可以将企业与用户连接在一起，实现零距离沟通。用户通过海尔官方站点下订单定制家电，订单自动传送到海尔互联网工厂，工厂根据订单直接生产，然后再通过配送、安装一体化完成对用户的服务。这整个过程由于互联网技术的参与，降低了定制化商品的沟通成本、订单生成的成本，节省了商品流通环节的渠道成本，因此定制商品的价格也可以非常亲民。

当然目前的家电定制化，仍然是增减模块、更改颜色，基本上仍然是标准化的生产方式，例如，为空调增加Wi-Fi功能模块需要用户多支付200元，挑选一款配色无需加钱。这是商品定制化的初级阶段，用户参与商品制造的环节仍然较少，未来真正的定制化应该是家电尺寸、功能等全都可定制。

3.员工创客化

企业平台化是组织管理的改变，用户个性化是思维、理念、技术上的改变，是海尔转型互联网的宗旨。而员工创客化则是为了保证组织管理变革的成功，保证用户个性化总目标的实现，是重中之重。

张瑞敏说："破一微尘出大千经卷。"大千世界里面，茫茫宇宙当中，每个人就是一粒微尘，每个人都微不足道。但是，落到今天的实际来看，每个人又都是独一无二的，都有不可限量的潜力。问题是能不能发掘出来？集团已经把三权下放了，员工不再只是执行者，就应该自我突破，只有把自己都想象不到的潜力发挥出来，才能出大千经卷。

因此，在企业平台化组织管理变革中诞生出了一个团体叫做"小微主"，而且这些"小微主"可以独立注册公司，有独立的决策权、用人权、分配权。“小微主”让庞大的企业变得小而美，让不能跳舞的“大象”变成一个个灵巧的“猴子”。

然后再通过投资驱动平台和用户付薪平台来驱动“小微主”中的每个员工变成创客，让他们时刻想着创业、创新，而不是和此前一样拿固定工资，吃大锅饭。其实，张瑞敏此举是将员工放在了市场化的舞台上，让市场决定员工的收入与去留。

海尔文化中曾有“赛马不相马”的说法，但是多年来仍然还是施行岗位薪酬，并没有真正地做到人才的市场化。有了投资驱动平台，就意味着创客创造出的价值要被风投认领。“有风投就是资本的市场化，风投进来后一定要求人的市场化——人不行，就必须要换人，人才市场化就意味着薪酬市场化。”张瑞敏说。

这跟过去雇用职业经理人也不是一个概念。职业经理人往往是来以后谈条件，一年给多少钱、什么待遇等，现在不是，而是完全的市场化——能够为市场创造多大的价值，你就可以得到多少，假如上市你还拥有一定的股份。

用户付薪的平台使创客必须永远和用户连接在一起，因为你的薪酬是用户给你的，如果你能创造价值，用户就给你薪酬，创造不了就没有薪酬。“这也说明，创客是动态的，今天创造用户，用户付薪给你；明天没有人给你付薪，可能这个创客就要换了。”张瑞敏说。

海尔向互联网转型，最让人担忧的就是人才的短缺。张瑞敏也充分认识到了这一点，所以通过人人创客以及薪酬体系的改革，让员工完全市场化。这意味着那些想要吃大锅饭、想要继续混日子的员工都难以生存，这也迫使无法进行创新的员工自动被淘汰，而有能力者进入“小微主”继续战斗。

显然，张瑞敏所推行的“三化”变革是一场壮士断腕的战役，这意味着海尔20多年来一直实行的科层制度被废弃，而大量海尔员工都是科层体制下的员工，他们的思维已经完全地固化：一切都听领导的。

此外，由于张瑞敏推行组织架构的变革，让组织更加扁平化，组织层级的减少意味着企业不再需要那么多的员工，裁员是无法回避的。海尔也一直被外界传闻要进行大规模的裁员，张瑞敏也在多个场合谈到海尔在册员工不断减少。

不合格的老员工人心动荡、人员流失已经成为不可避免的现象；如何吸引更多优秀的合格人才加入海尔“小微主”，成为新的创客，这也是横在海尔面前的难题。地处山东青岛的海尔，在招募互联网人才、科技人才方面十分弱势，而这些人才是海尔转型急缺的人才。

同时，海尔采取用户付薪酬的制度，这种先进的薪酬制度还并未在其他企业推行。特别是互联网公司的员工，他们都拿着高于传统企业的收入，而跳槽到海尔却要担心自己的收入下降，这无疑也降低了对他们的吸引力。

除了人才难寻之外，海尔的一大批中层干部是否能够深刻领悟张瑞敏向互联网转型的排兵布阵法，这也是一个未知数。虽然跟随张瑞敏的老一批高层柴永森、喻子达都已经离职，但是目前海尔的中高层仍有一大批是在海尔工作多年的老将，他们能否领悟张瑞敏的讲话精神，并落实好才是成败的关键。

## 任正非：互联网没有改变本质

2014年6月16日，任正非在华为“蓝血十杰”表彰会上发表了讲话，言语间透露出他对互联网的看法。

他这样说道：“互联网和物联网正在渗透到社会生产和生活的方方面面，互联网促进了信息的生产、交流、获取和共享，但没有改变事物的本质，即使在互联网时代，车子还是车子，豆腐还是豆腐。同样，互联网也不可能使一家公司的管理实现跨越，科学管理还是基础，流程和规则可以简化，但不可以没有。

“对实体经济来说，互联网的真正作用是什么？是颠覆还是推动？蒸汽机和电力都曾在产业和社会生活中起过革命性的作用，但这些技术革命不是颠覆而是极大地推动了社会和生产的进步。互联网也不例外，其本质作用在于用信息化改造实体经济，增强其优质、低成本和快速响应客户需求的能力。一句话，互联网对实体经济的意义，是可以用它来提升实体经济的核心竞争力。”

很明显，在任正非的眼中，互联网暂时还只是“工具”，他并不认为互联网可以颠覆一切。他认为，学会使用互联网工具，可以提升实体经济的核心竞争力。

而且任正非还强调：“在改进公司内部管理方面，互联网可以大有作为：①可以使产业链内部交易标准化、数据化的信息快速传递，并全流程透明；②通过信息互联加强内部的信息沟通和共享，推倒部门墙，简化内部运作、核算和控制，降低交易成本；③运用大数据分析方法，充分挖掘和分析公司客户需求的大数据，加强客户洞察，与客户共同创造价值；④分析内部运作的合同、订单、项目、配置、库存、物流的大数据，支持及时、准确、优质和低成本的交付；⑤通过对人力资源的大数据分析，实现人力资源的合理配置，牵引优质资源向优质客户的倾斜。实际上，把标准化产品销售和行政采购搬到互联网上，实现B2B、B2C、O2O等多种新商业模式的运作，华为已经在做了。”

经过十几年努力，华为已经建立了统一的管理平台，平台上绝大部分数据是真实、可靠的，这使华为利用互联网方式继续改进管理有了扎实基础。未来，华为的产品要占领世界大数据流量的制高点，除了靠创新外，还要靠严格、有效、简单的现代管理体系。只有在此基础上，才能实现大视野、大战略。

任正非认为通过互联网技术可以提升管理水平，但是华为仍要向西方公司学习科学管理，而且必须沿着这条路继续走下去。

## 秉承工匠精神

在很多传统企业蜂拥学习互联网的时候，任正非在集团内部发起向李小文院士学习、向日本工匠精神学习，这也一度引发了许多非议。

2014年6月5日华为在《人民日报》《光明日报》《参考消息》《中国青年报》《21世纪经济报道》《第一财经日报》等多家报纸刊登了一则占据半个版面的企业广告，广告语：华为坚持什么精神？就是真心向李小文学习。

在广告配图中，李小文院士蓄着胡子，穿着黑色衣裤，没穿袜子，脚着普通的布鞋，在低头念稿子。李小文是中国遥感领域的泰斗级人物，他的这幅照片于2014年4月下旬在网络热传。

对于华为如此大面积地做李小文院士配图的这则广告的原因，任正非2014年6月16日接受新浪科技采访时表示：

“我们为什么做了‘李小文’广告？因为其实我们很多员工都不听我们的，包括高级干部，他们常常不看公司的文件夹，而是从互联网上吸取能量。所以做这个广告也是给员工看的。目的还是希望华为继续踏踏实实地做事，坚持艰苦奋斗精神。”

任正非号召华为人向李小文学习，是为了让员工不要在浮躁的互联网时代迷失方向。除了向李小文学习，任正非还号召员工学习日本的工匠精神，并签发了汪中求2015年8月17日在《解放日报》上发布的文章《日本工匠精神：一生专注做一事》。

在编者按中，任正非写道：“我们公司也有工匠精神，我们从年产几百万，到年产4000亿是怎么过来的，多少辛酸泪。我们要重视技师文化的建设，给他们合理报酬和激励，文员、支付系统的员工……都是一种特殊的技师，我们都要关怀。李建国是工匠第一人，他的任务是要让千万技师、技工成长起来，我们要后继有人。我们的质量要百尺竿头更进一步。”

在汪中求的这篇文章中，讲述了全球存活超过200年的企业中，为何日本拥有的数量最多，高达3146家，德国有837家，荷兰有222家，法国有196家（数据截至2013年）。原因只有一个，它们都在传承着一种精神——工匠精神。

据汪中求的文章，冈野信雄，一个日本神户的小工匠，30多年来只做一件事：旧书修复。在别人看来，这件事实在枯燥无味，而冈野信雄乐此不疲，最后做出了奇迹：任何污损严重、破烂不堪的旧书，只要经过他的手即光复如新，就像施了魔法。

在日本，类似冈野信雄这样的工匠灿若繁星，竹艺、金属网编、蓝染、铁器等，许多行业都存在一批对自己的工作有着近乎神经质般追求的匠人。他们对自己的出品几近苛刻，对自己的手艺充满骄傲甚至自负，对自己的工作从无厌倦并永远追求尽善尽美，与收获多少金钱无关。如果任凭质量不好的产品流通到市面上，这些日本工匠（多称“职人”）会将之看成是一种耻辱。这正是当今应当推崇的工匠精神。

“工匠”在日语中被称为Takumi，从词义上来看被赋予了更多精神层面的含义。用一生的时间钻研、做好一件事在日本并不鲜见，有些行业还出现一个家庭十几代人只做一件事的情形。

汪求中将日本许多零配件企业在全球拥有无可替代地位的原因，归结为工匠精神。将日本许多商品无需经过检验环节的原因，也归结为工匠精神。他总结“工匠精神”的核心是：不仅仅把工作当作赚钱的工具，而是树立一种对工作执着、对所做的事情和生产的产品精益求精、精雕细琢的精神。在众多的日本企业中，“工匠精神”在企业上层与下层之间形成了一种文化与思想上的共同价值观，并由此培育出企业的内生动力。

任正非在互联网严重冲击、影响许多企业，让许多员工思维浮躁、人心惶惶时，提出向李小文院士学习、向日本工匠精神学习，这是十分难得的。而且在制定华为在互联网时代变革策略时，他仍然强调华为要“专注”，并一定要推行“针尖战略”，就是要在所专注的领域做到最好。

将日本的工匠精神用在企业管理中，需要管理者具有大智慧，需要管理者有胸怀和伟大、崇高的精神境界。

## 华为的互联网时代管理

2015年4月，任正非在“华为2015年市场工作会议”上发表讲话，明确了在互联网时代华为的管理方法，其中有许多观点值得研究与思考。

任正非认为华为需要变革，而变革的目标是：“多产粮食（销售收入、利润、优质交付、提升效率、账实相符、五个一……），以及增加土地肥力（战略贡献、客户满意、有效管理风险），不能对这两个目的直接和间接作出贡献的流程制度都要逐步简化。这样才可能在以客户为中心的奋斗目标下，持续保持竞争的优势。”

任正非认为要实现这一目标，必须对组织架构进行变革。而华为组织架构变革的目标则是：“未来五至十年，华为将从中央集权式的管理，逐步迈向‘让听得见炮声的人来呼唤炮火’。当前正在进行的管理从以功能部门为中心，转向以项目为中心的过渡试验，就是对这种模式的探索。”

他进一步强调，让听得到炮声的人来呼唤炮火，一定要大道至简，一定要分层、分级授权。使管理标准化、简单化。一定要减少会议、简化考核、减少考试，不能用学生式的管理方式进行管理，更不能按考试得分影响薪酬。主要精力要集中在产粮食上，要按贡献评价人。

对于员工薪酬，任正非表示，要理解作出大贡献的员工，通过分享制，让他们比别人拿到手的多一些，或多得多。工作努力的一般性员工的薪酬也应比社会高20%～30%，当然工作效率也要高20%～30%。

对于用人，任正非认为，要注意优秀种子的发现，以及给他们成长的机会。在互联网时代，学习能力很强大的人，只要自己多努力，多践行，努力奋斗，总会进步快一些，我们要创造一些机会让他去艰苦地区、艰苦岗位、艰难的项目去放射光芒。那些在安逸小窝中的小鸟，终归不能成为鲲鹏。在这个时代，没有什么奇迹不可以产生。现任俄罗斯国防部长谢尔盖·绍伊古，就是一个被直接从上尉提拔为上将的人。

对于网络时代企业的边界，任正非也有自己的思考。他说："面对着未来网络的变化，我们要持续创新。为世界进步而创造，为价值贡献而创新。在坚持延续创新的同时，要容忍不同意见和不同创新。创新要有边界，我们要继续发扬针尖战略，用大压强原则，在大数据时代领先突破。要坚持不在非战略机会点，消耗太多的战略竞争力量。"

## 向美军学习组织变革

2009年，互联网上流传着一篇任正非的文章，题目是"让听到炮火的人呼唤炮火"。这是继任正非的华为过冬论之后，再一次引发企业界人士思考的观点，这篇文章讲述了华为的组织变革就是减少组织的层级，从中央集权式管理向放权给负责战斗的士兵转变。

任正非认为，华为要从以功能部门为中心的管理向以项目为中心的管理转变，此举是为了让华为在组织层级减少趋向扁平化的同时，让所有组织成员集体面向市场。

而为了实现这一组织架构的变革，任正非希望华为向美军学习。在华为高级VP（副总）邓飚的演讲中透露了，华为如何学习美军利用信息平台的手段，加快华为组织架构的变革。

邓飚在《华为的目标是建立美军那样的管理指挥系统》一文中称："从公司的变革规划来看，未来3—5年公司制定的变革目标主要有两点：第一，要建立面向全球的联合作战系统；第二，构建数字化作战平台，提升运营效率。"

其实，邓飚的观点与任正非2014年6月在华为"蓝血十杰"表彰会上的讲话是一致的。任正非认为华为之所以取得巨大成功得益于科学的管理，而科学的管理可以归结为：基于数据和事实的理性分析和科学管理，建立在计划和流程基础上的规范的管理控制系统，以及客户导向和力求简单的产品开发策略。

资料显示，从1998年起，华为投入数十亿美元，邀请IBM等多家世界著名顾问公司，先后开展了ITS&P（企业信息战略规划）、IPD（集成产品开发）、ISC（集成化供应链）、IFS（互联网金融服务）和CRM（客户关系管理）等管理变革项目。经过十多年的发展，华为基本上建立起了一个集中统一的管理平台和较完整的流程体系，支撑这家公司进入了ICT（信息、通信和技术）领域的领先行列。

这是"科学管理"的成功，但任正非认为这还远远不够。他提出了当前华为管理中的四个难点：

一是跨领域、跨部门的端到端的主干流程的集成和结合部的贯通，仍是目前最大的短板。

二是公司运营管理与业界最佳实践还存在较大差距，已经成为制约公司市场竞争力提升的短板。

三是如何实现向以项目为中心的管理转型。

四是如何简化管理问题。

面对这四个难点，华为希望通过信息平台的科学手段进行解决。于是也就有了任正非向全公司签发的金一南教授的一篇文章《美军还能打仗吗？》，并附上文字：军人的责任是胜利，牺牲只是一种精神。华为的员工不只是拥有奋斗精神，更要把这种奉献落实到脚踏实地的学习与技能提升上，在实际工作中体现出效率与效益来。

金一南教授的《美军还能打仗吗？》这篇文章，谈到了美军的荣誉准则规定、住房与用车、预算制度、军产管理、用人制度和薪酬体系。

美国军官荣誉准则规定：第一，我们决不说谎。第二，我们决不欺骗。第三，我们决不偷窃。第四，也决不允许我们当中任何人这样做。

美军的住房与用车：不分配房产，全在军人的薪酬里；领导配车只能走固定路线，不可做任何私人用途，有严格监控。

美军的预算制度：钱管得非常死，97%的费用是固定划拨，就是军队因公请吃饭的费用都要与吃饭者AA制。将所有的钱都用在军事训练中。

美军的军产管理：军区有专人负责军产，军事机关和基地没有任何权力管理军队的土地、房屋、车辆等任何军产，这杜绝了腐败的发生，同时让军队只负责训练和打仗。

美军的用人制度：岗位轮换制，人要不停地“Move”。实现人员的普遍轮换，不但能保持军人的职业新鲜感，保持军人的活力和创造力，还能有效防止惰性和腐败，防止一个军官在一个单位长期经营，上下级之间产生人身依附关系。

军官的晋升标准不是按资排辈，晋升的排序为负过伤>接触过敌军火力>上过前线，进入过危险地带>前线总部服役>后方指挥部、五角大楼等。

美军的薪酬体系：美军各种补贴名目繁多，有海外驻防津贴、危险职务津贴、敌对火力津贴、紧急危险津贴、特别职务津贴、家庭分居津贴、掌握外语津贴等。美军上校服役30年、中校服役28年、少校服役20~22年必须退役，退役金自己计算。如一名上校退役，30年服役期间最高收入的三年平均年薪的75%，就是你的退役金。

而服役期间最高年薪的获得一般情况下因为这位军官参与过战斗，甚至负过伤，只有在参与战斗的时候才可以拿到最高的薪水。

如果将美军比作一家企业，美军通过“军官荣誉准则规定”让军人（员工）在精神和思想上保持正直，通过预算制度、军产管理杜绝腐败，并让每一分钱都用在获取市场（战场）上。通过不断地岗位轮换制度，减少惰性与腐败，通过只对市场负责的薪酬体系激发员工的工作动力和创新能力。

因此，美军将等级森严的正三角组织架构变得十分扁平化，让所有军官只对战场负责。而著名的管理学大师彼得·德鲁克曾将企业的不良病症归结为组织架构的层级过多，导致了效率低下。

为了让华为可以实现组织的扁平化，实现让“听得见炮火的人呼唤炮火”，实现从功能部门为中心向以项目为中心转型，学习美军的制度无疑是非常合适的。

除了学习美军的管理方式外，任正非一直信奉“科学管理”，华为也在IT S&P、IPD、ISC、IFS和CRM等管理变革项目中看到了“科学管理”的效果，以科学管理、信息管理替代“人治”，这是大数据的思维，也是让企业可以持久焕发生命力的关键。

于是任正非提出华为需要继续强化“科学管理”。而美军用24个陆战队员就能把本·拉登干掉的真实案例也让华为深有启发——在这场战役背后，美军有一个实时智能的IT系统在支撑作战，这套作战信息平台叫C4ISR，C4指控制、指挥、计算和通信，I指情报，S指监控，R指侦察。这套系统对美军作战效果提升起到了关键作用。

邓飚在《华为的目标是建立美军那样的管理指挥系统》中谈到，一线机会（听得见炮火的人）来临的时候，牵一发而动全身，怎样让IT系统能够迅速适应快速变化的作战场景，是我们要重点思考的。

当前IT技术的发展很快，社交网络、移动化、智能网络、云计算、电子商务……对我们应用的客户界面、产品的研发过程、员工管理和沟通，以及生态系统的建设都带来了非常多的机遇。同时从全球行业趋势来看，行业领导者在运营管理过程中也都呈现出很多相同特征。比如用数字化进行运营管理，以包容、弹性的方式建立生态，技术平台也更加开放，同时通过精益智能制造和智能配送体系来提高制造及物流运营效率。

通过信息化平台，华为希望逐步实现任正非制定的“去中心化”目标，就是以项目为中心，让“听得见炮火的人呼唤炮火”。华为认为，通过云计算、移动化，管理体系变得更加简洁，可以以一线的作战团队为中心，构建整个管理团队的架构。

显然，任正非虽然强调互联网并没有改变事物的本质，但是华为确实在利用先进的互联网技术，对企业的组织架构、管理方式进行改革，希望以此让华为的组织变得更加扁平化。这也是一个世纪以来管理学家一直希望解决的难题。

而纵观伟大的企业从事业的巅峰坠落的事例，其主要原因多是因组织架构的臃肿、层级的增加、大企业病缠身，最终导致企业由盛而衰。任正非希望通过“科学管理”，利用互联网信息化手段来解决管理上的难题，而这些手段就是互联网、大数据、云计算。这确实也符合任正非讲的，让互联网工具提高传统企业的核心竞争力。

## 案例点评

### 海尔向左，华为向右

面对互联网这个巨大的“黑洞”，海尔张瑞敏、华为任正非两位具有代表性的传统企业领袖都给出了自己的应对策略。对比后，可以得出海尔向左，华为向右的结论。

在对互联网的看法方面，张瑞敏认为互联网对传统企业来说是完全的颠覆，任正非则认为互联网并未改变事物本质，互联网只是工具，会帮助传统企业提升核心竞争力。

在互联网时代的组织变革目标上，张瑞敏认为应该实现三化，即企业平台化、用户个性化、员工创客化，组织尽可能扁平化，直面市场；任正非认为华为应该从以功能部门为中心向以项目为中心转型，目标也是组织的扁平化，实现“听得见炮火的人呼唤炮火”，但这一目标并非立即能实现，而是要等到5年后。

在实现组织变革的方法上，张瑞敏通过“人治”的方法成立“小微主”创业公司，海尔变成投资方，从而实现员工的市场化，激发员工的创业创新能力；任正非则希望通过“科学管理”的手段，信息平台的搭建，利用大数据、云计算，学习美军的信息系统，从而指挥前方战士作战。

在未来的战略上，张瑞敏认为“连接用户”后，海尔的业务也可以变得无边界，海尔将销售目标从获得销量变为获得用户，然后通过“网器”将每个用户连接起来之后，就可以向用户提供其他商品与服务，让海尔的企业边界得以拓展。

任正非认为在互联网时代，“创新要有边界，要继续发扬针尖战略，用大压强原则，在大数据时代领先突破。要坚持不在非战略机会点，消耗太多的战略竞争力量”。任正非还特别提醒，华为员工要明白华为不是万能的，在主航道外，争做鸡头的方法是不好的。

在评价日本企业的时候，张瑞敏否定了日本企业的做法，认为日本许多企业的商品品质优秀、研发水平领先却持续亏损的主要原因在于距离用户太远，海尔不能学习日本企业，而是应该向互联网企业学习如何与用户建立连接。

但是任正非却呼吁华为员工向李小文学习，向日本工匠精神学习，不走低价格、低成本、低质量的道路。

在用人策略上，张瑞敏认为当员工创客化之后，员工的薪酬由用户来给，任何不具创新能力的“创客”都会被替换掉，自然也无法获得高的薪酬。显然，张瑞敏更强调员工的自我创新能力。而任正非则认为，人的工作生命周期很短，要让他在最佳时段放射光芒。同时，鼓励一小部分“原子”“中子”创新，激发组织活力。并且华为通过信息平台为员工提供学习知识、增长经验的后勤保障力量，强调组织管理和协作能力，而不是个人创新、个人英雄。

在薪酬方面，任正非说，华为员工的收入要比同行高出20%以上，华为也尊重那些为企业做过贡献的员工，因为他们在人生最佳的时段为华为放射出光芒，这也体现了一种人性。

显然，在互联网的转折点上，海尔与华为采取了不同的转型方法和策略，一个向左一个向右，但它们的目标似乎是一致的，那就是减少企业的组织层级，使组织更加扁平化，让组织每个层级都面对市场，从而提高效率。

无论是向左还是向右，要实现的目标和重点都是一致的，海尔与华为这两艘大船，谁可以更快到达终点呢？我们拭目以待。

## 产业观察

### 产业融合是海，互联网思维是船

小米、华为、中兴等手机企业纷纷通过互联网销售手机；阿里巴巴支付宝通过“余额宝”开始干起金融生意；TCL与爱奇艺合作推出互联网电视；特斯拉轿车因为互联网而走红全球；苏宁从一家传统的家电连锁企业要向互联网公司转型……这一切都让我们为这场前所未有的产业变革惊叹：互联网正在改造传统产业！

与此同时，很多人认为互联网思维在这场变革中起到至关重要的作用，是互联网思维在指导这场前所未有的传统产业大变革。于是在百度上搜索互联网思维，我们可以看到很多网友都试图通过搜索引擎找到：“互联网思维到底是什么？”

这的确是个十分难回答的问题，或许我们应该跳出“互联网思维”这个新词去寻找答案。

## 变革并非刚刚开始

大家可能都以为这场传统产业大变革是2013年才开始的，但事实上任何事物的发展都并非一蹴而就。变革不是突然发生的事情，它经过了长时间的酝酿，只是到了2013年的时候许多客观条件成熟，走到了变革的临界点，然后就爆发了。这场变革其实早在2009年就已经开始悄悄发生。

笔者将1999–2009年这十年定义为“数字时代”，我们清楚地看到这十年间手机从模拟信号转变为数字信号，电视同样从模拟电视变为数字电视，而冰箱、空调等一系列家电设备都通过数字化实现了简单的智能控制。

但随着互联网的普及，特别是移动互联网的普及，以及芯片和集成电路技术发展达到顶峰，产业的发展方向开始发生变化。行业的领军者最先嗅到变革的气味，这包括苹果、三星等IT产业巨头。

2007年苹果发布了首款iPhone，这开启了手机快速联网时代，苹果不仅可通过销售硬件获利，还可以通过App Store销售应用获利，苹果不仅不再是一家电脑公司，也不再是一家手机硬件设备商，而变成了一家兼顾硬件、软件和互联网的新型公司。

三星在1998年前将品牌口号定义为“Samsung Digital: everyones invited”正是基于其对“数字时代”的充分认知。而且在这十年里，三星也的确实现了“数字世界”的目标。但是在2010年1月1日，三星正式启用新的品牌口号“turn on tomorrow”，开启未来，这个未来所涵盖的范围实在太广了，从狭窄的“数字”变为难看到边界的“未来”，这正是巨头对产业变革的精准把握。

因此，我把2010年之后的十年定义为“融合时代”，而让融合得以完美发生的条件是互联网和移动互联网的大规模普及。也是自2010年开始，智能手机开始在全球普及，三星、TCL、创维、海信等电视企业开始大量地宣传互联网电视……

每一年在拉斯维加斯举办的CES（国际消费类电子产品展览会）都是产业发展的风向标，2009年的CES上还是索尼数码相机、三星高清电视、LG液晶电视唱主角，但这是“数字”最后一次在CES上唱主角。所以2009年1月的CES可以说非常糟糕，但这只是黎明前的黑暗。

2010年1月的CES上，最惹人眼球的产品是：平板电脑、电子书、智能互联网电视、3D电视、汽车互联网、基于谷歌Android的各种产品、软件应用和电子配件。这些产品的共同特点是硬件产品的智能化和网络化，而且产品之间发生了融合。而2011年、2012年1月的CES，再次强化了这种智能化和网络化，产品之间的融合更加密切。

所以我断定2009年就是“数字时代”的最后一年，2010年是“融合时代”的开始，而互联网和移动互联网是融合发生的催化剂之一。

## 产业融合是海，互联网思维是船

前文解释了产业融合的节奏，但并未谈到互联网思维。如果我们把产业融合比作是波涛汹涌的大海上掀起的无边巨浪，那么互联网思维可能是海上的一艘船，航行在产业融合的大海之上。

之所以如此比喻，是不希望“互联网思维”这个新生的词语掩盖产业融合的真相，也不希望这个词语遮住产业融合的光环。但是这并不影响给“互联网思维”这个新词语进行定义，反而能找到更好的定义依据。

互联网思维，是产业融合大环境下企业的一种新的思考方式，一种追求极致的精神，一种崭新的营销方式，一种迎接产业融合的方法论。水能载舟，亦能覆舟！互联网思维不可被神化，它并非包治百病的良药，也不是产业融合时代的救世主，更不是企业竞争的核心力量。

产业融合是海，海平面已经开始上升，岸上的企业都将入水，海水无孔不入，所以任何企业似乎都难以避开这场变革。无论你是IT产业，还是汽车、金融、餐饮、旅游、房产等，都将被洗礼，造船出海，颠簸前行是必然的。那些不愿造船的企业将被永久淹没。

互联网思维是船，这个比喻可能与很多人想的并不相同，因为他们认为互联网思维只是一种营销方式，我觉得这种理解太狭隘。我将它比作是一艘船，企业需要借助这艘船在产业融合的海洋上远航。但是大海给予我们丰富物产的同时，也隐藏着许多危机，在大海上可能比在岸上视野更宽广，但却容易迷失方向。

第九章

# 苏宁：回归零售业本质

对于巨头们来说，转型的动力永远都不是来自内部，而是来自外部。英特尔曾是存储芯片的王者，然而在遭遇日本存储芯片企业的性价比大战后，安迪·格鲁夫被迫让英特尔彻底转型，放弃存储芯片，最终成为CPU的王者。

郭士纳在IBM面对戴尔、联想等PC企业冲击的时候，采取变革，让IBM转型软件与服务，成就了蓝色巨人。因此，转型并非是找死，而是一种新生。

现在苏宁、海尔、万达正分别面临着电商、互联网思维、房地产市场放缓等冲击，它们都曾经是零售、家电制造、商业地产等行业的领军者。这也印证了苏宁创始人张近东那句经典名言：优势总会被趋势替代。

2009年，苏宁宣布转型，但直到2014年，五年多的时间里，苏宁给外界的印象仍然是一家家电连锁企业，也是一家“老公司”。然而随着苏宁向互联网转型不断深化，这家“老公司”开始焕发青春的活力。

## 要么转型，要么死掉

曾经业界普遍认为电商就是传统连锁卖场的网络版，而相比传统网络卖场，电商可以展示更多品类的商品，可以更轻松地实现全国范围的经营。电商相对于传统连锁卖场来说，是一种新经济。这意味着电商企业的营收会持续高速增长，而传统连锁卖场的营收则会下滑或增长放缓，因为新模式、新经济对旧的经济进行替代的时候总是有这样的规律。

互联网对于传统连锁卖场来说是一个巨大的转折点，它们要么转型，要么死掉。

然而转型就意味着“流血”，意味着放弃巨大的利润，这对于传统连锁巨头来说是需要勇气的。第一个转型的传统连锁零售企业是巨头苏宁，苏宁的转型可谓是“壮士断腕”。从苏宁的财报数据中就可以看到其转型的艰苦历程：

2011年苏宁每个季度的净利润都有20%以上的增长，但是2012–2013年苏宁的净利润出现严重下滑：2012年第一季度下滑15.31%、中报下滑29.12%、第三季度下滑31.28%、年报下滑44.49%；2013年第一季度下滑48.16%、中报下滑58.15%、第三季度下滑73.43%、年报下滑86.1%。到了2014年第一季度亏损4.34亿元，同比下滑188.07%；中报亏损7.55亿元，同比下滑202.89%；第三季度亏损10.41亿元，同比下滑266.43%。

但是根据2014年年报，苏宁实现了8.67亿的净利润，同比增长133.21%。紧接着2015年第一季度亏损3.32亿元，同比增长23.42%；中报净利润3.48亿元，同比增长146.08%；第三季度净利润0.53亿元，同比增长了105.09%。

苏宁自2012年开始经历了净利润持续下滑到严重亏损再到赢利的过程，这是转型企业必须要经历的，而企业亏损后再赢利则意味着转型初步成功。苏宁之所以能转型成功，首先要得益于创始人张近东的高瞻远瞩和壮士断腕的魄力。

2015年年末，张近东在一次论坛上总结苏宁转型经验时说："我们认为趋势一定会取代优势，而变革最重要的是要看得清方向、顺应潮流，而企业家则要敢于放下过去的成功。"

"企业都是时代的企业，任何优势在趋势的大潮面前都终将被淹没。企业不怕选择艰难的道路，就怕迷失正确的方向。我们在2009年转型互联网零售时，可以说是在传统连锁最巅峰的时候，也是我们业绩最好的时候。但是伴随着智能手机、电脑等一系列通信网络产品的爆发式增长，我们预感到消费者的消费习惯一定也会发生剧烈的变化。所以，我们决心突破自我，上线电商，义无反顾地拥抱互联网。"

## 六年转型路

任何公司，之所以能够高速发展，是因为它们诞生于一个崭新的时代，并且没有遇到转折点。就如同苏宁诞生于25年前，当时私营零售业刚刚起步，张近东利用自己的敏锐商业嗅觉从卖空调起家创办了苏宁，并成为中国乃至全球电器零售业的标杆。

1990年到2010年，这20年都是苏宁的高速增长期，因为在这20年里这家企业没有遇到巨大的冲击。然而从2010年开始，电商开始冲击零售业。电商诞生在互联网与传统产业融合的新时代，它们是这个时代的弄潮儿，就如同20年前的苏宁。

作为零售业的“带头大哥”，苏宁最先饱受互联网电商的冲击，其转型最初的萌芽发生在2009年。

2009年 11月29日，国家相关领导人专门来到南京的苏宁全国数据中心，听取张近东的汇报， 还鼓励张近东：“我曾经讲过一句话，苏宁要成为中国的沃尔玛。我今天再讲一句，苏宁要超过沃尔玛！”

这一句嘱托，也承载了希望，它成为苏宁拥抱互联网的最初动因，2009年也成为了苏宁转型的元年。

此时，苏宁的战略是利用经济危机带来的调整期，加快物流基地的选址、建设和供应链体系、客户关系体系的创新转型。

2012年全国“两会”期间，张近东首次提出“沃尔玛＋亚马逊”战略。《从＋互联网到互联网＋：苏宁为什么赢》一书中记载，这种商业形态的含义在于：全力打造线上线下两大开放平台，构建“超电器化”经营、线上线下虚实融合、供应链物流IT全面开放的体系，服务“全客群”、经营“全品类”、拓展“全渠道”。

线上线下融合，这实际上是苏宁未来互联网战略的核心。苏宁将线下庞大的体系真正盘活，将趋势变革下曾经优势尽失的线下店铺更新换代，用苏宁的话来说，就是利用互联网工具进行迭代升级。

2013年，苏宁基本完成了“＋渠道”“＋商品”和“＋服务”的主线，从2014年开始，苏宁进入“互联网＋”的第二步，也就是“互联网＋零售”阶段。

于是，我们看到，2013年2月21日，“苏宁云商”成立。在“店商+电商+零售服务商”的新模式中，“零售服务商”作为三个战略支撑点之一，已预示着开放平台业务必将与采销分离，独立招商运营，从而加快苏宁全品类扩张速度。而苏宁遍布全国的1600多家实体店，也不再是转型的包袱，而是苏宁互联网零售发展中的“超级武器”。

2015年第三季度财报显示，苏宁易购第三季度交易总额提升了80.63%，这也意味着苏宁六年转型路已经走过了最艰难的时刻。

## “+互联网”还是“互联网+”？

传统企业拥抱互联网的时候，到底该如何拥抱？要全盘否定自己吗？

张近东认为，实体企业转型互联网可以分成“+互联网”和“互联网+”这两个阶段。“+互联网”就是将原有线下的资源和能力拓展到网上去，“互联网+”则是将掌握熟练的互联网技术再反哺线下。传统零售业转型要紧紧把握住零售业的本质，将曾经的劣势变成优势。

苏宁一方面利用互联网技术尽快扩充电商平台商品品类，将其商品从3C、家电扩充至超市、母婴、服装、百货、金融、文化等1800多万个SKU（库存量单位）。另一方面广招互联网人才，利用互联网技术建立了金融云、数据云、物流云。这都可以看作是传统零售业在转型互联网时拥抱互联网技术，算是一种“补课”。

同时，苏宁还要将其原有的线下资源和能力拓展到网上去。苏宁有1600多家传统店铺，这被互联网公司视作“包袱”。而张近东敏锐地觉察到未来的零售业必然是O2O模式，就是线上线下相结合，所以1600多家传统苏宁大卖场不应该是苏宁的“包袱”，而是对手难以复制的差异化竞争力。

“在我们转型初期，因为没有标杆可以参考，很多时候都是在‘摸着石头过河’，但是我们坚信一点，线上线下融合的O2O模式一定是未来零售业的大势，因此我们坚定地将线上线下的商品、服务、体验等全流程打通。”张近东曾表示。

接下来的市场竞争，印证了张近东的判断，各行业O2O之风兴起，不仅席卷了家政、按摩、美甲、送餐等服务业，还成为电商布局的重点。

苏宁是最早提出将O2O作为其战略转型方向的企业，也尝到了O2O的甜头。遍布全国的1600多家苏宁专卖店以及苏宁在全国的土地储备让其拥有比对手更低的仓储成本（有数据称，苏宁仓储拿地成本比京东低3到4倍）、物流成本、配送成本，可以以更低的成本实现“极速达”配送服务、“送装一体化”服务。数据显示，截至2015年12月，已经有1000家企业开始使用苏宁物流云服务。

同时，苏宁还借助互联网技术改造实体门店，建立线下的互联网云店，最大限度地提升消费者的用户体验，并将线上的流量引到线下云店中消费，实现了真正的O2O。在2015年“双11”O2O购物节上，11月11日零点开业的30家苏宁易购云店，一小时的进店人流量就达到了10万人次，当天线下整体销售同比增长达到153%。

苏宁的线下物流、仓储、配送以及服务优势也被阿里巴巴看上，阿里巴巴拿出283亿元入股苏宁，希望利用苏宁线下的优势为阿里巴巴电商平台上的商家提供服务。

线下资源看似是“包袱”，但在O2O战略的指导下，利用互联网技术、思维、理念的改造，这些“包袱”却变成了财富。这也告诉我们互联网作为一种工具，它并不是商业的本质。零售业无论是电商还是线下连锁卖场，其本质都是为消费者提供物美价廉的商品和出色的购物体验。互联网作为工具可以帮助传统零售业更好地提供商品与服务，而并非是要吞掉一切传统零售业。

## 开放与互联

2015年8月10日，阿里官方微博发布消息称：“阿里巴巴集团宣布将投资约283亿元人民币参与苏宁云商的非公开发行股，占发行后总股本的19.99%，成为苏宁云商的第二大股东；与此同时，苏宁云商将以140亿人民币认购不超过2780万股的阿里巴巴新发行股份，交易完成后，苏宁预计持有阿里巴巴1.09%股份。”

张近东说：“阿里和苏宁，一个从线上走向线下，一个从线下走向线上。双方都走到了‘互联网＋’的十字路口，在这个风云际会的历史关口，要么彼此冲撞，此消彼长；要么彼此融通，相得益彰。我们一致认为线上线下融合一定是未来发展的趋势，这不仅是苏宁和阿里的选择，更是用户的选择。因为用户不会关心你是线上还是线下，用户关心的永远是自己的需求是否得到满足，满足的方式是否更便捷。而我们就是要想方设法满足用户这种需求，所以苏宁和阿里的合作也就自然水到渠成了。”

张近东讲完后，马云走上讲台：“未来30年属于互联网和传统企业融合的30年，单纯的互联网公司无法生存，必须我中有你，你中有我。苏宁与阿里走在一起，因为双方都放下了曾经的荣耀，一切为了未来30年的发展，苏宁与阿里的合作也将成为国内乃至全球最具时代意义的合作，它见证了互联网与传统企业的充分融合。”

马云谈到阿里之所以投资苏宁，是因为苏宁在线下店面、物流、仓储、售后网点、供应链管理能力等方面具有领先优势，而阿里巴巴的未来肯定是走到线下，与苏宁融合无疑可以帮助阿里巴巴实现转型，共同打造全新的商业形态，利好用户、客户和中国经济。

实际上，这不是表现苏宁持有开放心态的唯一案例。苏宁实现零售业务转型后，接着利用互联网技术、开放的思维让自己成为一家真正的新型互联网企业，与BAT的战略方向也出现了趋同。苏宁采取开放战略，向产业链上游、下游开放物流、仓储、金融等服务，也开始做类似阿里巴巴、京东的消费金融、供应链金融业务，还为天猫商家提供物流配送、安装服务，同时，还将零售能力开放，进驻了全国各地的万达商场。

此外，苏宁还希望在社区便利店等生态圈建立自己的领地，实现O2O的大面积覆盖，推进苏宁自有支付工具易付宝的落地，这与支付宝、微信支付的战略也是趋同的。而且苏宁还通过其收购的PPTV，进军创业、体育和娱乐领域，并将会在IP（知识产权）、影视、影院、足球、游戏、创业孵化等方面进行投资和发力。

作为一家传统零售企业，苏宁在电商的冲击下第一个觉醒了。电商激活了它线下的资源，让其利用互联网技术、思维进行企业的深度改造，而且这头“觉醒”的狮子（苏宁易购的LOGO正是一头狮子）正在对挑战者“狗”（京东的LOGO是一只狗）发起进攻，“狮狗大战”既是苏宁与京东之间的战斗，也是传统零售业觉醒后面对互联网冲击时的自我保卫战。无论是具有先发优势的电商企业，还是积极转型的传统零售巨头，最终都会回归到零售业的本质中来。

这与小米、华为之战也有相似之处。小米看似十分凶猛，但当沉睡的华为醒来之后，小米的模式创新、营销创新很容易被华为这样的传统企业学会，然后再利用其核心的技术优势、供应链优势、资金优势实现对挑战者的超越。

转型后的苏宁在迅速崛起。苏宁易购2015年第三季度交易总额提升了80.63%，而京东同期的商品交易总额增长率为71%。同时，京东正在将“极速达”的免费商品限价从49元提升至99元；而苏宁易购的“极速达”完全免费。对于消费者来说，选择电商无非是考虑价格更低、配送速度快、服务好，这正是京东当初挑战传统零售商、天猫所利用的“武器”，现在却被苏宁易购用在了对抗京东上，而京东则因在物流仓储上的成本过高而难有还手之力。

## 组织重构与人才制度变革

企业转型从表面上看是战略的转变，本质上则是围绕新战略进行了组织架构、人才引进、激励机制等企业管理方面的大幅改革。苏宁云商CHO孟祥胜表示：“经营上转型最终要落实到组织上的一系列能力提升，而组织转型后就需要人的配合，人力资本比货币资本更加重要。”

为了适应O2O战略，苏宁在组织架构上一改此前的简单、标准、制度化等生硬模式，变为简政放权、扁平化、事业部制、项目制、小团队等更为灵活的组织架构，以便激发活力，让这些从互联网、金融、IT公司来的人才可以更好地发挥自己的专长。

据孟祥胜透露，自2012年至2014年，苏宁从社会引进1600名中高层管理人员，占苏宁中高层的40%，并对大批原有管理人员进行了调整，因为面对新的组织架构、考核机制无法适应的人，必然被淘汰。同时，开启全新的激励机制：员工工资涨了50%，推行12＋12的年终奖制度，进行了两期股权激励，1100多人获得了激励，并将扩展至更多员工，等等。

企业转型涉及的问题方方面面，而组织架构、人才引进、激励机制的变革关系到转型的成败，苏宁的经验值得其他企业学习和借鉴。新人苏宁的员工能有幸参与这场划时代的转型，也将得到最佳的锻炼，享受更多因转型而带来的机遇。

苏宁在薪酬方面也有非常大的改变，针对金融、互联网、IT人才专门设置了薪酬体系，与同行业薪酬看齐。三年来，管理层员工平均薪酬涨幅达50%，并且引进了互联网公司的薪酬制度，授予更多员工公司的股票期权，中层干部、研发人才等都可以拿到期权。

苏宁为了适应这些互联网、IT人才的习惯，已经不再要求上班打卡，不要求穿着工装。同时，为了更加显示苏宁转型的决心，苏宁在办公楼的设计上，办公桌、办公环境、餐厅、宿舍的设计上，都向互联网公司看齐。“这些耗资数十亿的硬件设施投资都舍得花，难道对于不打卡、不穿工装这些小事苏宁会在乎吗？但问题在于穿工装如果束缚了思想，不穿工装是不是就会有更多创新？这才是问题的关键。”孟祥胜表示。弹性的考核机制、安排员工出国考察学习、设置创新基金等措施让新人才更好地适应，同时不断地将苏宁自有的文化输送到新人才中，让他们经过不断的碰撞、磨合最终与企业融为一体。

因此，苏宁的转型，华为超越小米，这些都给了传统企业很好的启发。

那就是要快速地向互联网转型，并制定适合自身的转型战略。当忍着痛苦吃下互联网这一剂“青春药”后，会发现原来转型并非是找死，而是一种新生。而企业的发展史证明，只有经历了转型的企业才有机会成为百年企业，那些不敢转型的企业只能死亡。

## 打造互联网零售CPU

苏宁经过六年的不懈努力将自己从一家电器连锁企业变为全渠道、全品类的互联网零售商。转型，一方面是弥补与电商企业之间的差距，另一方面则是利用自身优势实现差异化，最终考虑的是如何超越“凶狠”的对手。

2013年11月，张近东在斯坦福大学演讲时表示：“在我们具有20年零售经验的企业看来，互联网本质上还是一种工具，电商无法完全替代实体。但是同时也是大势所趋，当它像空气一样弥漫到整个社会的时候，每个行业、每个企业都要互联网化。”

“未来零售不独在线上，也不独在线下，而是线上线下完美融合的O2O模式。从你们美国的趋势看也是如此，前十大的电商中，有九个来自于传统零售业。在中国至今没有赢利的独立B2C平台，依托电商平台的商户，有80%是亏损的。所以传统零售业转型，必须要坚守零售本质，发展线上线下融合的O2O模式，打造零售CPU。”

2015年9月，张近东在弘毅投资年会上对“互联网零售CPU”进行了定义：打造商品供应链的专业化经营能力，广覆盖、快捷便利的物流能力，以及满足用户需求的O2O极致服务能力。他甚至认为，服务是苏宁唯一的产品。

张近东认为，互联网为苏宁的供应链管理提供了巨大空间。苏宁此前在电器领域具有专业的供应链经营能力，但是商品品类受限于店面面积，电商让苏宁实现了全品类经营。同时利用互联网大数据，可以实现精准的营销，实现C2B反向定制。

电商全品类供应链能力的打造让苏宁开启了“苏宁超市”的扩张战略，这在只做电器时代的苏宁是无法完成的任务。同时，苏宁利用互联网技术对苏宁商城进行O2O化改造，升级为全新的“云店”，实现线下体验线上购物的全新模式。

另外，对于互联网零售CPU最为基础的能力——仓储和物流，苏宁也通过自己投资、资本增发、引入战略投资者的方式，投入巨大的人力、物力进行快速建设。而且得益于苏宁全国范围的零售网络，其仓储物流本身就有良好的基础。

截至2015年9月，苏宁建成物流仓储相关配套总面积452万平方米，形成12个自动化分拣中心、60个区域物流中心、300个城市分拨中心以及5000个社区配送站。而且利用互联网技术，可以让1600多家覆盖全国的门店变为提货点、配送中心，可以实现最快半小时配送。

物流已经成为电商平台之间战斗的焦点，苏宁快速补齐物流短板，甚至实现了超越，这也让苏宁迎来了阿里巴巴的巨资入股。阿里巴巴投入283亿元入股苏宁，其中仓储物流实力是马云最看重的一点。而且在宣布合作后的2015年“双11”中，苏宁的仓储物流就开始为天猫商户提供服务。

除了供应链、物流外，金融也是零售CPU的核心。阿里巴巴、京东商城均将金融作为重点，苏宁也不例外。在供应链金融方面，苏宁推出了“账速融”“信速融”“票速融”三大融资产品，累计为供应商提供了260亿元的贷款。在消费金融方面，推出“任性付”，为500万用户提供授信，累计授信额度300亿元。

张近东还希望将供应链、物流、金融等零售CPU能力向上游供应商和平台商户全面开放。希望通过开放让苏宁变得无处不在。张近东说，天猫上有苏宁旗舰店、万达里面有苏宁易购云店、在家门口有苏宁易购便利店，就是希望将苏宁零售CPU渗透到生活的方方面面，连接一切可以连接的对象。

CPU芯片可以放到电脑、手机、飞机、火箭等任何设备上，在不同的设备上发挥不同的能力作用。互联网零售CPU也是这样一种能力，可以在不同的零售场景中发挥作用。

## 张近东的互联网梦

除了互联网零售转型，苏宁在文化产业、创业创新、智能硬件上的布局也在提速，这让苏宁这家公司已经不再像是零售企业，而更像是一家互联网公司。

苏宁收购PPTV之后曾考虑通过PPTV为苏宁易购引流，但是并未如愿。接着张近东看到了乐视、万达影业等公司的高速发展，看到了文化产业的巨大机会，因此准备大力打造PPTV，从“互联网＋文化产业”分一杯羹。

2015年7月10日，范志军被任命为PPTV负责人。他上任后的第一个工作就是分拆体育传媒事业部（简称PPTV体育），成立子公司。在视频行业，一直都是内容为王。独家购买热门影视版权是获取用户的最好方法。PPTV体育通过主打体育赛事内容，开放众多赛事的网络直播，吸引体育爱好者。

为此，苏宁接手了舜天足球俱乐部并将其更名为苏宁足球俱乐部，并耗费巨资引入多名国际球员。苏宁足球俱乐部一方面可以为PPTV体育提供内容，另一方面还可以为苏宁提供更多品牌曝光的机会，吸引大批年轻网购群体的目光。

同时，PPTV电视也成功发售。从而形成了“内容＋硬件＋应用”的“互联网＋文化产业”发展模式，而该模式与乐视、小米的发展策略是完全相同的。而想要打造这一模式，资本的力量极为关键，独立后的PPTV体育开始了融资之路。

在2015年12月26日“苏宁25周年青春宣言”战略发布会上，张近东宣布苏宁还将顺势利用PPTV的IP资源进军游戏、影视，而且还将利用苏宁广场建设多家电影院。

为了加入创业创新大潮，发现人才，激活苏宁众筹平台，在“苏宁25周年青春宣言”战略发布会上，苏宁发布了2016年青春创业计划：由苏宁金融旗下的苏宁众筹发起，计划启动3亿元支持资金，面向大学生及青年创业群体，整合自身资源，提供全方位创业孵化服务。

具体而言，2016年，苏宁将投资3亿元打造创业营，将苏宁总部园区周边一万平方米的动漫走廊打造成集工作、休闲、娱乐为一体的创客空间。并且，将免费向创业者提供云计算、大数据、财务、税务、人力等服务，同时将在全国推广具有苏宁品牌效应的创业营模式。

报道称，苏宁青年创业计划的投资对象，是大学生及青年创业者。投资的方向为O2O融合、智能硬件、文化创意和二次元等全新领域。

为了把握智能硬件的风口，打造“内容＋硬件＋应用”的模式，苏宁除了推出自己的PPTV电视、手机外，还通过旗下苏宁润东以19.3亿元投资努比亚。在发布会现场，双方公布了努比亚手机未来三年在苏宁渠道1000万部的销售目标。与此同时，苏宁旗下PPTV也与努比亚签订了合作协议，双方将整合优势资源，联手打造定制手机，并在VR（虚拟现实）等领域展开合作探索。

显然，苏宁的目光已经不再仅仅聚集在互联网零售领域。经过六年多的艰苦转型，苏宁已经建立了独特的O2O零售模式，张近东在转型的过程中不仅让苏宁云商重生，更重要的是让苏宁看到了互联网与传统产业融合的更广阔市场。

而且苏宁在打造O2O零售模式的过程中，深刻体会到了开放的力量、连接的力量，获得了互联网技术、人才、经验，为苏宁进入除电商外的其他互联网市场提供了可能性。

张近东为他的互联网梦已经规划好了宏伟的蓝图，但是在互联网行业强手林立，相比打造O2O电商模式，苏宁进军互联网之路可能会更加凶险。张近东又会以怎样的方式实现自己的互联网梦呢？这很值得期待。

## 案例点评

### 吃下互联网“青春药”的苏宁

2015年12月26日，笔者参加了苏宁25周年庆典活动，在此谈一谈对这场庆典的一些感受。

## 吃下互联网的“青春药”

“苏宁25周年，转型成一家年轻的公司了，没有传统企业的老气横秋，互联网的青春药好使啊！”

这是笔者当晚发布的第一条微信朋友圈内容，这也是苏宁25周年庆典给笔者的最直观感受。现场孟非与伊一的风趣主持，唱歌、跳舞、互动的节目安排，以及现场苏宁员工们的气氛，都让笔者感受到这家25岁企业的年轻活力。

20世纪90年代末成立的企业，经过20多年的发展，绝大多数都已经变得十分庞大。苏宁已经是一家18万人的企业，这种公司所面临的主要问题就是公司内部管理体制的僵化、人员思维的僵化、大企业病，给客户、消费者的感觉则是“老气横秋”，不时尚、不年轻。

事实上，苏宁从2009年宣布转型，直到2014年，五年多的时间里，苏宁给外界的印象仍然是一家家电连锁企业，也是一家“老公司”。然而随着苏宁向互联网转型的不断深化，这家“老公司”开始焕发青春的活力。

笔者曾与苏宁的CHO（首席人力资源官）孟祥胜有过交流，他谈了在转型的过程中，苏宁如何对照互联网公司进行组织架构的变革，如何从互联网公司挖人才，如何招募年轻人，甚至是如何改变公司的打卡、穿衣制度，以迎合互联网的开放、共享精神。

所以互联网是一剂非常好用的“青春药”，可以让25岁的“老公司”焕发青春。目前，不仅是苏宁，国美、海尔、美的、格力等许多公司都面临着互联网的转折点，都需要转型。这一剂互联网的“青春药”是非常苦涩的，因为苏宁因服用这种“青春药”自2013年开始经历了多个季度的亏损，这种壮士断腕的勇气，也并非一般企业所具备。

所以我们不禁要问，互联网“青春药”虽好，“老公司”们谁敢服用？

## 互联网不是谁的“特异功能”

“2015年华为手机超越了曾依靠互联网营销将传统手机厂商打蒙的小米，这就是我在《解密小米》里讲的互联网新公司依靠新模式迅速崛起，当传统巨头觉醒后，互联网就成为一种赋予所有企业的能力，对任何企业都是公平的，新公司因为质量太轻导致惯性不足，必然被学会了互联网能力的大象赶上，前提是大象要觉醒。苏宁觉醒得早，接下来就看能否抑制京东成长了。”

这是笔者当天微信朋友圈发布的第二条内容。

张近东曾说过：“趋势一定会替代优势。”这也让张近东果断地选择向电商看齐，并提出了苏宁的O2O战略。张近东在总结苏宁转型路线的时候表示，实体企业转型互联网可以分成“＋互联网”和“互联网＋”两个阶段。“＋互联网”就是将原有线下的资源和能力拓展到网上去，“互联网＋”则是将掌握熟练的互联网技术再反哺线下。

现在的苏宁除了拥有互联网电商公司所具备的电商平台、金融、物流、大数据外，还具备了它们所不具备的1600多家门店、苏宁云店以及配送一体化服务等优势，而这些优势正是“＋互联网”的部分。同时，在这次25周年庆上宣布的苏宁创业扶持计划、体育计划、文创计划、扶贫慈善计划，也让这家传统企业正在向更广的互联网市场迈进。

张近东还提出了开放的战略，并接受阿里巴巴283亿元入股，苏宁云店入驻万达，开放苏宁易购、苏宁云店，开放物流、供应链管理能力。开放是一种互联网思维，显然苏宁也已经学习并实际运用。

因此，互联网不是任何企业独占的资源和能力，而是像水和电一样，是赋予所有企业的能力。传统企业不要害怕互联网企业，因为传统企业也能很好地学习并运用互联网能力，但是传统企业的能力是互联网公司难以复制的，例如，制造企业的核心技术、研发实力；零售企业的物流、仓储、配送、供应链管理、遍布全国的商场等，这都是难以被复制的差异化竞争力。

苏宁的转型，华为超越小米，这都给了传统企业很好的启发。那就是要快速地向互联网转型，并制定适合自身的转型战略，当忍着痛苦吃下互联网“青春药”后，你们会发现原来转型并非是找死，而是一种新生。而企业的发展史证明，只有经历了转型的企业才能有机会成为百年企业，那些不敢转型的企业只能死亡，如柯达、诺基亚、惠普。

## 产业观察

### 努比亚引入苏宁资金背后不为人知的目的

苏宁旗下的润东投资以19.3亿元现金购入努比亚技术公司33.3%的股份，引发了手机市场的激烈讨论。

苏宁入股努比亚会给手机市场带来哪些影响？努比亚融资的目的是什么？

## 手机市场的血战

从努比亚融资公告看，努比亚2015年1—11月营收52.1亿元，营业利润1.9亿元，净利润2.4亿元，现金流却是-6亿元。显然，努比亚在发展的过程中，迫切需要资金的支持。

努比亚财务数据表

单位：人民币万元

| 项目 | 2012 年度（经审计） | 2013 年度（经审计） | 2014 年度（经审计） | 2015 年 1–11 月（未经审计） |
|---|---|---|---|---|
| 营业收入 | 304,824 | 277,504 | 432,182 | 521,561 |
| 营业利润 | 27,287 | 18,850 | 20,641 | 19,447 |
| 净利润 | 28,188 | 20,671 | 25,208 | 24,913 |
| 经营活动产生的现金流量净额 | −22,715 | 30,225 | 36,913 | −60,642 |
| 项目 | 于 2012 年 12 月 31 日（经审计） | 于 2013 年 12 月 31 日（经审计） | 于 2014 年 12 月 31 日（经审计） | 于 2015 年 11 月 30 日（未经审计） |
| 净资产 | 86,850 | 107,824 | 133,032 | 151,038 |
| 资产总额 | 176,596 | 245,110 | 344,031 | 390,747 |
| 负债总额 | 89,745 | 137,287 | 210,999 | 239,709 |

手机市场的竞争十分惨烈，所以资本对手机企业的发展意义重大。目前位居中国市场第一的华为手机，具有母公司的资金优势；小米经历了多轮融资，一直不缺钱；魅族为了快速发展不得不引入阿里5.9亿美元的融资；乐视手机，一直依靠股市输血；360奇酷手机则有360在背后不断输血。

没有资金的手机新军几乎难以维系，如死去的大可乐、挣扎的锤子手机，都是没有强势资本的失败代表。

除了资金之外，手机市场还有一个十分奇怪的现象——没有鲜明定位的企业都在走下坡路。华为通过成立新品牌荣耀，主打中低端市场，抵制小米的进攻，华为手机整体给人的印象是“技术＋营销”，这是其企业的定位。

小米给人的印象是“软件＋炒作”，这也是小米在消费者心中的定位；中兴培养出努比亚品牌，主打中高端市场，开展精品战略，给人的印象是“技术＋精品”；OPPO、vivo给人的感觉是“时尚＋广告”；乐视手机给人的感觉是“内容＋炒作”；魅族的定位似乎是“粉丝营销＋苹果复制品”；奇酷手机的定位是“安全＋自拍”；罗永浩的锤子给人的印象是“卖情怀”。

而没能给消费者深刻印象的手机企业似乎都在走下坡路，联想、HTC、TCL这些老牌企业都没有塑造品牌的定位。显然，手机市场已经进入了从满足基础功能需求向更高品味、更好体验转变的时代，而这个时代企业必须要通过塑造一种鲜明的定位，去影响自己的用户群体。

“资本＋鲜明定位”，这是手机市场未来竞争的主要方式。此外，供应链、研发、渠道实力是隐藏在产品背后的“硬实力”。小米一直在疯狂地通过投资、收购方式弥补技术短板，大肆开设地面体验店进军线下渠道，华为也声称要在全国拓展线下渠道。努比亚依靠中兴的供应链、技术储备进行产品生产，而这次通过苏宁的融资既可以获得资金，又能获得苏宁的线上、线下渠道支持，特别是其线下渠道更是努比亚迫切需要的，因为现在其销量有70%来自线上，而增量则在线下，拓展线下渠道费时费力，借助苏宁1600多家门店会提高效率降低成本。

此外，苏宁也正在积极向互联网公司转型，努比亚的手机终端是苏宁抢夺互联网入口的重要一环。同时，苏宁、阿里巴巴YunOS和努比亚在整合营销方面也有多种合作的可能性，具有想象空间。

2016年将是手机竞争最惨烈的一年，因为全球手机市场增速正在放缓。有资金好过冬，同时线下渠道的比拼成为这几大新兴手机品牌争夺的焦点，所以苏宁与努比亚的合作十分必要，同时也会加剧手机市场的竞争。

## 智能硬件市场还是蓝海

当前新兴手机品牌不仅在手机市场恶战，它们也都看好了智能硬件市场，这一块市场暂时还有较大空间。

在智能路由器、智能插排、智能空气净化器、智能手环、智能净水器、智能电动平衡车、智能电视等各类智能设备细分市场上，暂时传统企业还未充分觉醒，这意味着新企业将尝鲜智能产品潮。目前，一些新兴企业已经迅速开动，并轻松拿下了多个产品的市场份额，证明了攻打智能产品市场并非一件难事。

努比亚官方也表示其本次融资将用来拓展智能硬件、智能家居市场。努比亚旗下的物联网公司已经在新三板上市；苏宁收购PPTV后正在发力娱乐、体育、游戏、文化创意产业，而在苏宁总部，也看到了苏宁在展示其智能家居产品；努比亚与苏宁合作后，双方在VR、智能电视、智能家居上有更多合作的可能性。

在这块市场上，传统的制造企业没有软件开发人才、没有过多考虑产品的人性化设计，因此具有很大的创新空间和市场容量。例如，智能插座，虽然只是简单地为插座加入Wi-Fi连接功能、定时器芯片，使其能接受手机App的控制，但传统企业却反应迟钝，自身没有创新的动力，只是被迫创新。

再如，电热水器领域，原有企业只会在安全、性能等基础硬件上做文章，却不懂得将产品设计得更智能化，这也是新兴企业的机会。因为安全、性能这些基础硬件的技术已经完全成熟，通过代工企业都可以完成，而主要的创新则体现在智能化、连接、人性化方面。

这些新兴的手机企业纷纷将触角伸向智能硬件领域，而这也同样需要资金、渠道的支持。苏宁的投资让努比亚可以有更多的资金在这些新的领域开辟市场，并利用苏宁的渠道实现销量。

此外，在努比亚的融资公告中，还谈到了“合格IPO请求权”。相比小米、奇酷等新兴手机品牌，努比亚的融资全以人民币计算，不是VIE（协议控制）架构，中国股市IPO开闸，为努比亚先于其他对手上市提供了可能性。因此，也有人猜测，苏宁是抢在了努比亚上市前完成入股。

## 转型=找死？

企业已无需再讨论是否要转型，而是该讨论如何转型。

目前，国内率先转型的传统企业有苏宁、海尔、万达，这都是值得研究的对象。而它们转型的方向也基本是向互联网靠拢，转型的路径方法则各有不同。

创始人带领企业转型的成功率更高。

这就如同一个家庭，必须有一位英明的说了算的主人。

十分庆幸的是，这三家正在积极转型、并取得瞩目成就的公司仍然由创始人掌管着。它们不是雅虎、柯达、诺基亚、惠普，它们不是由职业经理人掌控的公司。创始人不需要对短期的财务报表和自己的工资负责，而可以站在时代的山峰上向远处眺望。

《从＋互联网到互联网＋：苏宁为什么赢》这本介绍苏宁转型的书中写道，张近东承认苏宁正面临着前所未有的挑战，并在公司内部连甩狠话：“转型不成功，我就不退休。”“不转变思想者，走人！”

苏宁自从2009年宣布转型开始，到2013年、2014年出现大规模亏损。如果是职业经理人面临这样的组织架构调整、营收困境，估计早就被资本市场、员工喊停。在雅虎、诺基亚、柯达的转型中，都出现过类似的问题。

除了苏宁外，海尔在张瑞敏的领导下也在内部大肆改革，柴永森、喻子达等许多元老离职；万达王健林也提出“在万达工作好就是最好的关系”，一切让市场说了算。

该书中还写道：“如果我做（转型），可能会犯错，苏宁可能会倒下；如果不做，苏宁肯定倒得更快。”

所以只有创始人才能带领企业真正去转型，职业经理人很少能让企业转型成功。还有一个经典的案例：苹果公司在危急时刻，是乔布斯的回归让苹果重生。

转型是放弃一切曾经的成功吗？

该书中说：“企业转型最大的障碍是很多人总沉溺于过去的成功。”

苏宁曾是民营企业第一名，海尔是中国、乃至世界的白色家电领导者，万达是商业地产的标杆。

这些企业都是诞生于改革开放之后的20世纪80年代，它们是改革开放红利的受益者。研究发现，企业只要不经历转型危机，总会迅速地爬上抛物线的最顶端。这三家企业无疑都是如此。

成功令人眩晕，同时也会成为转型的包袱，这是几乎所有人都清楚的真理。然而从帝王到企业，再到个人，都普遍存在着“自我麻醉”的现象，也可以叫做“装睡的人”现象。

因为他们不愿放弃曾经奋斗得来的利益，不愿再次吃苦、奋斗，这是人之常情。所以他们很多企业、个人都信奉“转型是找死”，因为他们认为转型是放弃一切曾经的成功。

而在这三家企业的转型过程中，我们看到的却并非如此。2006—2007年，国美电器黄光裕曾想要收购苏宁，对此张近东说：“苏宁你买不起，我做不过你，就送给你。”然后国美转而收购永乐电器、大中电器，规模比苏宁大了一倍。

而这时张近东则要求苏宁练好内功，与IBM、SAP（企业应用和解决方案提供商）合作上线了ERP（企业资源计划）系统，完善物流、IT系统，让苏宁尽快实现组织的信息化变革，降低成本，提高管理水平。

这为苏宁超越国美奠定了基础，同时也让“苏宁转型互联网的时候不发怵”。另外，苏宁结合1600多家门店，将这看似包袱的资产用线上线下同价，以及O2O战略，变成了优势。

海尔曾投资建设日日顺物流，自建海尔商城，并招募运营团队，而且海尔早期就上了SAP系统，这些都成为海尔转型的基础。

万达王健林曾与马云打赌，2020年如果电商占比超过50%，王健林就输给马云1个亿。但是王健林很快就意识到互联网的威胁，他从批判互联网思维转而拥抱它。万达原有的地产建设、管理、商业经营的人才、经验都在其转型中发挥了巨大作用。

因此，传统企业转型并非要抛弃一切曾经的成功，而是要拆解出自己的核心竞争力，并利用互联网技术、思维去实现“互联网+”。

只要找对了路，就不怕路远。

在互联网这个崭新的时代，一些新的企业起跑一定早于传统企业。但企业竞争是一场长跑，比拼的是耐力。

前文中提到，从企业发展史看，没有遭遇转型的企业业绩总是会一直攀升。现在的阿里巴巴、腾讯、京东，正处于这样的一个企业发展周期中。

入侵制造业的小米、乐视也同样处在这个周期。利用互联网手段进入市场的滴滴打车，相比传统出租车市场也处于这个周期。还有许多新公司都是如此。

然而2015年年末，小米没能完成8000万到1亿部手机的出货量计划。小米的品牌、口碑出现了许多问题，雷军不得不呼吁“回归初心，修炼内功”。

同样，京东商城在腾讯的助力下迅速奔跑。可是2015年第三季度京东营收相比上个季度下降了19亿元，亏损幅度仍未收窄。而苏宁则实现了17%的增长，并获得0.53亿元的净利润，扭亏为盈。

苏宁利用短短几年和数百亿元的资金补齐了电商平台、物流仓储、大数据、云平台、金融等方面的短板，并将此前具备的零售能力、供应链管理能力、1600多家门店资源全都整合到转型战略中，这让其比京东的业务更加丰满。

其实，最终我们发现企业并不是比拼谁更“轻”，而是比拼谁更“重”。因为轻公司起跑速度可能快一些，但是在企业竞争的马拉松大赛中，它们的“耐力”不足。

“耐力”是长久以来积累的资产、技术、人才，这些短板要比互联网平台、互联网人才、互联网思维、互联网模式的短板更难弥补。这也是为何京东持续亏损，小米爆发式增长五年后被华为超越的重要原因。

看到这里，似乎“不转型是等死！转型是找死么？”这一问题已经有了答案。

# 后　记 | POSTSCRIPT

读者们读完《互联网黑洞：跨越边界的中国式企业扩张》以下简称《互联网黑洞》这本书后，估计第一个问题会问：你为何要写这本书？

其实，在 2009 年我曾写过一本《融合之道》，但是由于当时工作繁忙，加之出版社要求对一些观点进行修正，所以未将该书进行纸质出版。最后以免费的形式放在了我的微博空间、百度文库中供读者们下载阅读。

在《融合之道》这本书中，我谈到了互联网作为传统产业融合的催化剂，会让企业之间的边界变得十分模糊。同时，也预测未来的 10 年属于传统产业与互联网融合，而融合的机会则更多属于传统企业。

我国第一张 3G 牌照是在 2008 年 4 月发放的 TD-LTE 牌照，这代表着移动互联网时代正式起航，也代表着融合趋势崭露头角，所以才有了我在《融合之道》中对通信、IT、互联网、家电等产业与互联网结合的思考。

但是当时的产业融合只是非常浅层次的融合，例如，电视企业推出智能电视、手机从功能机变为智能机。而如今互联网已经像血液一般渗透到了各行各业之中，不仅让百度、阿里巴巴、腾讯纷纷转型，也让苏宁、海尔、华为开始转型。在这个时代的转折点上，有些企业感到恐慌，有些企业感到兴奋，所以我思考有必要再写一本《融合之道 2.0》。

但是为了更加形象地比喻目前互联网席卷全球的趋势，我突然想到了一个词“黑洞”，于是就将本书的名字定为《互联网黑洞》。

读者们可能问的第二个问题是：全书并未对所剖析的十多家企业负责人进行采访，如何保证分析的客观性？

的确，在《互联网黑洞》这本书中，许多案例、故事似乎每位读者都曾在网络、新闻中看到过。其实，本书的信息来源绝大部分来自于网络新闻。我通过对一家企业大量新闻报道的搜集、阅读、整理、思考、评论，按照我的思维脉络将这些新闻事件、故事情节呈现给各位读者。

同时，也将这 12 家企业面对“互联网黑洞”时的做法提炼出来，让读者们可以从中领悟到一些转型的方法。我既不希望写成一部冗长的企业发展史，也不希望写成一本带有浓厚主观色彩的偏执评论文。因为书中的 12 家企业都是互联网转折点上的明星企业，它们无论对与错，都不影响它们敢于挑战的骑士精神，都应该受到赞扬。

毕竟互联网融合之路是一条任何企业都未曾走过的路，没有成功的经验和失败的教训可以去学习、去规避，所以这片一定蕴藏着宝藏的“荒蛮之地”必须让具有开拓精神的企业和企业家们带领“挖宝者”一路前行。

读者们的第三个问题可能是：“互联网黑洞”对中国企业、中国经济来说是好事还是坏事?

我们必须承认互联网所带来的变革力量是无法回避的。在前言中，我就谈了互联网黑洞的几个特征，其实这几个特征可以说是一种新的生产力，也可以说是一种新的组织方式，总之它们都是新的。

这个世界上，不存在什么永远的企业，只有时代的企业。正如海尔张瑞敏、苏宁张近东所说的那样，最终企业的优势都会被趋势打败。目前，我国政府在全社会推行“互联网+”，正是因为看到了这种崭新趋势的力量。

虽然政府倡导“互联网+”更多是希望在制造业通过科技创新，用互联网的手段在供给侧实现升级，从而解决当前中国工业的落后产能、过剩产能问题。但是政府也强调互联网对传统生产、组织管理模式所带来的正面影响，并要求:“政府的监管模式必须与‘互联网+’相适应，既要做好服务，也要有效监管，创造公平竞争环境。”

当前互联网对整个经济带来的影响仍然处在模糊阶段，也就是说前方的路口有很多，需要试探哪一条才是正确的路，这让传统企业感到十分迷惑。我认为，传统企业在这个时候，一定要镇静应对，化繁为简，因为大道至简的道理永远都行得通。

互联网本身是虚拟的，而传统产业是实在的，虚实结合是趋势，而在结合的过程中其目的仍然是为了让实体商品、服务变得更好，这也是所有商业的本质。因此，所有企业只要方向是回归商业的本质，就不会走错路。而商业的本质也非常简单，那就是极致的商品、极致的服务，无他。

然而，回归商业本质并非是创造，创造者是一种可以称之为“艺术家”的商人。正如我在本书前言提出的疑问：这是一场新的工业革命，还是只属于“后互联网时代”？

企业纷纷拥抱互联网，让电话订餐改为网上订餐、让路边招手打车改为网上打车、让银行卡付款变为手机支付、让逛商场购物变为手机购物……这一切的一切并没有创造什么，只是企业强塞给用户的生活方式。

这与蒸汽机车替代马车，与飞机的发明、互联网的发明，与任何一次伟大的技术变革都毫无关系，甚至与苹果乔布斯创造了 iPhone 之间都相差数万里。我在这样说的时候，并不是一个保守主义者在否认企业拥抱互联网，而是在平静地阐述一个事实。

一直以来，伟大的创造都是不带有任何机会主义、利他主义、慈善主义色彩的工作，那是创造者的生命中固有的东西，就像居里夫人发现了钋和镭、瓦特发明了蒸汽机，甚至是陈景润用 10 年的时间做了一道 1 + 2 的数学题。

他们创造的目的只是为了证明他们自己的存在，他们没有想到任何会使用这些放射性元素、蒸汽机、数学公式的人的需求，那是他们最自私的需求，而所带来的影响却是完全利他的——都推动了文明的进步。

我们不用同样的标准去将商人和艺术家、科学家、数学家、思想家做对比，我想是正确的。但是我无法理解的是，一家成功的企业，拥有足够的财富，却不能将自己的精神升华到艺术家的高度，而是要继续通过一系列的手段去继续追求财富本身。

他们共同的论调是：人们的生活因他们得到了便利。这种看似伟大的利他主义，其实背后仍然是为了保护自己的控制权。在一场场的并购战、“烧钱”

战中，我没有看到一点点的创造力，而贪婪的公众正在被“天上掉馅饼”的补贴砸得幸福地眼冒金星，他们认为“有奶便是娘”。

有统计指出，2015 年中国有 95% 的投资都投向了消费互联网。而在未来的科技、工业、医学等基础科学领域的投入则少得可怜。我想现行的这种“利他主义”正在让我们失去另一次工业革命、技术革命的机会。

而这才是最大的“互联网黑洞”，它看似有着吞噬一切的力量，却忽视了“黑洞”的另一面，那就是“黑洞”也会吞噬自己。

当这些企业利用互联网“黑洞”力量战胜对手，实现互联网的绝对垄断之后，它们仍然在进行着中国人吃喝拉撒，侃天论地的“小事”，赚着足以建立宏伟丰碑的巨大财富，而面对未来的疾病、环境和水污染，甚至是地球的毁灭都无能为力。

最终，人们会发现这些所谓的“利他主义”者只不过是剥削人们的武器，他们聚拢大量的资本，因此创造者缺乏资金投入和帮助。而没有创造者的国家，是不可能创造并引领时代的。

这就是本书想要讲的“互联网黑洞”，也是所有人，包括“互联网黑洞”的胜利者最后不愿看到的。

## 声　明

本书在写作过程中引用了部分的文字资料，在此向这些文字资料的版权所有人表示诚挚的谢意。

由于本书所用部分资料涉及范围广，部分资料的版权所有者无法一一取得联系，请相关版权所有者看到后，与考拉看看创意中心联系，以便敬付稿酬。

来信请邮寄到：成都市莲桂西路46号侧巷内20米小院内　考拉看看图书馆

邮编：610016

电话：400-021-3677

## 延伸阅读

从视频行业的优酷土豆，再到互联网打车的滴滴快的、分类信息网站的58赶集、团购领域的美团大众点评、在线旅游行业的携程去哪儿、婚恋网站的百合网世纪佳缘，以及电商平台的蘑菇街美丽说，它们相继完成合并。作为各自领域的佼佼者，它们从激烈竞争到合二为一，其中的根源究竟何在？是资本的驱动还是中国特有的互联网格局所致？

**图书在版编目（CIP）数据**

互联网黑洞：跨越边界的中国式企业扩张 / 磐石之心著. — 北京：新世界出版社, 2016.7
ISBN 978-7-5104-5836-1

Ⅰ. ①互… Ⅱ. ①磐… Ⅲ. ①网络公司－企业发展－研究－中国 Ⅳ. ①F279.244.4

中国版本图书馆CIP数据核字（2016）第145679号

**互联网黑洞：跨越边界的中国式企业扩张**

---

**作　　者**　磐石之心　著
**责任编辑**　贾瑞娜　汤巧巧
**责任校对**　宣　慧
**责任印制**　李一鸣　余燕龙
**出版发行**　新世界出版社
**社　　址**　北京西城区百万庄大街24号（100037）
**发 行 部**　（010）68995968　（010）68998705（传真）
**总 编 室**　（010）68995424　（010）68326679（传真）
http://www.nwp.cn　http://www.nwp.com.cn
**策　　划**　杭州蓝狮子文化创意股份有限公司
**经　　销**　新华书店
**制　　版**　杭州真凯文化艺术有限公司
**印　　刷**　杭州钱江彩色印务有限公司
**规　　格**　710×1000毫米　1/16
**字　　数**　260千字　**印张**　19.25
**版　　次**　2016年7月第1版　2016年7月第1次印刷
**书　　号**　ISBN 978-7-5104-5836-1
**定　　价**　49.00元

---